U0827547

中国物流与供应链

中国物流与供应链专著系列
ZHONG GUO WU LIU YU GONG YING LIAN ZHUAN ZHU XI LIE

国家自然科学基金“政府双重干预下考虑消费者异质环境偏好的闭环供应链运作策略”（编号 71940009）
国家自然科学基金“风险规避及公平关切双行为因素下闭环供应链契约及实验研究”（编号 71662011）

# 再制造闭环供应链的定价策略与协调机制

郭军华　孙林洋◎著

企业管理出版社
EMPH ENTERPRISE MANAGEMENT PUBLISHING HOUSE

**图书在版编目（CIP）数据**

再制造闭环供应链的定价策略与协调机制 / 郭军华，孙林洋著 . —北京：企业管理出版社，2022.5

ISBN 978-7-5164-2444-5

Ⅰ . ①再… Ⅱ . ①郭… ②孙… Ⅲ . ①制造工业－供应链管理－定价决策－研究 Ⅳ . ① F407.405

中国版本图书馆 CIP 数据核字（2021）第 162090 号

---

**书　　名：**再制造闭环供应链的定价策略与协调机制

**书　　号：** ISBN 978－7－5164－2444－5

**作　　者：**郭军华　孙林洋

**策　　划：**寇俊玲

**责任编辑：**寇俊玲

**出版发行：**企业管理出版社

**经　　销：**新华书店

**地　　址：**北京市海淀区紫竹院南路 17 号　　**邮　　编：**100048

**网　　址：**http://www.emph.cn　　**电子信箱：**26814134@qq.com

**电　　话：**编辑部（010）68701661　发行部（010）68701816

**印　　刷：**北京虎彩文化传播有限公司

**版　　次：**2022 年 5 月 第 1 版

**印　　次：**2022 年 5 月 第 1 次印刷

**开　　本：**700 毫米 ×1000 毫米　1/16

**印　　张：**14.25

**字　　数：**215 千字

**定　　价：**88.00 元

---

# 前言

随着经济社会的飞速发展，我国已成为电器电子产品的生产大国和消费大国，同时也成为电器电子产品的废弃大国。因此，回收废弃电器电子产品具有重要的资源节约和环境保护意义。我国明确提出要大力发展再制造产业，推行闭环供应链模式。再制造是指以产品全寿命周期理论为指导，以回收产品性能实现价值恢复为目标，以优质、高效、节能、节材、环保为准则，以先进技术和产业化生产为手段，对回收产品进行修复和价值恢复的一系列技术措施或工程活动的总称，是循环经济的高级表现形式。闭环供应链是传统正向及逆向供应链的有机结合，形成一个完整的环状供应链体系，通过产品的正向交付和逆向回收再利用，使资源—生产—消费—废弃的开环过程变成资源—生产—消费—再生资源的闭环反馈式循环过程。因此，再制造是解决资源紧缺及环境污染的有效途径，闭环供应链则是推动废弃产品回收再制造的重要方式。

闭环供应链合理的定价和协调是保障再制造有效发展的关键。然而，再制造闭环供应链系统存在新产品及再制造产品两类产品，且消费者对再制造产品和新产品支付意愿不同，导致闭环供应链运营发生变化。因此，本书在消费者支付意愿（Willness to pay，WTP）差异背景下，研究闭环供应链定价策略与协调机制问题，具体分为四个部分：WTP 差异下的再制造进入决策及演化博弈研究；基于不确定需求和 WTP 差异的再制造回收模式选择；不确定需求和 WTP 差异下的再制造定价决策；“以旧换再”闭环供应链定价决策研究。通过本研究，预期从理论上丰富和拓展闭环供应链管理理论，从实践上为政府推进再制造闭环供应链的发展、为企业实施回收再制造提供指导。

本书对再制造闭环供应链定价与协调机制的探索，仅是抛砖引玉，构建的理论框架有待进一步完善，与实际案例的结合还需要进一步加强。

本书是国家自然科学基金“政府双重干预下考虑消费者异质环境偏好的闭环供应链运作策略”（编号 71940009）以及“风险规避及公平关切双行为因素下闭环供应链契约及实验研究”（编号 71662011）的阶段性成果，由郭军华、孙林洋共同编写。在本书的写作过程中，朱文正、叶雨涛、肖晓芳、王陌语、刘佳、郭松奇、黄丹等参与了文献梳理、博弈分析、政策分析等工作，在此表示感谢。

郭军华

2022 年 1 月

# 目录

CONTENTS

CHAPTER
第1章

# 绪论

## 1.1 研究背景

### 1.1.1 循环经济与再制造

近年来，随着资源紧缺和环境污染的加剧，循环经济的理念应运而生。按照《中华人民共和国循环经济促进法》（以下简称《循环经济促进法》）的定义，循环经济是指以可持续发展原则为基础，在生产、流通和消费等过程中进行的减量化（Reduce）、再利用（Reuse）、再循环（Recycle）活动（3R）的总称。循环经济是一种关于社会经济与资源环境协调发展的理念，以提高产品的利用效率，节约资源，减少废弃物排放为目标。2021 年 3 月 5 日，国务院总理李克强在 2021 年政府工作报告中指出，扎实做好碳达峰、碳中和各项工作，制定 2030 年前碳排放达峰行动方案，优化产业结构和能源结构。再制造作为循环经济的一部分，将成为做好碳达峰、碳中和各项工作的重要举措。

徐滨士院士（2007）结合中国国情把“3R”模式扩展成“4R”模式，即在原“3R”基础上，增加了再制造（Remanufacture）模式。徐滨士等（2004）对再制造的定义是，以产品全寿命周期理论为指导，以回收产品性能实现价值恢复为目标，以优质、高效、节能、节材、环保为准则，以先进技术和产业化生产为手段，对回收产品进行修复和价值恢复的一系列技术措施或工程活动的总称。再制造是循环经济的高级表现形式，它运用先进的清洁技术、修复技术和表面处理技术，使废旧机电产品达到新产品的性能，延长了产品的使用寿命，不仅充分利用了废旧产品中蕴含的二次资源，节约制造新产品所需的能源、水和原材料，减少原生资源的开采，而且方便维修、降低成本。以汽车发动机再制造为例，再制造与新产品相比，能够节约60%的能源、70%的原材料，降低成本50%左右。再制造作为一个新兴产业，不仅能够提升传统产业的竞争力，而且还能提供大量的就业机会。以汽车行业为例（孟赤兵，2008），2007年我国汽车保有量已达到5696万辆，报废车辆近300万辆（每年报废的机动车已有近百万辆，2010年以来每年报废的汽车将超过300万辆。我国300万报废车辆的30%如可用于再制造，则年均销售额可创收540亿元，回收附加值735亿元，节电31.5亿千瓦时，解决就业27万人，减少$CO_2$排放345万吨；若有80%的报废车辆用于再制造，则年均销售额可创收5040亿元，回收附加值7660亿元，节电289.5亿千瓦时，解决就业252万人，减少$CO_2$排放3219万吨）。实践证明，发展再制造产业具有显著的经济效益、环境效益和社会效益，是发展循环经济、建设资源节约型、环境友好型社会的重要途径。

近几年来，我国政府开始高度重视再制造产业，部分科研单位和企业也积极开展再制造领域的实践。《循环经济促进法》规定对废旧电器、电子产品、报废机动车船、废轮胎、废铅酸电池进行再利用。这为我国大力发展再制造产业奠定了法律基础。国家发展改革委员会（以下简称发展改革委）已经选择确定了14家整车（机）生产企业和汽车零部件制造企业开展汽车零部件再制造试点，并且还会有更多的企业积极进入再制造产业。经济参考报（2008）认为："我国的再制造业已经拥有了供应、市场、技术和政策等有利条件。在当前国内外应对能源短缺等压力的背景下，再制造业将成为中国的朝阳产业。"

在市场需求方面，随着两型社会建设的推进，社会环保意识逐渐加强，公众开始逐步接受再制造品，再制造品的需求将会越来越大。目前，全球再制造产业年产值达1000亿美元，其中美国占一半以上，在美国设备维修领域中，再制造产品占比达85%。相比之下，作为制造大国，中国设备资产存量已超过万亿元，2010年再制造产业达到100亿美元的市场规模。

在美国、加拿大、欧盟等发达国家和地区，再制造已有几十年的发展历史，从技术标准、生产工艺、加工设备到废旧产品回收，再制造产品销售和售后服务等方面形成了一套完整的产业体系（徐滨士等，2005）。但我国的再制造产业由于起步晚、投入不够、认识不足等，存在长期发展滞后、行业整体缺乏竞争力、产业体系不健全、行业共性技术尚未普及以及技术创新体系不完善等问题，特别是再制造产业的决策优化问题，尚未得到有效研究。

### 1.1.2 再制造系统的需求不确定性及 WTP 差异

再制造的原材料主要由回收获得，然而，由于受各种因素影响，相比于欧美国家消费者而言对产品的回收意识还不强，这导致了回收过程中供应的不确定性；此外，再制造为新生事物，消费者对再制造产品的认知较为模糊，这导致再制造产品市场需求的不确定。这些事实表明，再制造系统远比一般制造系统要复杂，其复杂性不仅由于影响因素众多，更因为决策环境的不确定性而造成的。决策环境的不确定性表现为需求的不确定和供应的不确定。过去的研究也涉及这些不确定性因素，但主要研究不确定性因素对再制造利润的影响，很少研究这种不确定所具备的数量特征。供应不确定性表现在回收物品质量、数量和时间上的不确定性，造成资源约束的紧性；需求不确定性表现为再制造产品对新产品的双边替代规律、对客户价值和市场需求的影响。因此，在再制造决策中，不能忽视供需不确定性所带来的影响。

此外，按照《循环经济促进法》的要求，再制造产品销售时必须标注再制造标志，故由于其品牌和产品标志不同，客户的支付意愿还是有差别的，这反映在购买决策上就是客户对新产品及再制造产品 WTP（Willness to pay，支付意愿）的不同。在 WTP 差异的环境下，制造商对于是否进入再制造的决策以及进入再制造后两种产品的定价决策问题都面临着新的挑战，因此，有必要对 WTP 差异下的再制造决策展开研究。

### 1.1.3 “以旧换再”闭环供应链

随着经济社会的快速发展和工业化水平的不断提升，我国已经进入工业装备和家用电器报废的高峰期。以汽车、机床等为例，每年报废的机床台数至少在百万以上，每年报废的汽车数量约为 1000 万辆。除此之外，报废计算机、电视机、电冰箱约 1600 万台，报废手机约 2000 万部，每年产生的固体废料高达 8 亿吨（徐滨士等，2015）。废旧产品的回收再利用变得更加重要，再制造势在必行。

再制造是指通过一定的技术修复或翻新废旧品或零部件，使再制造产品质量和性能都达到新产品水平的过程，是“再利用”的高级形式（Steinhilper，1998）。近年来，各国政府广泛关注废旧品回收再制造（Sunny，2018），如：美国半数以上的州都推行电子废弃物回收计划，且成功实现回收利用率97%以上；欧盟WEEE指令要求，制造商生产制造的家电产品及计算机和打印产品的组件和材料能够被再次利用或进行再制造，且回收利用率分别需达成75%及65%的目标；我国也在第十八次全国代表大会中突出了生态文明建设的重要性，表明我们要发展循环经济，提高资源的回收利用率（徐滨士等，2017），并在《中国制造2025》提出大力发展再制造产业。

然而，大部分消费者认为再制造产品具有二次使用的特性，缺乏对再制造产品的正确认知，再制造产业发展受限（Wei等，2015）。为此，我国政府实施了“以旧换再”补贴政策，以促进再制造旧件回收，即对购买再制造产品并返还废旧产品的消费者给予补贴。为规范推进再制造产品“以旧换再”相关工作，2013年，国家发改委、财政部等部门联合颁发了《再制造产品“以旧换再”试点实施方案》（国家发改委，2013），并于2015年开始实施“以旧换再”补贴政策，极大地促进了废旧品回收和再制造。

## 1.2 研究目的与意义

### 1.2.1 研究目的

闭环供应链能够实现资源节约，而消费者对再制造产品和新产品支付意愿不同，从而导致闭环供应链运营发生变化。为此，本书研究WTP下闭环供应链决策问题，包括WTP下制造商进入再制造决策边界、闭环供应链回收渠道选择、WTP及需求不确定下闭环供应链定价与协调以及“以旧换再”模式下闭环供应链定价与协调。

### 1.2.2 研究意义

1. 理论意义

对不确定环境及WTP差异下的再制造决策是对再制造理论的必要补充

与完善，是再制造理论体系中重要的内容。不确定性及 WTP 差异普遍存在于再制造决策的各个环节，例如制造商是否进入再制造的决策、再制造回收模式的选择、产品的定价、供应链的协调等，都涉及供需的不确定及产品的 WTP 差异。因此，研究不确定环境及 WTP 差异下的再制造决策有助于进一步完善再制造理论体系。以政府“以旧换再”补贴为背景，考虑消费者类型、产品销售竞争及废旧品回收竞争等环境下的“以旧换再”闭环供应链的定价与协调问题，是对再制造“以旧换再”闭环供应链的必要补充及完善。

2. 实践意义

发展循环经济，构建两型社会是当前我国经济建设的主题，而再制造是发展循环经济的重要手段。当前，我国再制造产业尚处于起步阶段，企业没有动力进入较陌生的再制造领域，这与我国的制造业优势极不相称。究其原因，制造商面临着如下困惑：再制造是否是盈利的？即使再制造能带来利润，再制造产品是否会因为对新产品的替代效应而蚕食新产品的市场份额，从而导致总效益的下降？如何选择回收模式以及再制造产品与新产品之间如何进行定价，才能使得收益最大化？特别是不确定环境及新产品与再制造产品的 WTP 存在差异的情况下，制造商应当如何对上述问题进行决策，是值得深入研究的问题。通过本书的研究，企业认识到再制造中的不确定行为及客户对再制造的 WTP 差异，辅助企业在不确定环境下进行正确的决策，从而为制造业发展再制造提供决策思路，推进优势制造业的产业集聚。

## 1.3 研究内容

为进一步丰富和拓展再制造系统运营理论，首先，在需求不确定及 WTP 差异下进行再制造决策的研究，使得再制造理论更符合实际；分析了制造商进入再制造行业的边界条件，并提出了双寡头制造商进入决策的演化博弈模型；深入研究了再制造闭环供应链的回收再制造模式；将再制造闭环供应链的定价及协调在不确定环境及 WTP 差异下重新进行了审视；分析了基于批发价协议的延伸责任分担机制。研究的主要内容如下所述。

1. WTP 差异下的再制造进入决策研究

在消费者对再制造产品及新产品的支付意愿存在差异的条件下，分别对有无竞争环境下原始设备制造商（OEM）的再制造进入决策边界条件进行了研究。当满足边界条件时，虽然再制造产品对新产品的市场产生了蚕食效应，但再制造产品的获利性能弥补这种损失，使得 OEM 进入再制造能获取更多的利润。进一步，在双寡头竞争背景下，利用演化博弈模型分析了制造商进入再制造决策的动态演化过程。研究表明，系统演化的均衡结果受再制造产品附加值与新产品附加值比值的影响；该比值存在边界条件，在不同边界条件下，系统将演化出不同的均衡。通过适当的政府补贴机制，可促使系统演化至制造商均选择进入再制造策略的均衡。

2. WTP 差异下的再制造回收模式决策研究

（1）在新产品及再制造产品的需求均不确定的情形下，考虑了两种产品之间消费者支付意愿的差异性，分别建立了制造商回收、零售商回收及第三方回收三种不同回收模式下的再制造闭环供应链模型，并给出求解的优化条件；然后利用数值仿真对三种回收模型进行了求解和比较分析。制造商主导的再制造闭环供应链中，第三方回收模式下制造商利润最高，制造商回收模式下新产品及再制造产品的零售价均最低；制造商利润、零售商利润及渠道总利润随再制造产品的消费者支付意愿的增加先减少后增加。

（2）在回收不确定和 WTP 差异情况下分别构建了制造商回收、零售商回收、第三方回收及集中四种不同回收模式下的再制造闭环供应链模型，对比分散和集中两种决策模型，并通过设计相应的契约对其进行协调，以减少分散决策时闭环供应链成员及整体利益的损失，达到帕累托（Pareto）改进。

3. 不确定需求及 WTP 差异下的再制造闭环供应链的定价与协调机制研究

基于消费者对新产品和再制造产品支付意愿不一致以及两种产品的相互替代性，研究再制造闭环供应链的定价策略及协调机制。对于分散式决策导致的供应链利润损失，设计了收益共享契约对再制造闭环供应链进行协调。

4. 不确定需求及 WTP 差异下的延伸责任分担机制研究

在新产品及再制造产品的需求均为不确定的情形下，考虑了两种产品之间消费者支付意愿的差异性，构建了基于再制造产品批发价协议的生产者延伸责任分担机制，在该分担机制下，再制造产品批发价表现为回收系统投资的函数。这种定价方式使零售商及消费者均进行延伸责任的分担，并且使制造商及零售商利润均有所增加，从而保证生产者责任延伸机制的有效实施。

5. 考虑绿色消费者规模的“以旧换再”闭环供应链定价与协调

针对由单个制造商和单个零售商组成的“以旧换再”闭环供应链，考虑市场上存在绿色消费者，分析了“以旧换再”补贴下绿色消费者规模对闭环供应链定价决策的影响。最后使用数值模拟进一步验证了相关结论，并运用收益共享契约优化协调该供应链。

6. 制造商与再制造商竞争环境下的“以旧换再”闭环供应链生产与定价决策

研究政府“以旧换再”补贴背景下单个制造商与单个再制造商之间相互竞争的闭环供应链定量定价决策。在政府补贴背景下，构建制造商与再制造商同时负责废旧品回收再制造的闭环供应链系统，分析了竞争环境下再制造闭环供应链的定量定价模型，最后通过数值仿真进一步比较分析制造商与再制造商之间产品竞争、政府补贴和消费者对再制造产品接受度对闭环供应链系统决策变量和利润的影响。

7. 回收竞争环境下的“以旧换再”闭环供应链定价决策

构建了单个制造商和两个回收商组成的电子电器闭环供应链模型，考虑合格回收商与不合格回收商相互竞争，研究政府回收处理补贴及消费者渠道偏好对闭环供应链决策的影响。最后通过数值模拟进一步验证了相关结论。

## 1.4 研究目标

（1）理论方面，丰富和拓展再制造系统运营理论。研究再制造闭环供应链的运营决策问题，揭示其管理规律，考虑了 WTP、不确定需求、回收不确定、“以旧换再”等情况，能够完善再制造系统运营体系，丰富再制造闭环供应链理论。

（2）实践方面，为企业再制造提供指导。研究再制造闭环供应链运营决策以及碳规制下供应链运营决策，为我国的生态文明建设提供指导建议，同时能够为企业的再制造运营提供相关指导。

## 1.5 拟解决的关键问题

首先，消费者对再制造产品和新产品不同支付意愿的模型化表达，包括确定需求和不确定需求下 WTP 的表示。其次，建立 WTP 下确定需求及不确定需求供应链节点企业的利润函数。另外，需要对回收量不确定进行模型化表达。最后，需要建立“以旧换再”下的需求函数，从而建立“以旧换再”下供应链节点企业的利润函数。

## 1.6 本书的创新点

（1）确定了制造商进入再制造的决策边界，指出了动态演化路径，并给出了决策路线图；确定再制造系统演化至不同均衡状态的边界条件，给出促进制造商进入再制造的政府补贴机制有效的条件。

（2）将再制造闭环供应链的回收模式选择、新产品及再制造产品的定价与协调等再制造系统的运作问题拓展到不确定需求、WTP 差异及回收不确定环境下。在此情形下的研究使理论更加符合实际情形，具有现实的指导意义。

（3）提出了再制造闭环供应链中基于再制造产品批发价协议的生产者延伸责任分担机制，分析了制造商愿意承担生产者延伸责任所满足的条件，为生产者责任延伸机制的有效性提供理论依据。

（4）分析了“以旧换再”策略下存在绿色消费者对零售商和制造商的最优定价、市场需求及利润的影响，并进一步分析普通消费者对再制造产品的接受度和政府“以旧换再”补贴对闭环供应链系统及其成员的影响，为“以旧换再”闭环供应链中消费者类型研究做出拓展补充。

（5）在政府“以旧换再”补贴背景下，由现有关注闭环供应链的正向竞争转向关注市场回收渠道的逆向竞争，对由单个制造商和两个回收商组成的电器电子闭环供应链系统进行了分析，并进一步探讨政府补贴、消费者对合格回收商的偏好度及环境影响对企业进入再制造决策的影响。

CHAPTER
第2章

# 基本概念及文献综述

## 2.1 基本概念

### 2.1.1 再制造概述

1. 再制造的概念

再制造是环境污染日益严重、资源耗费加剧背景下所产生的一种废旧产品回收再利用方式，是符合循环经济发展要求的生产运营模式。一些制造商通过回收再制造使得企业的运营纳入环保政策的框架，并且能降低成本和获取利润。早在1991年，施乐（Xerox）公司就通过将租赁合约到期的复印机进行回收再制造而获得约2亿美元的成本节约（Berko - Boateng，1993）；柯达（Kodak）公司也将废旧相机回收再制造而获取额外的利润（Toktay等，2000）。再制造由于其环保性、经济性，越来越受到企业界和学术界的广泛关注。

Lund（1984）最早给出了再制造的定义，他认为“再制造是将废旧产品进行恢复，使其达到可用和经济的状态，包括拆卸、清洗、维修、重新装配及调试的全过程”。Guide和Srivastava（1997）对再制造的定义：“再制造指将废旧产品进行恢复到和原产品功能和寿命完全一样状态的过程。”Kerr和Ryan（2001）认为再制造指的是将废旧产品加工成为与新产品同质的再循环过程，并指出再循环最好的形式是再制造。徐滨士等（2000）指出，再制造是再制造工程的简称，其理论基础为产品生命周期理论，研究对象为废旧产品中的报废或改造等环节，研究内容则为研发高新技术以修复产品性能，目的是保障废旧产品生命周期末端的高性能及低投入使用。

进一步，徐滨士等（2007）给出了再制造的定义，即“再制造是指以产品全寿命周期理论为指导，以回收产品性能实现价值恢复为目标，以优质、高效、节能、节材、环保为准则，以先进技术和产业化生产为手段，对回收产品进行修复和价值恢复的一系列技术措施或工程活动的总称。”徐滨士院士的研究对象以废旧机电产品为主，因此其认为再制造指的是将废旧机电产品进行高科技维修的产业化过程，但该定义对于其他产业也同样适用。由上述定义我们可以发现，再制造事实上是指利用各种高新价值恢复技术，将废旧产品通过拆卸、清洗、修复、技术升级等一系列手段使其达到或超出新产品性能的过程。由于再制造完成了资源的回收及再利用，并保存了其附加值，因此有利于降低资源耗费和生产成本（陈翔宇和梁工谦，2006）。装备再制造技术国防科技重点实验室于2002年成立，并给出了再制造研究大纲，其学科框架如图2-1所示（朱绍华等，2018）。

2. 再制造的内涵

再制造统筹考虑了产品全生命周期，是一项复杂的系统工程，它充分利用废旧产品的零部件，并运用再制造技术使其恢复到新产品性能而得到再制造产品，从而减少环境的污染及提高资源利用效率。传统产品生命周期为开环的从研发到废弃，而再制造产品生命周期为闭环的从研发到再生，一方面使得产品生命周期得以延长，另一方面还能重新参与生命周期的循环甚至达到多个生命周期，这恰好符合循环经济的发展理念。

再制造与原制造方式相比，其不同之处主要体现在如下七项特征：（陈翔宇和梁工谦，2006）一是制造对象不同，再制造是在废旧产品的旧零部件基础上的一种修复，因此产品质量及可靠性更具不确定性；二是生产流程不同，再制造一般由拆卸、再制造和再装配三工序组成，或分解为拆卸、清洗、检测及分类、修复、再装配、最终测试六工序；三是物流管理不同，再制造的生产原料为回收的废旧产品，因此在原正向物流基础上增加了逆向物流，由于再制造的不确定性和动态性，其物流管理远比原制造更为复杂；四是生产技术不同，再制造运用“加法技术”使得因磨损或腐蚀而缩小的废旧零部件恢复到符合技术标准，运用“恢复技术”“强度技术”“表层防护技术”等一系列再制造技术，使得再制造生产系统更为特殊；五是质量控制不同，再制造由于生产零部件特殊以及产品的多生命

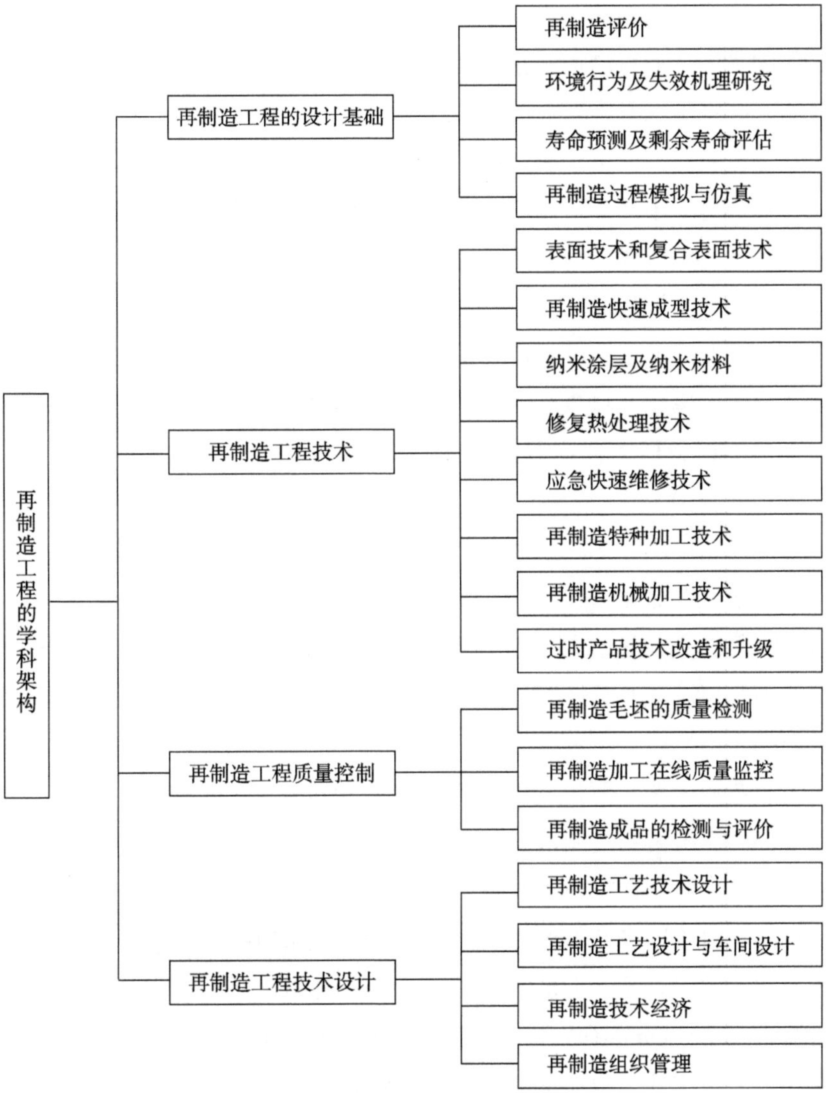


**图2-1 再制造工程的学科框架**

周期性，传统质量控制方法并不适用再制造；六是生产组织不同，由于再制造的不确定性及复杂性，因此传统的生产组织方法无法保障其正常的生产节奏及准时性；七是生产控制不同，再制造物流的不确定性使得生产过程具备时变性和离散性，这给原生产计划带来巨大的影响，从而导致生产控制更为复杂。

再制造不仅包含物理过程，还包括化学过程，其本质是一种修复，但与一般的维修并不相同，维修是在产品的使用阶段出现，为保持正常运转所采取的措施，而再制造是指将大量废旧产品回收拆卸，按零部件类型分类检测，并将存在剩余寿命的部件作为再制造生产原料，通过运用高新技术对其进行修复和升级，使得再制造产品在性能和质量上均达到或超出原产品；再制造也不同于再循环，这体现在两者的工艺过程不同，再循环对废旧产品拆解、粉碎、分享及燃烧等，对原产品的形状及性能进行了破坏，失去了首次制造时产品的附加值，只是对部分的材料及能量进行了回收，并且再循环的工艺过程需要重新注入大量新能量，同时在粉碎、分离等环节会产生废水、废气等环境污染（徐滨士等，2000）。机电产品的再制造工艺流程类似大修，但其效果有较大的区别，体现在如下四点（朱胜、姚巨坤，2009）：第一，再制造的生产是规模化、批量化及专业化的，与大修不同；第二，再制造使用了先进的技术和现代生产管理手段，如表面工程技术、寿命评估技术等，而大修不使用这些先进的手段；第三，再制造除恢复性能，还包括对原产品的技术升级，而大修并不进行技术升级；第四，再制造产品性能达到或超过新产品，而大修产品性能及质量低于原产品。

再制造的内涵主要体现在如下三点（徐滨士等，2007）：一是对废旧产品零部件实施再制造能恢复原产品的功能和质量；二是对落后淘汰产品实施再制造，对其加以技术改进后，能提升原产品的性能，并延长其使用寿命；三是对废旧产品零部件的再制造除恢复原功能用于原产品外，还能用于其他的类似产品。大多数废旧产品适合再制造，但并非所有产品都适合进行再制造，Lund（1996）指出再制造必须满足如下六点条件：一是产品必须具有耐用性，即在正常的使用和维修下，在生命周期内耐磨及抗环境分解能力良好，能持续地满足用户需求，并且耐用性并不额外产生资源消耗；二是产品仅仅丧失部分功能，无功能丧失和功能完全丧失则无须实施再制造，且丧失仅为表面损伤而内部材质仍完好；三是产品为可替换的标准化批量生产，这保证进行再制造时能够对应加以替换；四是产品的剩余价值要高，只有较高的剩余价值才能保证再制造的经济效益；五是产品的技术成熟稳定，这使得再制造的可实现性得到保证；六是客户要认同再制造产品，这保证再制造的终端能在消费市场完成。此外，Lund（1996）

还给出了实施再制造的风险，首先是市场可能会不认同用过的产品，这使得再制造产品无法在市场上进行销售；其次是高质量的再制造产品原料缺乏，且价格较为高昂，因此再制造的规模受到限制；最后，出于竞争的考虑，OEM 可能从法律或技术角度来阻止再制造企业的市场进入，如较为常见的是 OEM 频繁更改设计，使得新产品与老产品的零部件不兼容，这增加了再制造商进入再制造市场的难度。

3. 再制造系统的特征

Guide Jr（2000）指出，再制造系统存在着大量的不确定性，如退货来源的时间、数量及质量的不确定性，使得再制造决策变得复杂。此外，市场对再制造产品的认可度也决定着再制造的成败。因此，有必要对再制造系统中的不确定性及再制造产品的差异性进行分析。

（1）再制造系统的不确定性。不确定性是指“在引入时间因素后，事物的特征及状态不能充分准确地进行观察、测定和预见”（马士华和林勇，2006）。而再制造系统中由于信息不对称以及供需的不确定等因素而比一般制造系统更为复杂。为克服或降低不确定性所带来的影响，必须通过信息共享、合作及激励机制的实施等手段，使得系统中的企业均获得更优的收益。因此，对再制造系统中不确定性的研究显得尤为重要，而再制造系统决策的主要内容之一为不确定性的处理。一般而言，再制造系统的不确定性包含衔接不确定性和运作不确定性两种（范文姬，2010）。其中衔接不确定性主要表现为企业之间的信息互相独立，信息共享程度较差，这增加了系统的不确定性，为降低这种不确定性，必须加强信息共享及企业之间的合作。系统运作的不确定性则是由于企业的控制机制失效，必须加强对系统的控制从而降低此类不确定性。此外，再制造系统的不确定性在供应、仓储、运输、回收、再制造及销售等环节均有体现。供应环节的不确定性体现在提前期、订货及废旧产品的回收不确定性等，其原因包括供应商供货延迟、生产系统故障延迟、废旧产品的数量及质量不确定等。仓储和运输环境的不确定包括订货费用、运输能力等的不确定性。其原因在于交通状况不确定、受运输资源限制等。回收环节的不确定性主要是由产品寿命的不确定，且回收废旧产品的地点、时间、质量及数量均难以预测造成的。再制造环节的不确定性体现在交货期、再制造能力、交货量等的不确定，其原因在于回收废旧产品的数量及质量的不确定性导致了原生产计划的偏差。销售环节的不确定性主要是由于需求的不确定，这包括需求预测的偏差、客户对再制造产品的认知差异等；事实上，需求预测往往是根据某种需求预测模型而来的，但这些模型与实际通常存在一定的偏差，并且模型本身无法体现需求的波动及客户心理等定性的特征，因此产品的需求预测更具不确定性。

（2）再制造产品的 WTP 差异。现代消费理论认为，消费心理因素对市场存在非常重要的影响，其往往会改变消费者的购买行为（高山晟，1996）。因此，企业在进行定价决策时必须考虑消费者的价格心理，从消费心理学的角度去了解消费行为的影响机理，再制造产品的市场定价无疑会受到消费心理的影响。虽然再制造产品的质量和性能达到或超出新产品，然而再制造产品的零部件的原料毕竟源于废旧产品，且法律规定再制造产品必须有区别于新产品的标识，这使得消费者主观上对再制造产品的认知存在一定的偏差，通常会认为再制造产品质量及性能低于新产品，因此在购买决策上不能将再制造产品与新产品完全等同起来，总认为再制造产品价格应当低于新产品，而这实际上就是指消费者对新产品及再制造产品 WTP 的不同。此外，随着消费者对再制造产品的认识深入，市场上存在部分认可再制造产品的绿色消费者，其对再制造产品的定价决策又产生重要的影响（Atasu 等，2008）。因此，在制造商进行再制造决策时，必须考虑再制造产品的 WTP 差异。

### 2.1.2 再制造的绩效评价

一般而言，再制造产品的成本要低于新产品，这是由于再制造的大部分零部件源于回收的废旧产品，因而无须从供应商处获取。此外，再制造能延长产品生命周期，避免了传统的填埋及焚烧等处理手段。并且，再制造还因为对废旧产品的回收再利用提高企业的环境形象，避免了环保组织的负面宣传及环保法规导致的潜在高额成本。因此，再制造给企业带来的不仅有再制造产品销售所带来的直接边际利润，还有可观的潜在收益。一方面，施乐、柯达、卡特彼勒、国际商业机器公司（IBM）等运用回收再制造获取新的利润增长点；另一方面，一些 OEM 并不对其产品进行再制造，并且对第三方再制造商实施阻止战略。Hauser 和 Lund（2008）对超过 2000 家的再制造企业进行了研究，发现其中仅有 6% 的企业为 OEM，且这些第三方再制造商均为中小规模，收益为 50 万美元到 500 万美元之间。并且，OEM 通常运用法律、专利设计、无效授权、高额许可费用等手段阻止第三方再制造商的进入。那么，为什么有的制造商视再制造为一种盈利的机会而另一些制造商视其为威胁呢？这需要对再制造的绩效进行适当的评价。

1. 再制造的获利性

按照传统的观点，制造商在选择是否进入再制造的判断依据在于再制造产品能否为其带来利润，如果废旧产品的再制造边际成本低于再制造产品的销售价格时，同时再制造带来的利润能超过建立再制造生产线和销售渠道的固定成本投资，公司就会选择进入再制造。事实上，再制造通常比制造新产品的成本要低（至少边际成本要低），因为很多零部件可以被再利用，这样可以不用从供应商处获得这些零部件。另外，通过再制造，企业可以延长产品的生命周期，避免进行填埋。同时，再制造还可以提高企业的环境感知，帮助企业避免环保组织的负面宣传和行业环保立法造成的潜在高额成本。再制造给企业带来的利润除了销售再制造产品的直接边际利润外，还能给企业带来大量的潜在收益。因此，再制造除带来直接收益，还将带来大量无形的收益，例如增加了企业的环境声誉。然而大部分 OEM 并不选择再制造，这主要有以下几点原因。首先，绝大多数的 OEM 将主要的时间及资源放在新产品的销售，而并不认为再制造是可行的经营模式；并且，即使关注过再制造的 OEM 也因为缺乏基础设施的投资和技能来对废旧产品进行回收再制造，因而放弃进入再制造。其次，OEM 由于其生产通常外包或在海外进行，因此 OEM 并没有制造基础，这使得建立再制造系统是一件困难的事情；并且，再制造产品的外包由于更为烦琐而无法采取新产品同样的外包模式。最后，再制造产品对新产品有着替代效应，这会蚕食新产品的市场而导致其收益的下降，这也是 OEM 不进入再制造且阻止第三方进入再制造的原因。

2. 再制造的成本

再制造的成本包括再制造生产的直接成本、机会成本以及不再制造的机会成本三种（Ferguson，2009）。

（1）再制造的直接成本。再制造过程包含将废旧产品从市场收集并运送到再制造工厂，再将再制造产品从生产地运到销售市场的过程，这给再制造物流带来的巨大成本。此外，从消费者处回收废旧产品也需要给消费者一定的经济补偿。由于再制造生产的不确定性，且大多数企业对再制造过程及逆向物流并不熟悉，因此计算再制造的边际成本极为复杂，对再制造的经济效益进行评估也极为困难。同时，OEM 考虑如何对废旧产品进行回收及再制造之类的战术决策将影响再制造的边际成本，这也决定了再制造是否有利可图。Guide Jr（2006）以惠普为例，介绍了其将回收计划作为利润中心而非成本中心，通过更快的周转速度（低利用率、高生产能力）而不是最小化成本（高使用率、较长的相应时间），能够在产品市场价值还没有大幅下降之前以更快的速度将再制造品返回到市场，这在短生命周期的电子行业中尤为重要。一般而言，再制造的边际成本指的是回收废旧产品、分类、处理/循环、运输、测试、再制造、销售整个过程中产生的平均成本。

（2）再制造的机会成本。即使能明确地计算出再制造的直接成本，再制造绩效评估也并非变得非常容易。这是因为再制造绩效还应包括提供（或不提供）再制造产品的机会成本，而只要回收废旧产品存在各种潜在利用价值就会产生机会成本。Ferguson 等（2008）的研究表明，IBM 公司将回收的废旧产品用作零部件要比其进行再制造获得更高的收益，这是由于虽然再制造产品比零部件边际收益高，但再制造产品的需求相对零部件而言不确定性更强。

此外，再制造的机会成本还包括再制造品的销售会减少新产品的需求，这通常称作产品的替代效应。因为害怕产品的替代效应，制造商对再制造产品进行各种约束：在再制造产品的价格上（如价格不是新品的 $x\%$）、在市场（如不发达国家）、分销渠道（如分销中心）、特约条款（如保修期只有新品的一半）及可再制造产品种类等方面对其进行限制。比如博世电动工具就限制只能对占市场份额小于 50% 的产品进行再制造，其理由是如果某产品的市场份额超过 50%，则再制造产品就会对公司自身新产品产生内部代替，而当产品的市场份额小于 50%，则再制造产品就会对竞争对手的产品造成替代。至于再制造产品对新产品的替代效应是否存在，学者们对此展开了研究，如 Guide Jr 和 Li（2010）的研究发现再制造产品对新产品的替代效应确实存在，但也没企业想象的那么严重。

（3）不再制造的机会成本。当前大多数企业均意识到了再制造的机会成本，特别是产品的替代效应，但很少考虑不进行再制造的机会成本。①不回收再制造所面临的高额监管限制费用和政府强制的生产者垃圾处理费用。如欧盟报废汽车法令要求汽车用品必须达到一定的回收比例，而 WEEE 要求电子设备生产商必须为产品召回及处理提供处理资金，这对制造商而言都是高额的成本。②市场上存在一些环保意识高的绿色消费者，他们倾向于购买再制造产品，而企业选择不进入再制造市场，将会失去这部分客户；随着人们环保意识的增强，绿色消费者所占比例越来越大，这将极大地影响制造商的再制造决策（Atasu 等，2008）。③再制造有利可图，但其产品对新产品的替代效应导致新产品利润下降从而总收益减少，此时制造商将选择不进入再制造市场；然而，此时第三方再制造商将对废旧产品进行回收再制造，这将压缩 OEM 的利润空间，这间接地增加了 OEM 不再制造的成本。例如，可多次填充的激光和喷墨打印机墨盒市场是一个典型的例子，制造商由于新打印机墨盒的高利润性而选择不提供再制造（重新注满）墨盒，此时大量的第三方厂家则进入该领域提供再次注墨的墨盒，并且数量极为巨大（Lyra Industry Reports，2008）。为此，打印机 OEM 通过诉讼、使用新技术、频繁地改变设计等方法阻止第三方再制造商的进入，但并不成功，再制造产品仍然蚕食着新产品的销售份额，而 OEM 并未从中获得收益。④第三方再制造商对市场的进入侵蚀了制造商的利润空间，除此之外，还可能对 OEM 的品牌形象造成伤害。一般而言，第三方再制造市场非常分散且进入者常为中小型企业，而这些再制造商所销售的再制造产品均为 OEM 的品牌，由于大多数产品的再制造进入门槛较低，且再制造产品以 OEM 品牌进行销售更有价值，这导致再制造商并不会重新建立品牌。但再制造商的产品质量标准往往低于 OEM，因此，质量较低的再制造产品不仅危害到整个再制造产业，而且对 OEM 品牌形象造成了严重的伤害。为减少对产业声誉的伤害，声誉较好的第三方制造商和 OEM 有时会合作并且创建认证体系，确定质量最低标准以确保再制造产品的质量。例如，IBM 给第三方的工厂提供再制造 IBM 设备的低成本保证，同时 IBM 的工程师将会检查再制造商的产品同时对其授权生产。但是像这样的项目常常给 OEM 带来左右为难的局面：一方面 OEM 必须设法使消费者认识到再制造产品只是新产品的低质量替代者；另一方面必须使消费者能将低质量再制造产品与 OEM 品牌区分开来。

### 2.1.3 闭环供应链

再制造使得传统正向供应链管理的理论得以拓展，制造商还必须关注废旧产品从消费者返回的逆向物流。而传统的正向物流与逆向物流的分离研究无法实现供应链系统的全局优化，闭环供应链管理正是在此背景下提出的一种新的管理思想。

1. 闭环供应链的概念

再制造的企业运作模式为闭环供应链，闭环供应链并非正向物流和逆向物流管理的简单加总，所谓闭环供应链是传统正向及逆向供应链的有机结合，形成一个完整的环状供应链体系，通过产品的正向交付和逆向回收再利用，使资源—生产—消费—废弃的开环过程变成了资源—生产—消费—再生资源的闭环反馈式循环过程，其结构如图 2－2 所示（Guide Jr 和 Harrison，2003；Nunen 和 Euidwijk，2004）。

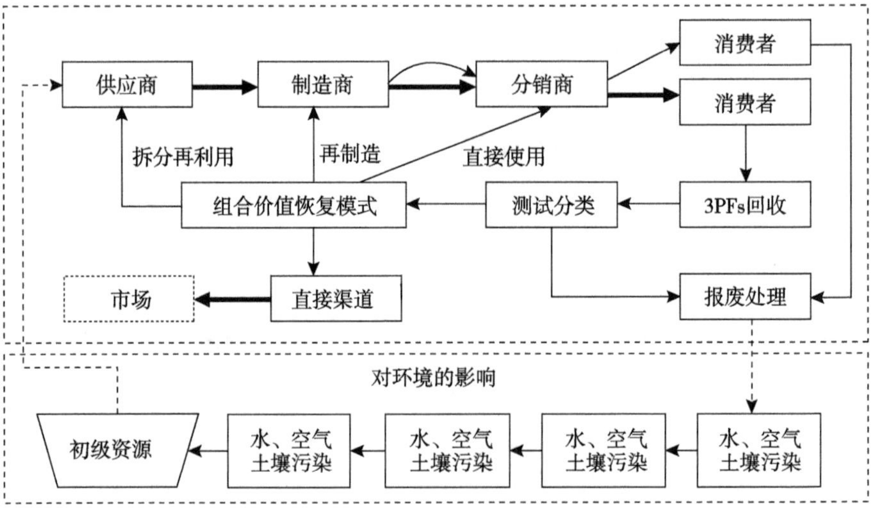


图 2－2 闭环供应链结构

由图2－2可以看出，闭环供应链涉及的参与方较多，包括供应商、制造商、分销商、消费者、第三方回收商等，这些参与方对于废旧产品的回收再利用都起着重要的作用，而闭环供应链需要这些参与方的有效合作才能实现高效的运作。制造商在闭环供应链管理中的作用非常重要，包括如下三点：①制造商是闭环供应链的主要参与者，对闭环供应链的的网络设计及协调管理起着最重要的作用，这也是生产者责任延伸制将延伸责任置于制造商的原因；②制造商对废旧产品及其零部件的再利用拥有技术优势，是废旧产品回收再利用的主要执行者和最佳人选；③制造商的再利用策略决定着闭环供应链的整体目标，如可拆卸的设计、清洁生产等，都使得废旧产品的再利用效率更高。

对闭环供应链的结构进行分析可以发现以下特征（杜娟，2006）。①高度的不确定性。这体现在废旧产品的回收时间、数量及质量上的不确定上，其对需求预测、库存控制都产生不良的影响；此外，废旧产品的再处理过程也存在着不确定，如同样的废旧产品损伤可能存在较大的差异，其拆卸、维修等过程可能完全不同，这导致闭环供应链生产计划与控制极为复杂。②闭环供应链系统运作复杂、决策目标多样化。由于废旧产品回收再利用的不确定性，逆向供应链中的回收再利用的决策非常复杂，并且回收再利用一方面需要考虑盈利、节约成本和满足需求，另一方面还需要考虑与环境的协调。③供需不平衡性，由于需求难以预测且回收废旧产品的不确定，导致作为再利用原材料的废旧产品零部件与制造商需求不一致，同时再利用产品与消费者需求也存在很大的差异，这也导致了闭环供应链的动作较为复杂。④闭环供应链的增值性，逆向供应链对废旧产品进行回收再利用促进资源实现再生和增值，同时也节约了运行成本，从而闭环供应链系统得到增值。

2. 闭环供应链的回收模式

由于不同的废旧产品运输的特点及再制造的复杂程度都存在具大差异，因此不同闭环供应链所关注的焦点不同，回收模型的选择也有较大差异。一般而言，闭环供应链的回收模式有如下三种：制造商回收、零售商回收和第三方回收（Savaskan 等，2004）。这三种不同回收模式所对应的闭环供应链模型如图2－3所示。

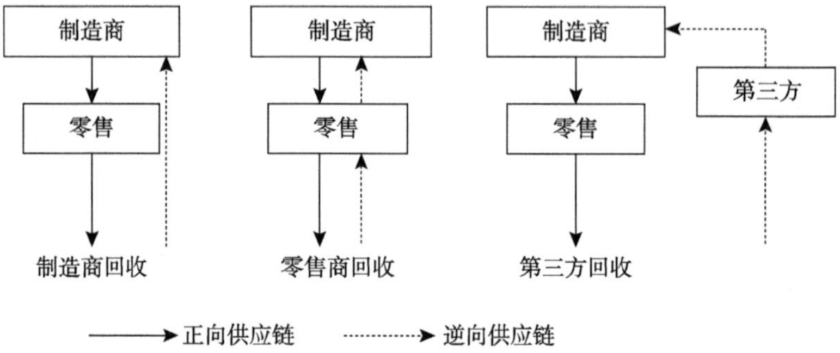


**图 2－3　不同回收模式下的闭环供应链模型**

（1）制造商回收模式。是指由制造商独立建立逆向物流回收体系，自行进行废旧产品的回收与处理。这种模式一般适用制造商承担再制造时的情形，此时制造商履行了环境法规所规定的义务，并且能有效地保护企业的知识产权和品牌效应；同时，制造商为了在回收再制造中降低成本，不仅关注传统的生产销售及售后服务，还重视废旧产品的回收和处理。对于制造商本身而言，这种回收模式存在以下几个优点：①制造商回收有利于制造商了解废旧产品回收和拆解的成本信息，这有利于制造商主动设计有利于拆解和加工的绿色产品，对环保及资源的节省起着重要的作用；②废旧产品的拆解和再制造由制造商完成，由于制造商拥有技术优势，因此处理效率更高；③制造商在废旧产品回收时直接面对消费者，这使其更便利地从消费者处收集本产品的优点及缺点之所在，从而更有效地对产品进行改进；④制造商在回收废旧产品的过程中，将会获得良好的环保形象，提高企业的社会价值。不足之处（许志端和郭艺勋，2005）：①由于回收的废旧产品往往处于生命周期尾端，这导致制造商收集的信息存在着一定的延迟而失去价值；②制造商投资的拆卸装备可能只适用少量品种的废旧产品，因此利用率较低，但管理成本较高；③小规模的制造商设置的拆卸中心仅在小区域范围进行，致使废旧产品回收的物流成本过高，因此只有经济实力较强的企业才适合选择制造商回收模式。

（2）零售商回收模式。是指制造商对零售商给予废旧产品转移支付，由零售商负责进行废旧产品的回收。此时制造商进行生产和再制造，而零售商进行新产品和再制造产品的销售，对废旧产品进行回收并出售给制造商。零售商回收模式的优点在于回收由零售商完成，制造商可以专注于产品的生产与研发。但不足之处在于制造商无法从消费者处获取产品的各种信息；由于回收不是由制造商直接完成，失去了在消费市场上建立良好环保形象的机会；并且由于与零售商信息不对称，无法观测到零售商的回收努力程度，这需要设计有效的激励机制对零售商进行激励，由此产生一定的代理成本。

（3）第三方回收模式。是指制造商对第三方物流服务商提供支付，第三方进行废旧产品的回收及处理。其优点：①制造商无须负责废旧产品的回收，因而能专注于其所擅长的生产环节的活动；②回收系统的建设需要巨大的投资，而第三方回收模式中制造商将此固定成本转变为支付废旧产品的可变成本，从而降低了制造商的回收成本；③专门进行废旧产品的第三方物流公司专业性更强，因此回收效率更高，且各制造商能共享第三方物流公司，提高了资源的利用效率；④对于一些中小规模无力建设回收系统的企业，通过第三方物流公司的回收外包，也能参与废旧产品的回收，从而促进了环境保护和资源的有效利用。但是第三方回收模式同样存在着无法及时获得消费者信息反馈的缺点，并且失去了因直接回收在消费者之间建立良好的绿色形象的机会。

3. 闭环供应链的定价与协调

（1）闭环供应链的定价。产品的定价直接影响着市场需求，而企业通常通过定价的方式来实现产品的竞争。此外，闭环供应链的定价直接影响着供应链系统的运作效率，因此定价是企业界和学术界所关注的焦点。对于再制造产品，有些企业将其与新产品进行同样水平的定价，而有的企业按照新产品价格的某比例来进行定价，而这两种定价方式均有经验主义的因素，不能保证供应链利润的最优。

当前再制造产品的定价按消费者对再制造产品的认知来分大致可分为同质需求下的定价及异质需求下的定价两种（徐峰和盛昭瀚，2008）。所谓同质需求指的是消费者对再制造产品与新产品的认知度相同，这通常发生在再制造产品销售时再制造标识不明显或不易被察觉时的情形，此时两种产品的定价方式完全一样；异质需求是指再制造产品与新产品有明显标识，此时消费者对再制造产品与新产品的 WTP 存在差异，因此定价也必须差异化。

（2）闭环供应链的协调。学术界关于供应链协调的定义较多，如 Sahin

和 Robinson（2002）认为供应链协调是指供应链中的所有参与人决策目标都是实现全局最优的状态；Cachon（2003）指出供应链中的最优决策形成纳什均衡时，供应链达到协调。这些定义存在一个共同点，即供应链协调指的是供应链成员决策目标与整体目标的一致性。

造成供应链失调的因素包括内部因素和外部因素。内部因素是指供应链成员的决策目标不一致和“双重边际化”。外部因素为信息的非对称性：一种是外生信息的不对称；另一种是内生信息的不对称。

解决供应链协调问题的方法是各种协调合同的设计。Cachon（2003）提出了协调供应链的几种合同：批发价合同、回购合同、数量折扣合同、收益共享合同、数量柔性合同、销售回扣合同等。

需要注意的是，虽然供应链协调的成果丰富，但基于闭环供应链的协调研究较少。相对传统正向供应链，闭环供应链中的不确定性更为明显，传统的协调方法对闭环供应链是否仍然适用，是值得研究的问题。

### 2.1.4 消费者行为理论

美国市场营销协会（American Marketing Association）对消费者行为的定义：“感知、认知、行为，以及环境因素的动态互动过程，是人类履行生活中交易职能的行为基础。”（汪彤彤，2008）这说明消费者行为具有以下几个特点：

（1）消费者行为是动态的，这表示当整个社会随时间不断的变革和发展时，无论是个体消费者还是整个消费者群体也在一同进行着变化。

（2）消费者行为与环境是个互动过程，两者相互影响，不断变革。

（3）消费者行为涉及交易行为，即消费者行为包含了人类之间的交易，所反映的是人类在交易当中的整个行为过程（汪彤彤，2008）。

### 2.1.5 博弈理论

博弈即一些个人、队组或组织，面对一定的环境条件，同时或先后，一次或多次，从各自允许选择的行为或策略中进行选择并加以实施，各自取得相应结果的过程（谢识予，1994）。博弈包括四个方面：博弈方、博弈策略、博弈次序及博弈的收益（谢识予，1994）。

根据博弈方是否形成具有约束的协议，博弈分为合作博弈与非合作博弈。合作博弈是指博弈方形成联盟，加入联盟的各方以联盟收益最高为决策目标且自身收益也得到有效提高；非合作博弈是指博弈方无法形成约束性协议，自身收益最高为决策目标（谢识予，1994）。

根据博弈方决策顺序的不同，可分为静态博弈和动态博弈。静态博弈是指博弈方同时决策或者后决策者不知道先决策者的策略选择；动态博弈是指博弈方的决策分先后顺序，且后决策者知道先决策者的策略选择（谢识予，1994）。本文所用的斯塔克尔伯格（Stackelberg）博弈就属于动态博弈，是德国经济学家斯塔克尔伯格（Heinrich Von Stackelberg）于 1952 提出，用于解决博弈方之间具有主从阶梯结构的决策（谢识予，1994）。

根据博弈方的决策的理性程度，博弈可以分为完全理性博弈和有限理性博弈。完全理性博弈是指博弈方具备追求最大利益的分析判断能力。有限理性博弈是指博弈方开始并不具备追求最大利益的分析判断能力，必须通过不断学习才能够取得较好的收益（谢识予，1994）。

## 2.2 国内外研究现状

最早研究再制造的是 Lund（1984），他首先提出，通过再制造，原产品中的能源消耗得到保留；并且再制造是发展中国家获得专有技术的一种手段。此后，众多学者开始展开对制造理论的研究。关于再制造决策的研究，有三篇标志性的文献，它们奠定了再制造决策的研究基础。Thierry 等于 1995 年发表的 *Strategic issues in product recovery management* 是第一篇系统研究再制造价值恢复决策的高水平学术论文，该文受施乐绿色复印纸生产线的驱动，研究了闭环供应链中的价值恢复与再制造的影响因素，得出了一些很有价值的结论：再制造系统的获利性依赖于技术可行性、充足的回收品资源、再制造产品的市场需求以及立法保证；Guide Jr 等于 2000 年发表了 *Production planning and control for remanufacturing: industries and research needs* 一文，该文受大型军工产品和高价值机电产品再制造工业实践的驱动，从运筹学和工业工程（IE/OR）的角度，研究了再制造和传统制造系统的差别，对供应获取、库存控制、生产计划等进行了研究；Guide Jr 和

Wassenhove 于 2001 年发表了 *Managing product returns for remanufacturing* 一文，该文将研究视点放在再制造系统的获利性及其影响因素上，指出获利性依赖于技术因素、成本节约因素和再制造产品的市场需求。

### 2.2.1 再制造价值恢复及再制造的获利性研究

再制造实施的主体为制造商，而其是否愿意进入再制造，需要对再制造的价值恢复及获利性展开研究。Lund（1996）进一步对当时再制造行业的规模进行了估算，认为其解决的就业和销售额比美国钢铁工业的总和还要大。早期美国和欧洲对再制造获利性的研究出发点不尽一致，美国学者研究的出发点是市场趋动型的，即如何获取更大的盈利，但欧洲学者研究的出发点是以制造业的废物流，他们关注的是如何让成本最小化。为让利益最大化，美国学者 Guide Jr（1996）及 Guide Jr 和 Srivastava（1998）研究了再制造车间控制和协调的促进方法。在欧洲，欧盟《报废电子电气设备指令》（WEEE）对寿命周期终止的纸、车辆等产品做了规定，强调适当的回收方式和避免填埋。因此欧洲学者对再制造的研究重点放在如何使该指令对企业的影响最小化。比如 De Ron 和 Penev（1995）对电子产品的可拆卸性和可再生性进行了设计；Bloemhof－Ruwaard 等（1996）和 Fleischmann（2001）设计了目标为最小成本的回收网络，并对环境造成的冲击减少。对于价值恢复问题，Thierry 等（1995）的研究最具有代表性并极具价值：再制造系统的成功依赖于技术可行性、充足的回收品资源、再制造产品的市场需求以及立法保证，再制造不仅仅是一项获利性活动，它还会影响公司的一系列战略行为。Guide Jr 和 Wassenhove（2001）对再制造获利性的研究比较典型，特别强调了供应因素对再制造获利性的影响。

这些研究让我们对再制造有了基本的认识，为再制造的基础理论奠定了基础。其贡献体现在如下几个方面。首先是了解了再制造的复杂性特征和逆向物流及其与传统生产管理的区别（Guide Jr，2000）；其次是提出了逆向供应链的一般特征（Guide Jr 和 Wassenhove，2001）；最后是产品回收类型的不同对逆向供应链将产生不同的影响（Thierry 等，1995）。这些研究对我们的启示是，生产管理中还有大量的值得研究的领域，同时再制造也进入人们的研究视野。

### 2.2.2 再制造运作层面的研究

再制造运作层面的研究大致包括库存控制、再制造中的信息价值、再制造的批量生产计划、再制造的生产调度设计、再制造系统的网络与结构设计及再制造闭环供应链的建模等几种。在这些问题中，学者们对这种新的运筹问题进行大量的探索，对其进行了界定，并提供了解决方法，为这个新学科创建了必要的理论基石。

1. 库存控制

与传统库存管理相比，再制造系统中废旧产品返回制造商并再次参与制造过程，因此传统库存控制方式并不适用，为此学者们对再制造系统的库存控制方式展开研究。Saadany 和 Jaber（2009）研究回收率依赖于价格和质量的生产/再制造系统的库存模型，研究结果表明，废旧产品回收率受价格及回收品质量的影响，只制造或只进行再制造策略是制造商的最优策略，只有在某些约束条件下同时进行新产品生产及再制造策略才能成为最优策略。Ahiska 和 King（2010）对单产品回收再制造系统的库存优化策略进行了研究，发现运用马尔科夫决策过程对制造/再制造系统库存进行优化是鲁棒的和可操作的。Nenes 等（2009）认为，虽然再制造产品相对新产品更为便宜，但其数量和质量均存在着较高的不确定性，为使效益最大化或成本最小化，企业必须选择合适的定购及再制造策略。Zhou 和 Yu（2011）认为，废旧产品的回收是再制造成功的关键；同时，企业必须运用动态定价策略使得供需平衡；他们的研究表明，回收努力度随着可维修废旧产品库存水平的上升而下降；但当将定价也纳入决策时，优化策略变得非常复杂，此时定价随可维修废旧产品库存水平的上升而下降，而回收努力度刚好与其相反，定价与回收努力度均随总库存水平的上升而下降。Chen－Fu（2011）对制造/再制造系统整个产品生命周期中的库存控制策略进行了研究，认为在产品生命周期的不同阶段应该采用不同的库存控制策略，最优批量生产规模及定购点对每阶段的长度和需求变化率并不敏感。

国内学者也对再制造系统的库存控制展开研究，这些研究考虑了闭环供应链模式下时间因素及供需不确定性对库存造成的影响，将库存理论应用到再制造领域，是对已有理论的有效延伸。肖迪和黄培清（2008）将

EOQ 模型拓展到闭环供应链中，基于产品的时间价值推导出允许缺货和不允许缺货两种情况下回收品和成品库存的最优策略，并讨论了产品价值的流失对库存策略的影响。谢家平等（2009）分别建立单周期及多周期下逆向物流系统的再制造库存控制模型，研究了再制造企业中回收品质量不确定性对库存策略的影响，认为再制造企业必须整合企业内外信息、质量分类标准化以及有效控制回收量。袁开福和高阳（2010）研究了制造/再制造混合系统下的库存决策，其着眼于再制造能力不足所导致的废旧产品处置，以及企业最大缺货量受服务水平影响，结果表明存在最优的制造/再制造策略及服务水平控制点。

2. 再制造中的信息价值

信息对再制造系统的良好运行起着重要的作用，一些文献分析了信息共享对再制造系统的影响。Yao 等（2005）及 Yue 和 Liu（2006）以双渠道供应链为对象研究了信息共享对其绩效的影响，分别对零售商信息共享及制造商与零售商双方预测信息共享对供应链绩效的影响展开了研究，均发现信息共享能提高收益。Yao 等（2008）进一步分析了竞争条件下零售商共享服务成本信息对供应链绩效的影响，并计算了零售商信息共享的边界条件。我国学者对信息再制造系统中的信息共享展开了广泛而深入的研究。聂佳佳和熊中楷（2011）以第三方负责回收的闭环供应链为研究对象，发现零售商预测信息分享不利于其收益最大化，因此必须通过信息分享补偿机制促使其分享预测信息。

3. 再制造的批量生产计划

基于再制造的批量生产问题受到学术界的广泛关注。Pan 等（2009）对有限产能的闭环供应链中的批量生产计划问题进行了研究，其假定新产品的生产、废旧产品的处理及再制造产能均有限，给出了成本函数的凹情况下的一般模型，并利用动态规划算法对其进行了求解；研究发现，在仅进行处置或再制造时，存在求解的多项式算法，但同时进行处置及再制造时，只存在伪多项式算法；通过数值模拟发现，只有回收产品是一种长期规划时，扩张再制造产能才是有价值的，并且当需求主要通过新产品满足时，产能对再制造计划影响甚微。Pineyro 和 Viera（2009）在假定需求能通过再制造产品满足的条件下，对批量生产模型中的库存策略进行了分析；通过引入有用的回收及有用的再制造的概念，得到使得回收利益最大化和成本最小化的再制造生产计划。Konstantaras 和 Skouri（2010）研究了制造/再制造库存系统的批量生产计划，其需求由新产品及再制造产品所满足，成本结构包括传统 EOQ 模型的成本、产量过多及缺货损失成本，并分别就无缺货及缺货两种情形展开了讨论。Konstantaras 和 Skouri（2010）研究了一种单边替代的再制造批量生意计划问题，模型假定再制造产品的需求可由新产品所替代，但新产品的需求不能由再制造产品所替代的单边替代；其给出了该问题的数学模型并证明为 NP 难问题，然后设计了禁忌搜索法对模型进行求解，数值模拟表明该方法适用各种不同的情形。Schulz（2011）对 Teunter 等（2006）中的 SM 启发式算法进行了改进，对含回收及再制造的单产品动态批量生产计划问题进行了研究，发现该改进能将算法应用中初始值的设置百分比减少至少一半。

国内学者。王能民和张秋爽（2008）将 Richter 和 Sombrutzki（2000）及 Richter 和 Weber（2001）进行了扩展，将库存能力约束引入其模型，运用动态规划的方法设计了多项式算法对其进行求解，并通过数值模拟对算法的可行性进行了验证。黄书慧等（2009）对多资源限制下的混合制造/再制造的批量生产计划模型进行了研究，在新产品与再制造产品无差异的条件下，通过构造自适应罚函数将有能力约束的批量生产问题转化为无能力约束的问题，并运用遗传算法进行了求解。陈伟达和高楠（2009）建立了再制造系统中有能力约束的拆卸批量生产计划模型，并设计了两阶段遗传算法进行求解，仿真结果表明该算法求解速度及稳定性均优于精确算法。马艳等（2010）研究了生产能力受限条件下制造/再制造混合系统批量生产计划问题，相应设计了启发式蚁群算法，并通过仿真验证了该算法的有效性和效率。

4. 再制造的生产调度设计

再制造的生产调度指的是根据制定好的再制造生产计划安排作业任务、资源分配等实现再制造系统的最优。再制造系统由于供应及需求的不确定性，其生产调度较常规生产要更为复杂。Feng 和 Viswanathan（2011）考虑了包含产品回收的制造系统的批量调度决策模型，并运用基于（P，R）策略的启发式算法进行了求解。Ferrer 等（2011）评估了 RFID 技术对再制造效率的提升作用，并给出了 RFID 技术在再制造生产调度中运用的框架。

国内学者对生产调度设计的研究成果颇丰，但与再制造进行结合研究较为少见。张红宇等（2010）建立了再制造中的作业－车间（Job－Shop）调度模型，并设计了基于可变长工序编码方法的改进遗传算法对其求解。张红宇和高阳（2011）对再制造生产计划与调度的研究进行了综述，指出我国对再制造生产计划与调度的研究仍处于起步阶段，其研究有待深入。

5. 再制造系统的网络与结构设计

此系统中包含逆向回收渠道及正向物流渠道，形成一种闭环的结构。因此，再制造系统的网络与结构设计的文献中通常与闭环供应链或逆向物流结合起来进行研究。此外，网络构建通常运用混合整数规划（Mixed integer linear programming，MILP）方法，其优化目标往往为成本最小化。

Sasikuma 等（2010）以汽车轮胎再制造为例，给出了一个多级的逆向物流网络设计方案，以多级逆向物流的收益最大化为目标，建立了非线性混合整数规划模型，并运用 LINGO 8.0 进行了求解。Lee 等（2010）认为，迫于环境及社会需求的压力，可持续物流网络的设计显得越来越重要，因此，他基于随机规划模型建立了不确定环境下的可持续物流网络模型，并以亚太地区为例研究了大规模可持续物流网络的设计。Pishvaee 等（2011）利用鲁棒优化方法，处理了内生不确定性环境下的闭环供应链网络设计；首先运用混合整数线性规划模型对闭环供应链网络进行建模，然后利用扩展的鲁棒优化理论对模型进行处理，最后，根据一些现实中的测试问题将该方法与传统混合整数线性方法进行了比较，以评估该方法的实用性。

国内学者。孙浩（2009）的制造/再制造集成物流网络模型中，正向及逆向物流均为双层结构，在受限能力约束下建立了混合整数非线性规划模型，并设计了禁忌搜索法及遗传算法的混合启发式算法进行求解。（孙浩，2009）在不确定环境下，研究了基于混合整数非线性规划的选址模型，并设计了双层遗传算法对其求解。狄卫民和胡培（2009）考虑了设施能力可扩展情形下的再制造物流网络结构的设计，提出了相应的混合整数非线性规划模型，并设计了混合遗传算法以得到模型的结果。房巧红和陈功玉（2010）以顾客服务、环境保护、平均变动成本及固定投资为目标，以废旧产品回收量为机会约束，建立了再制造逆向物流网络的机会约束目标规划模型，并分析了网络的不确定性及多目标性的影响效应，研究发现，不确定性及多目标的结构均影响了逆向物流的网络结构。为求出不确定条件下物流网络设施选址、数量及物流量，毛海军等（2010）建立了以成本最小化为目标的随机机会约束规划模型，并设计结合随机模拟及线性规划的混合遗传算法进行了求解。

6. 再制造闭环供应链的建模

实施闭环供应链管理是企业进入再制造的重要途径。闭环供应链不仅包含了从“资源—制造—消费”的正向供应链，还包括从“废旧产品—回收—再制造”的逆向供应链，是正向和逆向供应链的有机结合（Guide Jr，2003）。再制造闭环供应链的建模大致包括闭环供应链的模式选择及闭环供应链的定价与协调两种。

周永圣和汪寿阳（2010）分析比较了当退役产品的再利用价值极小时，在政府监控下，回收模式的选择对供应链的正向渠道的决策及退役产品回收率的影响。韩小花（2010）采用斯塔克尔伯格博弈，在竞争的制造商共用零售商的市场结构下，研究了闭环供应链回收渠道的决策过程。Abdulrahman 等（2014）认为，考量我国废旧电器电子产品回收体系存在的弊端和障碍可以从管理、金融、政策法规和基础设施四个方面进行。周杰和陶小芳（2016）在生产者责任延伸（EPR）背景下，对随机需求下销售 - 回收型闭环供应链进行了研究，设计了收益共享契约以实现利润最大化和 EPR 效益水平最大化两个目标。刘克宁和宋华明（2017）指出，EPR 制度设计要充分考虑研发方的低碳研发技术水平、碳税税率、生产者和研发者在回收减排中的重要度。郑艳芳等（2017）认为，我国 EPR 制度设计要充分考虑正规回收渠道和非正规回收渠道之间的竞争问题。刘慧慧等（2013）建立了报废电子电气设备（WEEE）的双渠道回收竞争模型，给出了正规与非正规渠道均衡时的回收定价和翻修比例。公彦德等（2016）发现，处理基金在制造商和拆解企业之间分配比例的变化，影响供应链节点企业的利润。李春发和朱浪梅（2017）指出，在 EPR 约束下，政府环境效益最优时的补贴和基金征收标准要充分考虑企业成本结构、消费者结构、消费者效用和废旧产品回收处理能力。马祖军等（2016）指出，政府规定制造商的最低再生利用率对闭环供应链（CLSC）成员的最优经营策略，以及 CLSC 总利润、消费者剩余和社会福利产生的影响不同。王玉燕和申亮（2018）认为，回收处理基金背景下，WEEE 闭环供应链结构重组形成了四种主导模式。

在闭环供应链的实施中，定价和协调策略直接影响其运行效率，因而成为重要的研究视角。邢光军和罗坤晔（2017）考虑在两周期内制造商生产相互具有替代性的新/再制造产品，发现替代性参数对制造商利润产生积极影响。刘光富和刘文侠（2017）比较分析制造商与再制造商的差别定价闭环供应链模型，给企业与政府提出了一些关于再制造的建议。马方星等（2018）构建了回收产品质量不一的差别定价闭环供应链，发现两种不同补贴方式对回收价格、数量等产生不同影响。王建华等（2018）发现差别定价闭环供应链成员的利他行为对其自身及系统总利润产生不同影响。李芳等（2019）研究了非对称信息下，政府、制造商与零售商的三阶段 CLSC 差别定价决策问题，得出了利润最大化情形下三者的最优定价决策。王道平等（2019）设计了改进的收益共享契约来协调政府实施碳排放奖惩政策的差别定价 CLSC。张志宇等（2019）设计了收益－成本费用共享契约来协调由第三方回收商与制造商组成的新/再制造产品差别定价 CLSC。曹晓刚等（2019）比较分析制造商或零售商具有公平关切对差别定价 CLSC 的决策影响，发现收益共享契约能协调供应链上仅单一成员具有公平关切行为时的 CLSC。

为使闭环供应链管理问题的研究更加贴近现实，诸多学者将企业（包括零售商、制造商及供应链）之间的竞争纳入考量。高举红等（2017）认为，闭环供应链及成员利润会受需求不确定性及再制造竞争的影响。郑本荣等（2018）比较分析了四种制造商联盟决策，发现不同的回收竞争强度对联盟决策影响不同。徐朗等（2018）等设计了一个改进的收益成本共享契约协调制造商与零售商同时回收的 CLSC。姚锋敏和滕春贤（2019）发现市场上存在制造商竞争将有利于新产品的销售及废旧品回收。李晓静等（2016）发现闭环供应链之间的竞争强度不同所选择的回收模式也不同。黄祖庆等（2019）发现，供应链的竞争使得分散情形下最优利润高于集中情形。

### 2.2.3 再制造系统中的激励机制研究

再制造系统涉及的参与方较多，如制造商、零售商、第三方物流服务商、消费者、政府等，各参与方的行为与决策对再制造系统产生重要的影响。政府为推动再制造产业的发展，设计针对制造商或第三方物流服务商的激励机制显得尤为重要；同样，制造商也需要设计相应的针对零售商及第三方物流服务商激励机制，以获得更好的效益。

Ferguson 和 Toktay（2006）把回收问题推进了一步，他认为回收率是可能被影响的，把再制造系统扩展到中间商的行为能被正确的激励机制所影响。Mitra 和 Webster（2008）建立了两阶段的再制造系统中制造商与再制造商的竞争模型，并分析了政府补贴对系统的影响；研究发现政府补贴能提高再制造行为，当所有补贴返回到再制造商时，制造商利润将会下降而再制造商利润增加；而政府补贴分享机制将会促使制造商的产品设计符合再制造需要，并且更努力地提高停产（EOL）产品的回收率。黄凌和达庆利（2008）在回收处理时间随机的前提下，考虑了再制造及回收双方的行为动机，建立了奖惩契约模型，使得再制造逆向供应链的期望成本最小化。王文宾和达庆利（2008）、王文宾等（2009）、王文宾和达庆利（2010）及王文宾等（2010）对再制造闭环供应链的奖惩机制进行了系统的研究，指出政府对回收商的奖励机制能提高回收商积极性，而处罚机制能对逆向供应链进行有效地协调，研究成果为政府引导制造商进入再制造提供了有效的理论指导。包晓英和蒲云（2008）在不对称信息下设计了线性激励机制促进逆向供应链中零售商的回收努力，并分析了使得该契约有效的参数条件。黄颖颖等（2009）设计了电子产品三级逆向供应链中的激励机制问题，并分析了价格弹性系数及可再制造率对再制造决策的影响。计国君和黄位旺（2010）研究了回收法律法规约束下的再制造供应链的决策问题，研究发现单独回收责任下制造商进行废旧产品回收的动力最大，并给出了政府针对再制造商的补贴公式。聂佳佳等（2011）以零售商负责回收的再制造闭环供应链为对象，研究了奖惩机制对最优定价及回收率的影响，研究发现奖惩机制有利于降低零售价及提高废旧产品回收率。

### 2.2.4 再制造系统运作中的竞争机制研究

再制造系统运作中的竞争机制开始受到学者们的广泛重视，该领域主要涉及再制造的进入策略、再制造系统中的竞争、OEM 的阻止策略、再制造对公司行为的影响等。Ferguson 和 Toktay（2006）给出了再制造利润超出其蚕食效应的边界条件，计算了外部再制造竞争的潜在利益损失，并分析了 OEM 为阻止竞争者进行再制造的两种进入阻止策略。Ferrer 和 Swaminathan（2006）通过建立两阶段及多阶段模型，分别得到寡头垄断及第三方进入再制造时 OEM 不同的再制造策略。Atasu 等（2008）的研究表明，再制造成本节约、绿色消费者规模、市场增长率、消费者对再制造产品的价值认知等存在一个门槛值，只有在高于该值时再制造才是有利的，并指出，竞争环境下 OEM 选择进入再制造是一个有效的保护市场份额的市场战略。Ferrer 和 Swaminathan（2010）对 Ferrer 和 Swaminathan（2010）进行扩展，考虑了新产品及再制造产品的消费者 WTP 存在差异时的再制造决策问题。Guide Jr 和 Li（2010）设计了一个拍卖机制，发现消费者对新产品及再制造产品的 WTP 存在显著差异，并在此基础上，分析了再制造产品对新产品的蚕食效应，从而辅助 OEM 的再制造决策。国内学者，姚玉南和钟骏杰（2006）给出了再制造的理论研究框架，并提出了发展再制造的战略研究建议，包括再制造的专利技术研究及支持工具的研究。李帮义（2011）将外部竞争因素引入再制造系统，研究了作为竞争要素的再制造决策，研究发现在满足进入边界的前提下，再制造一方面能带来盈利，另一方面还是一种阻止竞争者进入的阻止战略。李帮义和周媛媛（2010）考虑了再制造产品的感知质量差异，在分销商作为再制造商的闭环供应链模式下研究了新产品及再制造产品的生产和定价决策，给出了“允许再制造”及制造商“进入再制造”的战略决策边界条件。

## 2.3 文献述评

在再制造系统研究方面，国内外学者对再制造系统的研究为再制造系统奠定了理论基石，并且对实践的指导也起到了重要的作用。但由于该领域发展历程较短，上述文献大多仅限于确定性环境、产品同质性情况的考虑，而对不确定性、产品差异化情形的研究相对较少。因此，以下几个方面值得进一步拓展。

（1）目前的研究大多把再制造作为一个独立的系统，侧重于再制造的“负面价值”评估，即再制造品对新产品产生的替代和价格竞争，忽略了再制造的战略合作价值和“不再制造”的机会成本。这些外部绩效包括合作收益；再制造对竞争对手产品的侵蚀与竞争；再制造作为产品延伸策略，在新细分市场上的获利及市场占有率的提高；产品责任延伸中节约的支出等。

（2）对再制造系统的不确定性重视不够。再制造系统相对于一般制造系统，呈现出更大的复杂性和不确定性，表现在以下几个方面：供应的不确定性、市场需求的不确定性、参与人合作的难协调性等。这些不确定性都对再制造决策产生影响。已有文献较少考虑这些不确定性，在不确定环境下如何决策，尚需进一步研究。

（3）忽视了再制造产品及新产品的 WTP 差异性。按照《循环经济促进法》的要求，再制造品销售时必须标注再制造标志，故由于其品牌和产品标志不同，客户的支付意愿还是有差别的，这反映在购买决策上就是客户的 WTP 不同，而已有研究尚未对此展开充分的讨论。

（4）没有考虑生产延伸责任分担问题。当前由于 EPR 制度的约束，回收再制造的主体一般为制造商，但这并不意味着制造商一定要完全承担这种责任，制造商可以利用其主导优势，通过供应链中的分工与合作，将产品延伸责任进行分解，由供应链的所有参与人共同承担延伸责任。

（5）当前对竞争环境下的“以旧换再”闭环供应链的研究文献较少，主要研究新产品与再制造产品的竞争，而目前市场中往往存在竞争企业生产再制造产品的竞争。因此对政府补贴下考虑制造商与再制造商相互竞争的研究将为现实提供一定的指导意义。

（6）当前对于“以旧换再”再制造背景下所导致的逆向回收竞争的研究较少。又由于实际市场中企业的回收处理技术及意识具有较大差异，因此在政府支持下进行产品回收的合格回收商与不具良好的回收处理能力的不合格回收商竞争环境下，研究政府补贴的“以旧换再”决策更贴近现实。

CHAPTER
第 3 章

# WTP 差异下的再制造进入决策及演化博弈研究

虽然很多学者对再制造进入决策进行了一定程度的研究，但大多数文献未考虑新产品与再制造产品的 WTP 差异。此外，本章引入演化博弈模型，侧重研究 OEM 进入再制造策略的演化平衡点及其稳定性，并证实再制造产品附加值与新产品附加值比值处于不同边界条件时，系统演化的均衡结果也相应发生变化；进一步，分析了政府补贴对系统演化均衡的影响，证明适当的政府补贴机制可促使系统演化至制造商均选择进入再制造策略的均衡；从动态演化的角度研究再制造进入决策，也是对已有文献的一种拓展。

本章的结构安排如图 3－1 所示。

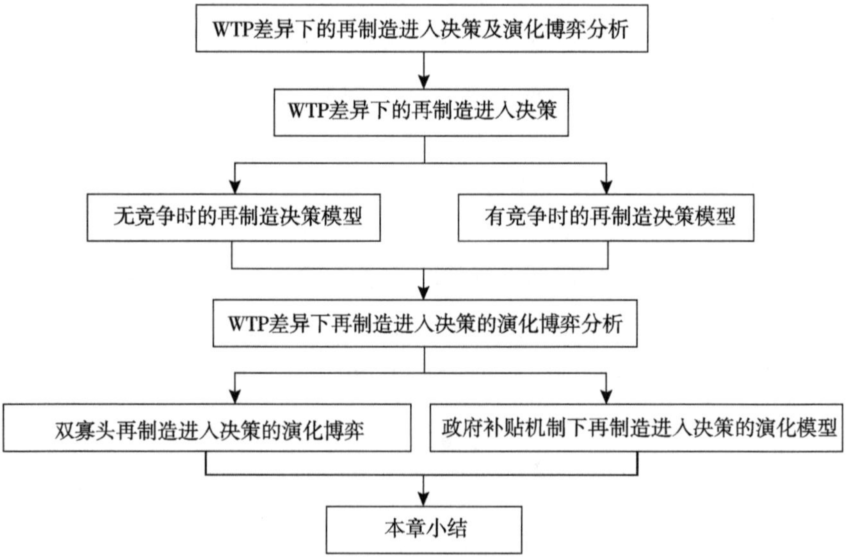


**图 3－1　本章的结构安排**

# 3.1 WTP差异下的再制造进入决策

## 3.1.1 问题描述

制造商选择是否进入再制造行业主要是根据对进入再制造行业后的预期利润做出自己的进入决定，如果获利，则选择进入，否则选择不进入。本书分别对不存在竞争者及存在外部竞争者两种情形进行研究。与当前研究再制造决策的文献一致，本书采用两阶段模型进行分析。

（1）不存在竞争者（Competitor）。第一阶段OEM的问题为新产品生产决策；第二阶段，OEM做是否进入再制造行业的决策，如果不进入再制造行业，则与第一阶段的决策问题完全一致；如果进入再制造行业，则回收第一阶段的废旧产品进行再制造，同时进行新产品的制造。需要说明的是，当第二阶段OEM选择进入再制造行业时，第一阶段的决策将受到影响：第一阶段不仅要考虑利润最大化的问题，还必须考虑为第二阶段的再制造提供原材料的问题（Ferrer和Swaminathan，2006；Atasu等，2008；Ferrer和Swaminathan，2010）。

（2）存在竞争者时，此时OEM的问题与问题（1）并无区别。与上述文献类似，本书假定竞争者为第三方再制造商（Majumder和Groenevelt，2001；Heese，2005；Ferguson和Toktay，2006；Ferrer和Swaminathan，2006；Atasu等，2008；Ferrer和Swaminathan，2010；Guide Jr和Li，2010）。竞争者仅在第二阶段进入决策，其决策问题为是否进入再制造市场，如果进入，则与OEM共同回收第一阶段的废旧产品进行再制造，否则不进行生产。

## 3.1.2 模型假设及符号说明

本书规定，上标中的I和II分别表示第一阶段和第二阶段；下标中的o表示制造商，c表示竞争者；下标中的n表示新产品，r表示再制造产品。则第一阶段制造商决策变量分别为$q_{on}^{\mathrm{I}}$（第一阶段制造商新产品产量）、$p_{on}^{\mathrm{I}}$（第一阶段制造商新产品价格）；第二阶段制造商决策变量为$q_{on}^{\mathrm{II}}$（第二阶段制造商新产品产量）、$p_{on}^{\mathrm{II}}$（第二阶段制造商新产品价格）、$q_{or}^{\mathrm{II}}$（第二阶段制造商再制造产品产量）、$p_{or}^{\text{II}}$（第二阶段制造商再制造产品价格），竞争者决策变量分别为 $q_{cr}^{\text{II}}$（第二阶段竞争者再制造产品产量）、$p_{or}^{\text{II}}$（第二阶段竞争者再制造产品价格）。可用图 3－2 表示该模型中参与人的决策时序及变量。

记 $\pi_o^{\text{I}}$、$\pi_o^{\text{II}}$ 分别表示 OEM 第一阶段及第二阶段的利润，$\pi_o=\pi_o^{\text{I}}+\pi_o^{\text{II}}$ 表示 OEM 两阶段的利润总和；$\pi_c$ 表示竞争者的利润。可用图 3－2 表示该模型中参与人的决策时序及变量。

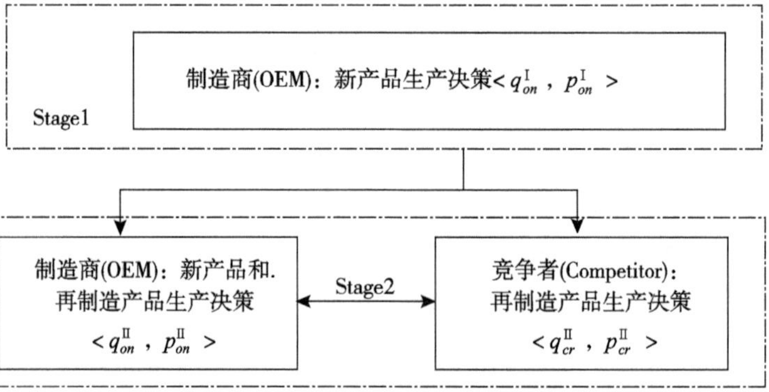


**图 3－2　再制造系统的决策时序及变量**

为更清楚地对模型进行解释，本书做如下相应假设：

假设 1：假定生产的新产品仅能回收再制造一次，类似的产品如复印机、计算机、手机等（Atasu 等，2008）。

假设 2：假定新产品单位可变成本均为 $c_n$，第二阶段再制造单位可变成本用符号 $c_r$ 表示，其中 $c_r$ 包括了生产再制造产品过程中的回收处理和再制造所构成的成本，并假定 $0<c_r<c_n<1$（Savaskan 等，2004；Atasu 等，2008），这反映了再制造的成本节约优势。与 Savaskan 等（2004）、Ferrer 和 Swaminathan（2006）、Atasu 等（2008）、Ferrer 和 Swaminathan（2010）等所采用的成本结构类似，本书不考虑固定成本。

假设 3：设产品回收率为 $\rho$（Majumder 和 Groenevelt，2001；Heese，2005；Ferguson 和 Toktay，2006；Ferrer 和 Swaminathan，2006；Atasu 等，2008；Ferrer 和 Swaminathan，2010；Guide Jr 和 Li，2010），$0\leqslant\rho\leqslant1$；$\rho$ 的大小反映了再制造的资源约束，这也是再制造系统区别于一般制造系统的根本特征之一。

假设4：第二阶段当 OEM 与竞争者均进行再制造时，假定 OEM 回收第一阶段可回收废旧产品的比率为 $\gamma$，竞争者回收的比率为 $1-\gamma$，其中 $0 \leqslant \gamma < 1$（Ferrer 和 Swaminathan，2006）；特别地，$\gamma=0$ 表示 OEM 不进入再制造行业，此时竞争者回收全部可回收的废旧产品。

假设5：消费者对产品品牌认知无差异，但对新产品与再制造产品的认知存在差异，即消费者对新产品与再制造产品的 WTP 不同（Ferguson 和 Toktay，2006；Ferrer 和 Swaminathan，2010）。令第一阶段新产品需求函数为 $p_{on}^{\mathrm{I}}=1-\sum q_{on}^{\mathrm{I}}$（Ferguson 和 Toktay，2006）。对于第二阶段，根据 Ferguson 和 Toktay（2006）的结论，当新产品与再制造产品的 WTP 分别为 1 和 $\beta$，消费者效用为［0，1］上的均匀分布时，其替代规律：$p_n=1-q_n-\beta q_r$，$p_r=\beta(1-q_n-q_r)$；其中 $0<\beta<1$，即消费者对新产品的认知价值不低于再制造产品。

### 3.1.3 无竞争条件下的 OEM 再制造进入边界

此时 OEM 的问题可分为不进入再制造及进入再制造两种情形进行计算，并比较其利润可得到 OEM 再制造的进入边界条件。

（1）当 OEM 不进入再制造时，此时两阶段决策问题完全一致，只需考虑第一阶段，其决策问题如下：

$$\underset{\{q_{on}^{\mathrm{I}}\}}{\mathrm{Max}}\ \pi_o^{\mathrm{I}}=(p_{on}^{\mathrm{I}}-c_n)q_{on}^{\mathrm{I}} \tag{3-1}$$

可求得 $q_{on}^{\mathrm{I}}=\dfrac{1-c_n}{2}$，$p_{on}^{\mathrm{I}}=\dfrac{1+c_n}{2}$，$\pi_o^{\mathrm{I}}=\dfrac{(1-c_n)^2}{4}$。由此可得到：

结论3.1：当 OEM 不进入再制造时，$q_{on}^{\mathrm{I}}=q_{on}^{\mathrm{II}}=\dfrac{1-c_n}{2}$，OEM 两阶段总利润为 $\pi_o=\pi_o^{\mathrm{I}}+\pi_o^{\mathrm{II}}=\dfrac{(1-c_n)^2}{2}$。

（2）当 OEM 进入再制造时，两阶段决策问题如下：

$$\begin{aligned}
&\underset{\{q_{on}^{\mathrm{I}},q_{on}^{\mathrm{II}},q_{or}^{\mathrm{II}}\}}{\mathrm{Max}}\ \pi_o=\underset{\{q_{on}^{\mathrm{I}},q_{on}^{\mathrm{II}},q_{on}^{\mathrm{II}}\}}{\mathrm{Max}}\left\{(p_{on}^{\mathrm{I}}-c_n)q_{on}^{\mathrm{I}}+(p_{on}^{\mathrm{II}}-c_n)q_{on}^{\mathrm{II}}+(p_{or}^{\mathrm{II}}-c_r)q_{or}^{\mathrm{II}}\right\}\\
&\text{s.t.}\ \ q_{or}^{\mathrm{II}}\leqslant\rho q_{on}^{\mathrm{I}}\\
&\qquad p_{on}^{\mathrm{I}}=1-q_{on}^{\mathrm{I}}\\
&\qquad p_{on}^{\mathrm{II}}=1-q_{on}^{\mathrm{II}}-\beta q_{or}^{\mathrm{II}}\\
&\qquad p_{or}^{\mathrm{II}}=\beta(1-q_{on}^{\mathrm{II}}-q_{or}^{\mathrm{II}})
\end{aligned} \tag{3-2}$$

可得利润函数的海赛矩阵为

$$H=\begin{vmatrix}-2 & 0 & 0\\ 0 & -2 & -2\beta\\ 0 & -2\beta & -2\beta\end{vmatrix}=-2(4\beta-4\beta^2)<0 \tag{3-3}$$

即海赛矩阵负定，利润函数为凹的，存在最优解。构造其 Lagrange 函数有

$$\begin{aligned}L_A=&(1-q_{on}^{\mathrm{I}}-c_n)q_{on}^{\mathrm{I}}+(1-q_{on}^{\mathrm{II}}-\beta q_{or}^{\mathrm{II}}-c_n)q_{on}^{\mathrm{II}}+\\&[\beta(1-q_{on}^{\mathrm{II}}-q_{or}^{\mathrm{II}})-c_r]q_{or}^{\mathrm{II}}+\lambda(\rho q_{on}^{\mathrm{I}}-q_{or}^{\mathrm{II}})\end{aligned} \tag{3-4}$$

其 Karush - Kuhn - Tucker 条件如下：

$$\frac{\partial L_A}{\partial q_{on}^{\mathrm{I}}}=1-c_n-2q_{on}^{\mathrm{I}}+\lambda\rho=0 \tag{3-5}$$

$$\frac{\partial L_A}{\partial q_{on}^{\mathrm{II}}}=1-c_n-2q_{on}^{\mathrm{II}}-2\beta q_{or}^{\mathrm{II}}=0 \tag{3-6}$$

$$\frac{\partial L_A}{\partial q_{or}^{\mathrm{II}}}=\beta-c_r-2\beta q_{on}^{\mathrm{II}}-2\beta q_{or}^{\mathrm{II}}-\lambda=0 \tag{3-7}$$

$$\lambda(\rho q_{on}^{\mathrm{I}}-q_{or}^{\mathrm{II}})=0,\ \lambda\geqslant 0 \tag{3-8}$$

对式（3-5）~式（3-8）求解，$\lambda>0$ 表示在式（3-2）的最优解中，供应约束 $q_{or}^{\mathrm{II}}\leqslant\rho q_{on}^{\mathrm{I}}$ 是“紧”的，资源约束限制了再制造决策；当供应约束 $q_{or}^{\mathrm{II}}\leqslant\rho q_{on}^{\mathrm{I}}$ 是“松”的时候，问题（2）与问题（1）并无本质区别，故仅讨论 $\lambda>0$ 时的情形。求解可得 $q_{on}^{\mathrm{I}}=\dfrac{(1-c_n)+\rho(\beta c_n-c_r)}{2+2\beta\rho^2(1-\beta)}$，$q_{on}^{\mathrm{II}}=\dfrac{1-c_n}{2}-$，$q_{or}^{\mathrm{II}}=\dfrac{\rho(1-c_n)+\rho^2(\beta c_n-c_r)}{2+2\beta\rho^2(1-\beta)}$，$\lambda=\dfrac{(\beta c_n-c_r)-\beta\rho(1-\beta)(1-c_n)}{1+\beta\rho^2(1-\beta)}$。由 $\lambda>0$ 可得此时满足条件 $\dfrac{\beta c_n-c_r}{1-c_n}>\beta\rho(1-\beta)$。此时 $\pi_o=\dfrac{(1-c_n)^2}{4}+$，与结论 3.1 中的两阶段利润进行对比，易得 $\dfrac{(1-c_n)^2}{4}+\dfrac{[(1-c_n)+\rho(\beta c_n-c_r)]^2}{4[1+\beta\rho^2(1-\beta)]}>\dfrac{(1-c_n)^2}{2}$，这说明此时 OEM 进入再制造比不进入再制造获利更多。另外，将此时两阶段产量与结论 3.1 进行对比，由于 $q_{on}^{\mathrm{I}}=\dfrac{(1-c_n)+\rho(\beta c_n-c_r)}{2+2\beta\rho^2(1-\beta)}>\dfrac{1-c_n}{2}$，而 $q_{on}^{\mathrm{II}}=\dfrac{1-c_n}{2}-\beta\rho\dfrac{(1-c_n)+\rho(\beta c_n-c_r)}{2+2\beta\rho^2(1-\beta)}<\dfrac{1-c_n}{2}$，这说明当 OEM 选择第二阶段进入再制造时，第一阶段产量将会增加，从而为第二阶段提供更多的原材料；第二阶段新产品的产量减少，这表明再制造产品蚕食了（Cannibalization）新产品的市场，但由于再制造也是创造价值的，再制造的获利性弥补了新产品被蚕食所造成的损失，因此进入再制造是一种

获利行为。由上述分析可得：

结论3.2：不存在外部竞争的条件下，OEM进行再制造的边界条件为$\frac{\beta c_n - c_r}{1-c_n} > \beta\rho(1-\beta)$。在此边界条件下，$q_{on}^{\mathrm{I}} = \frac{(1-c_n)+\rho(\beta c_n - c_r)}{2+2\beta\rho^2(1-\beta)}$，$q_{on}^{\mathrm{II}} = \frac{1-c_n}{2} - \beta\rho\frac{(1-c_n)+\rho(\beta c_n - c_r)}{2+2\beta\rho^2(1-\beta)}$，$q_{or}^{\mathrm{II}} = \frac{\rho(1-c_n)+\rho^2(\beta c_n - c_r)}{2+2\beta\rho^2(1-\beta)}$，OEM两阶段总利润$\pi_o = \frac{(1-c_n)^2}{4} + \frac{[(1-c_n)+\rho(\beta c_n - c_r)]^2}{4[1+\beta\rho^2(1-\beta)]}$。

## 3.1.4 有竞争条件下的OEM再制造进入边界

当OEM进入再制造时，两阶段均生产新产品，同时回收第一阶段可回收废旧产品中的$\gamma$部分进行再制造，而竞争者回收第一阶段可回收废旧产品中的$1-\gamma$部分进行再制造。此时OEM的问题：

$$
\begin{aligned}
&\underset{\{q_{on}^{\mathrm{I}},q_{on}^{\mathrm{II}},q_{or}^{\mathrm{II}}\}}{\mathrm{Max}}\ \pi_o = \underset{\{q_{on}^{\mathrm{I}},q_{on}^{\mathrm{II}},q_{or}^{\mathrm{II}}\}}{\mathrm{Max}}\left\{(p_{on}^{\mathrm{I}}-c_n)q_{on}^{\mathrm{I}} + (p_{on}^{\mathrm{II}}-c_n)q_{on}^{\mathrm{II}} + (p_{or}^{\mathrm{II}}-c_r)q_{or}^{\mathrm{II}}\right\}\\
&\text{s.t.}\ \ q_{or}^{\mathrm{II}} \leqslant \rho\gamma q_{on}^{\mathrm{I}}\\
&\qquad p_{on}^{\mathrm{I}} = 1-q_{on}^{\mathrm{I}}\\
&\qquad p_{on}^{\mathrm{II}} = 1-q_{on}^{\mathrm{II}} - \beta(q_{or}^{\mathrm{II}}+q_{cr}^{\mathrm{II}})\\
&\qquad p_{or}^{\mathrm{II}} = \beta(1-q_{on}^{\mathrm{II}}-q_{or}^{\mathrm{II}}-q_{cr}^{\mathrm{II}})
\end{aligned}
\tag{3-9}
$$

竞争者的问题：

$$
\begin{aligned}
&\underset{\{q_{cr}^{\mathrm{II}}\}}{\mathrm{Max}}\ \pi_c = \underset{\{q_{cr}^{\mathrm{II}}\}}{\mathrm{Max}}\left\{(p_{cr}^{\mathrm{II}}-c_r)q_{cr}^{\mathrm{II}}\right\}\\
&\text{s.t.}\ \ q_{cr}^{\mathrm{II}} \leqslant \rho(1-\gamma)q_{on}^{\mathrm{I}}\\
&\qquad p_{cr}^{\mathrm{II}} = \beta(1-q_{on}^{\mathrm{II}}-q_{or}^{\mathrm{II}}-q_{cr}^{\mathrm{II}})
\end{aligned}
\tag{3-10}
$$

与上节的计算方法相同，考虑式（3-9）、式（3-10）的Lagrange函数，求解并联立可得：

结论3.3：竞争条件下，若OEM进入再制造，有$q_{on}^{\mathrm{I}} = \frac{\rho\gamma(\beta-c_r)+(1-\beta\rho\gamma)(1-c_n)}{2+\beta\rho^2\gamma(1-\beta)(1+\gamma)}$，$q_{on}^{\mathrm{II}} = \frac{1-c_n}{2} - \frac{\beta\rho(1+\gamma)[\rho\gamma(\beta-c_r)+(1-\beta\rho\gamma)(1-c_n)]}{2[2+\beta\rho^2\gamma(1-\beta)(1+\gamma)]}$，$q_{or}^{\mathrm{II}} = \frac{\rho\gamma[\rho\gamma(\beta-c_r)+(1-\beta\rho\gamma)(1-c_n)]}{2+\beta\rho^2\gamma(1-\beta)(1+\gamma)}$，$q_{cr}^{\mathrm{II}} = \frac{\rho(1-\gamma)[\rho\gamma(\beta-c_r)+(1-\beta\rho\gamma)(1-c_n)]}{2+\beta\rho^2\gamma(1-\beta)(1+\gamma)}$；$\pi_0 = \frac{(1-c_n)^2}{4} - \frac{\beta\rho(1-\gamma)(1-c_n)[\rho\gamma(\beta-c_r)+(1-\beta\rho\gamma)(1-c_n)]}{2[2+\beta\rho^2\gamma(1-\beta)(1+\gamma)]} + \frac{(4+4\beta\rho^2\gamma^2-2\beta^2\rho^2\gamma-3\beta^2\rho^2\gamma^2+\beta^2\rho^2)[\rho\gamma(\beta-c_r)+(1-\beta\rho\gamma)(1-c_n)]^2}{4[2+\beta\rho^2\gamma(1-\beta)(1+\gamma)]^2}$，

$$\pi_c = \frac{\rho(1-\gamma)[2(\beta-c_r)-\beta(1-c_n)][\rho\gamma(\beta-c_r)+(1-\beta\rho\gamma)(1-c_n)]}{2[2+\beta\rho^2\gamma(1-\beta)(1+\gamma)]} + \frac{[\beta^2\rho^2(1-\gamma^2)-2\beta\rho^2(1-\gamma)][\rho\gamma(\beta-c_r)+(1-\beta\rho\gamma)(1-c_n)]^2}{2[2+\beta\rho^2\gamma(1-\beta)(1+\gamma)]^2}$$

；其满足的边界条件为 $\frac{\beta-c_r}{1-c_n} > \frac{2\beta-\beta\rho(1-\beta)(1+\gamma)}{2}$。

对结论 3.3 进行分析。特别地，当 $\gamma=0$ 时表明 OEM 不进入再制造，此时可得其第一阶段新产品产量为 $q_{on}^{\mathrm{I}}=\frac{1-c_n}{2}$，第二阶段新产品产量为 $q_{on}^{\mathrm{II}}=\frac{(2-\beta\rho)(1-c_n)}{4}$；与结论 3.3 中两阶段的产品产量进行对比，易得 $q_{on}^{\mathrm{I}}=\frac{\rho\gamma(\beta-c_r)+(1-\beta\rho\gamma)(1-c_n)}{2+\beta\rho^2\gamma(1-\beta)(1+\gamma)} > \frac{1-c_n}{2}$，$q_{on}^{\mathrm{II}}=\frac{1-c_n}{2}-\frac{\beta\rho(1+\gamma)[\rho\gamma(\beta-c_r)+(1-\beta\rho\gamma)(1-c_n)]}{2[2+\beta\rho^2\gamma(1-\beta)(1+\gamma)]} < \frac{(2-\beta\rho)(1-c_n)}{4}$，这说明存在竞争者时，OEM 选择进入再制造时第一阶段同样会生产更多的新产品，为再制造提供原材料，而第二阶段会减少新产品的产量，再制造产品对新产品的蚕食效应同样存在。由于利润函数较为复杂，难以对 OEM 是否进入再制造时的利润进行对比，故通过数值分析来进行比较。

### 3.1.5 数值仿真及分析

为了更好地说明参数对 OEM 进入策略的影响，采用数值仿真及分析，仿真过程中的参数参考了 Atasu 等（2008）的设定。

1. 不存在外部竞争时的数值分析

（1）再制造产品的 WTP 对 OEM 产量及利润的影响。取参数 $c_n$，$c_r=0.3$，$\rho=0.7$。由结论 3.2 可知，此时 OEM 进入再制造的边界条件为 $\beta>0.736$，这说明不存在竞争者时，仅当消费者对再制造产品的认知度高于 0.736，OEM 进入再制造的利润高于不进入再制造，此时 OEM 将进入再制造。让 $\beta$ 值在区间（0.736，1）内变化，计算当 OEM 进入再制造时的产量、利润变化，如图 3－3 所示。由图 3－3（a）可以看出，当 OEM 进入再制造时，随着消费者对再制造产品的支付意愿增加，OEM 第一阶段新产品的产量相应增加；$\beta$ 值符合再制造进入边界条件时，OEM 将比不进入再制造时生产更多的新产品，从而为第二阶段的再制造提供更多的原材料。此外，第二阶段再制造产品产量随 $\beta$ 值增加而增加，新产品产量则随 $\beta$ 值的增加而减少；这表明，随着消费者对再制造产品的支付意愿增加，即消费者对再制造产品的认知程度增加时，OEM 将增加再制造产品的生产，并且减少第二阶段新产品的生产。由图 3－3（b）可以看出，随着 $\beta$ 值的增加，OEM 进入再制造的利润随之增加，且均大于不进入再制造的利润，这是因为再制造具有成本节约优势，当消费者对再制造产品的支付意愿或认知度增加时，进入再制造能获取更高的利润。

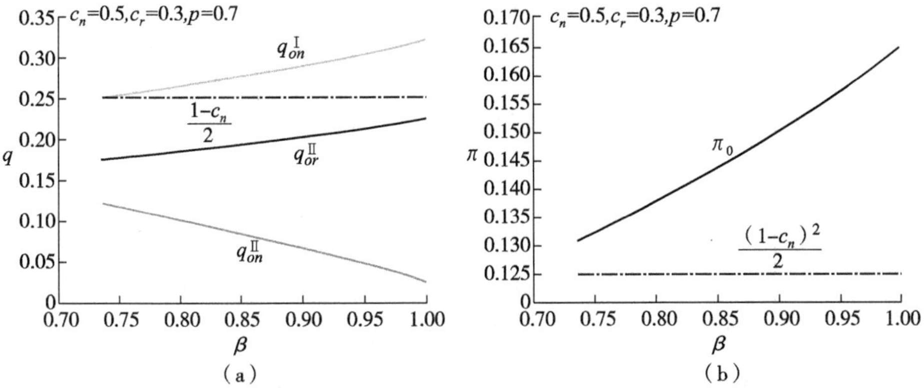


**图 3－3　$\beta$ 对 OEM 产量（a）和利润（b）的影响**

（2）回收率对 OEM 产量及利润的影响。取参数 $c_n=0.5$，$c_r=0.3$，$\beta=0.8$。由结论 3.2 可知，此时 OEM 进入再制造的边界条件为 $\rho<1.25$，而 $0\leqslant\rho\leqslant1$，故此时 OEM 必然进入再制造。让 $\rho$ 值在区间（0，1）内变化，计算当 OEM 进入再制造时的产量、利润变化，如图 3－4 所示。由图 3－4（a）可知，当回收率增加时，OEM 第一阶段产品产量先增加然后减少，但均大于不进入再制造时的产量 $\frac{1-c_n}{2}$；这一变动趋势说明再制造存在最优回收率，当回收率超过该值时，虽然再制造产生的效益仍能弥补新产品市场被蚕食所带来的损失，但再制造对新产品蚕食效应的增长速度将超过再制造产生的利润增长速度，因此必须减少再制造的原材料供应。另外，随着回收率的增加，第二阶段新产品产量将减少，而再制造产品产量增加，这也体现了再制造的成本优势。由图 3－4（b）可以看出，OEM 进入再制造利润均大于不进入再制造，且随 $\rho$ 值的增加先增加后减少，这同样说明了再制造存在最优回收率。

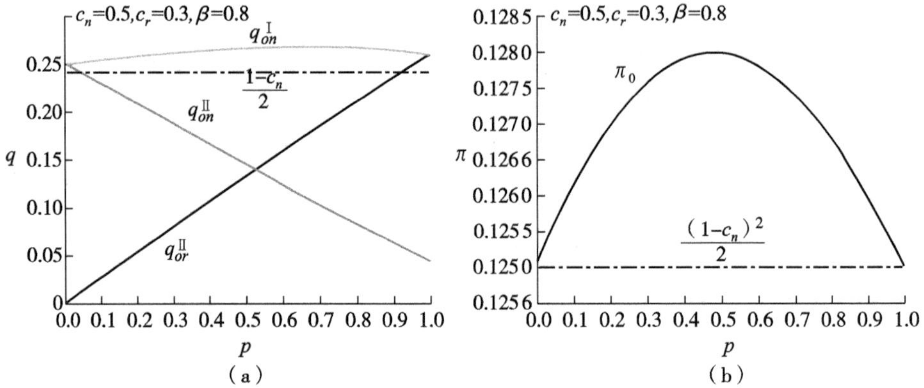


**图 3-4 $\rho$ 对 OEM 产量（a）和利润（b）的影响**

2. 存在外部竞争时的数值分析

（1）再制造产品的 WTP 对 OEM 及竞争者产量及利润的影响。取参数 $c_n=0.5$，$c_r=0.3$，$\rho=0.7$，$\gamma=0.7$。由结论 3.3 可知，此时 OEM 进入再制造的边界条件为 $\beta>0.720$，这说明存在外部竞争时，仅当消费者对再制造产品的认知度高于 0.720 时 OEM 选择进入再制造。让 $\beta$ 值在区间（0.720，1）内变化，计算存在外部竞争时 OEM 及竞争者的产量、利润变化，如图 3-5 所示。由图 3-5（a）可以看出，当 $\beta$ 值满足再制造边界条件，随着 $\beta$ 值的增加，即消费者对再制造产品的认知度的增加，OEM 第一阶段的产量随之增加，为第二阶段的再制造提供更多的原材料，同时第二阶段 OEM 及竞争者的产量均相应增加；但第二阶段 OEM 新产品的产量则逐渐减少。由图 3-5（b）可以看出，当 $\beta$ 值增加时，OEM 及竞争者的利润均相应增长。

（2）回收率对 OEM 及竞争者产量、利润的影响。取参数 $c_n=0.5$，$c_r=0.3$，$\beta=0.8$，$\gamma=0.7$。由结论 3.3 可知，此时 OEM 进入再制造的边界条件已成立。让 $\rho$ 值在区间（0，1）内变化，计算 OEM 及竞争者的产量、利润变化，如图 3-6 所示。由图 3-6（a）可以看出，随着回收率的增加，第一阶段 OEM 的产量先增加后减小。这表明存在竞争者时回收率同样存在阈值，当回收率低于该阈值时，回收率越高，OEM 在第一阶段将生产越多的新产品，为第二阶段双方的再制造提供原材料；而回收率高于该阈值时，回收率的增加意味着第二阶段将有更多的再制造产品，再制造产品对

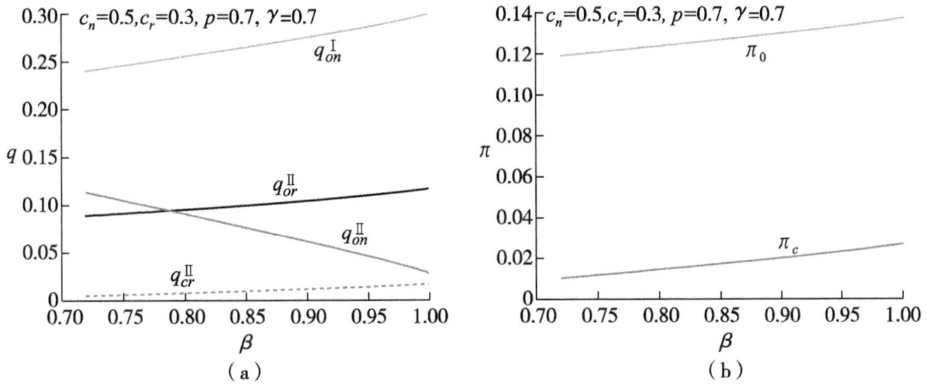


**图 3-5 $\beta$ 对 OEM 及竞争者产量（a）和利润（b）的影响**

新产品产生蚕食效应的增速已超出再制造产品利润的增速，从而导致 OEM 总效益的下降。图 3-6（b）中 OEM 的利润曲线随 $\rho$ 的增加先增加后减少，也印证了这一结论。此外，由图 3-6（a）还可以看出，第二阶段 OEM 新产品的产量将逐渐减少，OEM 及竞争者再制造产品的产量随 $\rho$ 的增加而增加，这也体现了再制造的成本节约优势。图 3-6（b）中竞争者的利润则随 $\rho$ 的增加而增加，这是由于竞争者利润仅由再制造构成，随着回收率的增加，其可生产的产品产量相应增加，在与 OEM 的竞争中其利润将随之增长。

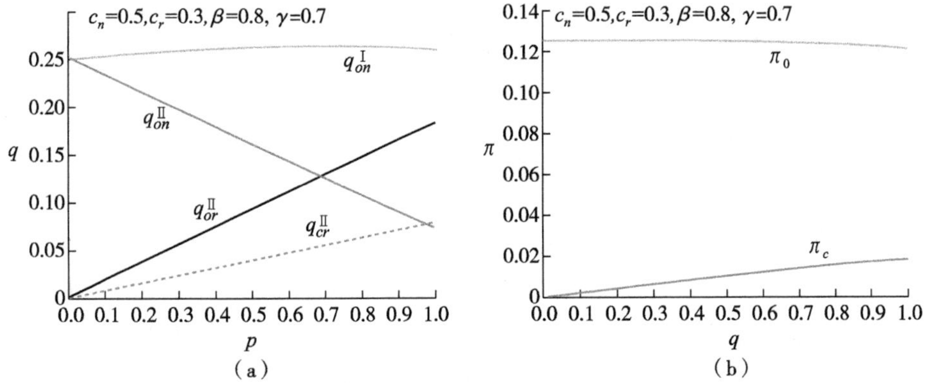


**图 3-6 $\rho$ 对 OEM 及竞争者产量（a）和利润（b）的影响**

（3）OEM 回收比率 $\gamma$ 对 OEM 及竞争者产量、利润的影响。取参数 $c_n$ = 0.5，$c_r$ = 0.3，$\beta$ = 0.8，$\rho$ = 0.7。将参数值代入结论 3.3 计算可得，此时

OEM 进入再制造的边界条件已成立。让$\gamma$值在区间（0，1）内变化，计算 OEM 及竞争者的产量、利润变化，如图 3－7 所示。由图 3－7（a）可以看出，随着$\gamma$值的增大，第一阶段 OEM 产量随之小幅增加，第二阶段 OEM 新产品产量减少，再制造产品产量大幅增长，第二阶段竞争者再制造产品产量则逐减少至 0。图 3－7（b）则表明，随着$\gamma$值的增大，即可回废旧产品分配给 OEM 的比例的增加，OEM 的利润相应增长，由于$\gamma=0$表示 OEM 不进入再制造，因此可知 OEM 进入再制造的利润高于不进入再制造时的利润；而竞争者的利润随$\gamma$值的增加逐渐减少至 0。

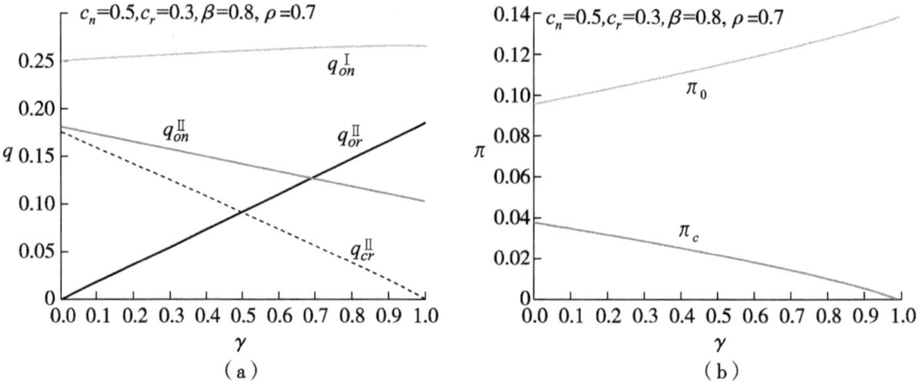


**图 3－7　$\gamma$对 OEM 及竞争者产量（a）和利润（b）的影响**

## 3.2 WTP 差异下再制造进入决策的演化博弈分析

### 3.2.1 问题描述

假设市场上存在两个无差异且具有竞争关系的 OEM 寡头［如佳能（Canon）、施乐（Xerox）在复印机再制造上的竞争］，其生产可分为两阶段。第一阶段，两个寡头分别做出新产品的生产决策和定价决策，第一阶段的新产品售出后，将成为第二阶段的再制造原材料；第二阶段，双寡头不仅生产新产品，还必须做出是否再制造的决策，如果进入再制造，则生产新产品，同时回收第一阶段二厂商的产品进行再制造；如果不进入再制造，则仅生产新产品。因此，两寡头第二阶段的策略空间为（不再制造，再制造)，以下简记为（N，R)。

### 3.2.2　模型假设及符号说明

本书规定，对于决策变量产量和价格，上标中的Ⅰ、Ⅱ分别表示第一阶段和第二阶段；下标中的1、2则分别表示制造商1和制造商2；下标中用 $n$ 表示新产品，$r$ 表示再制造品。则第一阶段双寡头的决策变量分别为 $q_{in}^{\mathrm{I}}$（第一阶段制造商 $i$ 新产品数量）、$p_{in}^{\mathrm{I}}$（第一阶段制造商 $i$ 新产品价格）；第二阶段双寡头的决策变量分别为 $q_{in}^{\mathrm{II}}$（第二阶段制造商 $i$ 新产品数量）、$p_{in}^{\mathrm{II}}$（第二阶段制造商 $i$ 新产品价格）、$q_{ir}^{\mathrm{II}}$（第二阶段制造商 $i$ 再制造品数量）、$p_{ir}^{\mathrm{II}}$（第二阶段制造商 $i$ 再制造品价格）；其中，$i=1$，2。

记 $\pi_i^{\mathrm{I}}$ 表示第一阶段寡头 $i$ 的均衡利润；$\pi_i^{ab}$ 表示双寡头策略组合为（$a$，$b$）时寡头 $i$ 第二阶段的均衡利润，$i=1$，2，$a$，$b=$N，R。可用图3-8表示该模型中参与人的决策时序及变量。

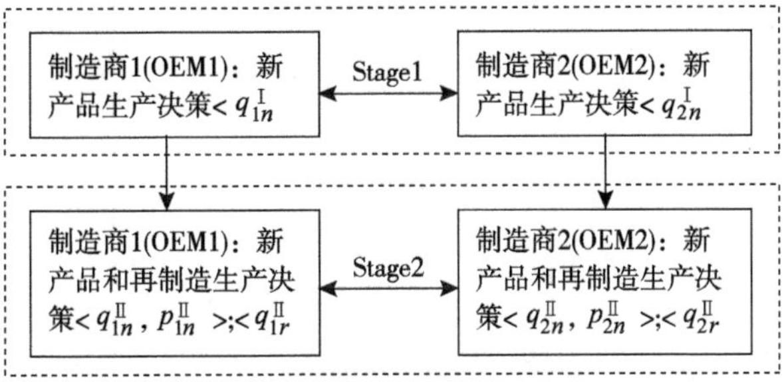


**图3-8　双寡头的决策时序及变量**

为更清楚地对模型进行解释，本书做如下相应假设，本节的假设1～假设5与3.1.1节完全相同，此外，

假设6：假定第一阶段的生产决策不受第二阶段的影响，为独立决策；而第二阶段产品再制造的原材料供应来源为第一阶段的产品（Majumder和Groenevelt，2001；Ferguson和Toktay，2006）。事实上，我国当前汽车、手机、家电等行业的再制造均符合此情形：市场上存在大量废旧产品，而这些废旧产品生产之初并未考虑后期的再制造问题，因此，当时的决策未受再制造决策的影响；而随着社会经济的发展，当前再制造已进入企业的战略视野，如果选择进入再制造，这些废旧产品成为再制造原材料。

假设7：为使分析结果有意义，假设$\beta\rho<\frac{1}{3}$（后面的计算结果表明，$\beta\rho\geqslant\frac{1}{3}$意味着回收率较高或客户对再制造品的认知程度较高时，第二阶段制造商将不进行新产品生产，仅进行再制造产品的生产）。

### 3.2.3 双寡头博弈支付矩阵分析

先考虑第一阶段，第一阶段仅进行新产品生产决策，因此可由如下库诺特（Cournot）寡头竞争模型进行求解。双寡头决策问题如下：

$$\underset{\{q_{in}^{\mathrm{I}}\}}{\mathrm{Max}}\ \pi_i^{\mathrm{I}}=(p_{in}^{\mathrm{I}}-c_n)q_{in}^{\mathrm{I}}\quad i=1,\ 2 \tag{3-11}$$

可求得$q_{in}^{\mathrm{I}}=\frac{1-c_n}{2}$，$p_{in}^{\mathrm{I}}=\frac{1+c_n}{2}$，$\pi_i^{\mathrm{I}}=\frac{(1-c_n)^2}{4}$，$i=1,\ 2$。

对于第二阶段，在前述假设下，根据双寡头策略组合的不同，分别对其决策及收益进行讨论，可分为如下四种情形：

（1）第二阶段双寡头策略组合为（N，N），即第二阶段都不进入再制造，仅生产新产品。此时与第一阶段决策问题完全相同，有$q_{in}^{\mathrm{II}}=\frac{1-c_n}{2}$，$p_{in}^{\mathrm{II}}=\frac{1+c_n}{2}$，$\pi_i^{NN}=\frac{(1-c_n)^2}{4}$，$i=1,\ 2$。

（2）第二阶段双寡头策略组合为（N，R），即第二阶段寡头1仅生产新产品，寡头2回收所有第一阶段产品进行再制造，同时生产新产品。

此时寡头1决策问题如下：

$$\underset{\{q_{1n}^{\mathrm{II}}\}}{\mathrm{Max}}\ \pi_1^{NR}=\underset{\{q_{1n}^{\mathrm{II}}\}}{\mathrm{Max}}\{(p_{1n}^{\mathrm{II}}-c_n)q_{1n}^{\mathrm{II}}\}=\underset{\{q_{1n}^{\mathrm{II}}\}}{\mathrm{Max}}\{(1-q_{1n}^{\mathrm{II}}-q_{2n}^{\mathrm{II}}-\beta q_{2r}^{\mathrm{II}}-c_n)q_{1n}^{\mathrm{II}}\} \tag{3-12}$$

对于寡头2，其决策问题如下：

$$\begin{aligned}\underset{\{q_{2n}^{\mathrm{II}},q_{2r}^{\mathrm{II}}\}}{\mathrm{Max}}\ \pi_2^{NR}&=\underset{\{q_{2n}^{\mathrm{II}},q_{2r}^{\mathrm{II}}\}}{\mathrm{Max}}\{(p_{2n}^{\mathrm{II}}-c_n)q_{2n}^{\mathrm{II}}+(p_{2r}^{\mathrm{II}}-c_r)q_{2r}^{\mathrm{II}}\}\\&=\underset{\{q_{2n}^{\mathrm{II}},q_{2r}^{\mathrm{II}}\}}{\mathrm{Max}}\{(1-q_{1n}^{\mathrm{II}}-q_{2n}^{\mathrm{II}}-\beta q_{2r}^{\mathrm{II}}-c_n)q_{2n}^{\mathrm{II}}+[\beta(1-q_{1n}^{\mathrm{II}}-q_{2n}^{\mathrm{II}}-q_{2r}^{\mathrm{II}})-c_r]q_{2r}^{\mathrm{II}}\}\end{aligned}$$

$$\text{s.t.}\quad q_{2r}^{\mathrm{II}}=\rho(q_{1n}^{\mathrm{I}}+q_{2n}^{\mathrm{I}})=\rho(1-c_n) \tag{3-13}$$

利用式（3－12）的一阶条件，以及将式（3－13）的约束条件代入目标函数并利用其一阶条件，求得$q_{1n}^{\mathrm{II}}=\frac{1-c_n}{3}$，$q_{2n}^{\mathrm{II}}=(\frac{1}{3}-\beta\rho)(1-c_n)$，$q_{2r}^{\mathrm{II}}=\rho(1-c_n)$。由$q_{2n}^{\mathrm{II}}$的表达式可以看到，当制造商1不进入再制造且制造商2进入再制造时，制造商2仅在$\beta\rho$较小时才会生产新产品，其经济意义：给定回收率

$\rho$，客户对再制造产品的认知（WTP）较低时（使得 $\frac{1}{3}-\beta\rho>0$），制造商2除进行再制造盈利外，同时也进行新产品的制造，而随着客户对再制造产品认知程度的增加（即 $\frac{1}{3}-\beta\rho\to 0$），制造商2将逐渐缩减新产品制造数量直至退出新产品制造（$q_{2n}^{\text{II}}\to 0$），从而全部生产再制造产品；同理，给定客户对再制造产品WTP值 $\beta$，在回收率较低时，制造商2同时进行新产品和再制造产品的制造，随着回收率的增加，$\frac{1}{3}-\beta\rho\to 0$，制造商2趋向于退出新产品制造而全面进入再制造领域（$q_{2n}^{\text{II}}\to 0$），这充分体现了再制造的成本优势及盈利价值。将 $q_{1n}^{\text{II}}$、$q_{2n}^{\text{II}}$、$q_{2r}^{\text{II}}$ 分别代入式（3－12）和式（3－13），可得 $\pi_1^{NR}=\frac{(1-c_n)^2}{9}$，$\pi_2^{NR}=\frac{(1-c_n)^2}{9}+\rho(\beta-c_r)(1-c_n)-\beta\rho(1+\rho-\beta\rho)(1-c_n)^2$。将 $\pi_1^{NR}$ 与 $\pi_1^{NN}$ 进行对比可以看出 $\pi_1^{NR}<\pi_1^{NN}$，这说明制造商2的再制造压缩了制造商1的盈利空间，再制造对竞争对手产生了蚕食效应。

（3）第二阶段双寡头策略组合为（R，N），即第二阶段寡头2仅生产新产品，寡头1回收所有第一阶段产品进行再制造，同时生产新产品。此时与第二种情形类似，只需交换情形（2）中的下标即可得到 $\pi_1^{RN}=\frac{(1-c_n)^2}{9}+\rho(\beta-c_r)(1-c_n)-\beta\rho(1+\rho-\beta\rho)(1-c_n)^2$，$\pi_2^{RN}=\frac{(1-c_n)^2}{9}$。

（4）第二阶段双寡头策略组合为（R，R），即第二阶段双寡头均生产新产品，同时回收第一阶段产品进行再制造，由于双寡头无差异，可假设其回收量相等，此时双寡头的决策问题为

$$\begin{aligned}\underset{\{q_{in}^{\text{II}},q_{ir}^{\text{II}}\}}{\text{Max}}\ \pi_i^{RR}&=\underset{\{q_{in}^{\text{II}},q_{ir}^{\text{II}}\}}{\text{Max}}\{(p_{in}^{\text{II}}-c_n)q_{in}^{\text{II}}+(p_{ir}^{\text{II}}-c_r)q_{ir}^{\text{II}}\}\\&=\underset{\{q_{in}^{\text{II}},q_{ir}^{\text{II}}\}}{\text{Max}}\{[1-q_{1n}^{\text{II}}-q_{2n}^{\text{II}}-\beta(q_{1r}^{\text{II}}+q_{2r}^{\text{II}})-c_n]q_{in}^{\text{II}}+\\&\quad[\beta(1-q_{1n}^{\text{II}}-q_{2n}^{\text{II}}-q_{1r}^{\text{II}}-q_{2r}^{\text{II}})-c_r]q_{ir}^{\text{II}}\}\end{aligned}\tag{3－14}$$

$$\text{s.t.}\ q_{ir}^{\text{II}}=\frac{1}{2}\rho(q_{1n}^{\text{I}}+q_{2n}^{\text{I}})=\frac{1}{2}\rho(1-c_n)\quad i=1,\ 2$$

将式（3－14）的约束条件代入目标函数并利用其一阶条件，可求得 $q_{in}^{\text{II}}=(\frac{1}{3}-\frac{1}{2}\beta\rho)(1-c_n)$，$q_{ir}^{\text{II}}=\frac{1}{2}\rho(1-c_n)$，$\pi_i^{RR}=\frac{(1-c_n)^2}{9}+\frac{1}{2}\rho(\beta-c_r)(1-c_n)-\frac{1}{2}(1+\rho-\beta\rho)(1-c_n)^2$，$i=1$，2。

由此可得到双寡头策略空间为（N，R）时的二维支付矩阵，见表3－1。

表 3-1 双寡头博弈支付矩阵

| | | 寡头 2 | |
|---|---|---|---|
| | | N | R |
| 寡头 1 | N | $(\pi_1^{NN},\pi_2^{NN})$ | $(\pi_1^{NR},\pi_2^{NR})$ |
| | R | $(\pi_1^{RN},\pi_2^{RN})$ | $(\pi_1^{RR},\pi_2^{RR})$ |

### 3.2.4 双寡头再制造进入决策的演化博弈分析

演化博弈论是把博弈论与生物动态进化过程结合起来进行经济系统研究的一种理论，假定博弈主体非完全理性，其决策通过个体之间的模仿、学习和突变等动态过程来完成（Fleischmann 等，1997），演化博弈方法主要分析博弈主体的平衡点及其稳定性（Van 等，1999）。

1. 演化过程的平衡点

假设寡头 1 和寡头 2 可以随机独立地在多次博弈中选择策略 N 和 R，寡头 1 选择策略 N 和策略 R 的比例分别为 $p$ 和 $1-p$；寡头 2 选择策略 N 和 R 的比例分别为 $q$ 和 $1-q$，适应度用利润表示。

对于寡头 1，采用策略 N 的适应度为

$$f_1^N = q\pi_1^{NN} + (1-q)\pi_1^{NR} \tag{3-15}$$

采用策略 R 的适应度为

$$f_1^R = q\pi_1^{RN} + (1-q)\pi_1^{RR} \tag{3-16}$$

平均适应度为

$$f_1 = pf_1^n + (1-p)f_1^r \tag{3-17}$$

根据 Malthusian 方程（李晓静，2016），寡头 1 选择策略 N 的数量的增长率 $\dot{p}/p$ 为其适应度 $f_1^N$ 减去平均适应度 $f_1$，可得

$$\dot{p}/p = (1-p)[q(\pi_1^{NN} - \pi_1^{RN}) + (1-q)(\pi_1^{NR} - \pi_1^{RR})] \tag{3-18}$$

同理，对于寡头 2 有

$$\dot{q}/q = (1-q)[p(\pi_2^{NN} - \pi_2^{NR}) + (1-p)(\pi_2^{RN} - \pi_2^{RR})] \tag{3-19}$$

联立式（3-18）及式（3-19）可得到如下二维动力系统（I）：

$$\begin{cases} \dot{p} = p(1-p)[q(\pi_1^{NN} - \pi_1^{RN}) + (1-q)(\pi_1^{NR} - \pi_1^{RR})] \\ \dot{q} = q(1-q)[p(\pi_2^{NN} - \pi_2^{NR}) + (1-p)(\pi_2^{RN} - \pi_2^{RR})] \end{cases} \tag{3-20}$$

分析式（3－20）可得，

结论3.4：系统（I）的平衡点为（0，0），（0，1），（1，0），（1，1）；在$(\pi_1^{NN}-\pi_1^{RN})(\pi_1^{NR}-\pi_1^{RR})<0$且$(\pi_2^{NN}-\pi_2^{NR})(\pi_2^{RN}-\pi_2^{RR})<0$时，$(p^*,q^*)$为平衡点，其中，$p^*=\dfrac{-\pi_2^{RN}+\pi_2^{RR}}{\pi_2^{NN}-\pi_2^{NR}-\pi_2^{RN}+\pi_2^{RR}}$，$q^*=\dfrac{-\pi_1^{NR}+\pi_1^{RR}}{\pi_1^{NN}-\pi_1^{RN}-\pi_1^{NR}+\pi_1^{RR}}$。

证明：令$\dot{p}=0$，$\dot{q}=0$，可得$p=0$或1，$q=0$或1。因此，（0，0），（0，1），（1，0），（1，1）是系统（I）的平衡点。对于$(p^*,q^*)$，若$(\pi_1^{NN}-\pi_1^{RN})(\pi_1^{NR}-\pi_1^{RR})>0$，显然有$q(\pi_1^{NN}-\pi_1^{RN})+(1-q)(\pi_1^{NR}-\pi_1^{RR})\neq 0$，若$(\pi_2^{NN}-\pi_2^{NR})(\pi_2^{RN}-\pi_2^{RR})>0$，则有$p(\pi_2^{NN}-\pi_2^{NR})+(1-p)(\pi_2^{RN}-\pi_2^{RR})\neq 0$，故此时$(p^*,q^*)$不是平衡点；当$(\pi_1^{NN}-\pi_1^{RN})(\pi_1^{NR}-\pi_1^{RR})<0$且$(\pi_2^{NN}-\pi_2^{NR})(\pi_2^{RN}-\pi_2^{RR})<0$时，有$\dot{p}=0$，$\dot{q}=0$，所以此时$(p^*,q^*)$为平衡点（证毕）。

2. 平衡点的稳定性分析

由Friedman（1991）给出的方法，平稳点的稳定性可由该动力系统的雅可比矩阵的局部稳定性分析得到，并得到演化稳定点（Evolutionary Stable Strategy，ESS）。系统（I）的雅可比矩阵为

$$J=\begin{bmatrix}\partial\dot{p}/\partial p & \partial\dot{p}/\partial q\\ \partial\dot{q}/\partial p & \partial\dot{q}/\partial q\end{bmatrix}=\begin{bmatrix}(1-2p)[q(\pi_1^{NN}-\pi_1^{RN})+(1-q)(\pi_1^{NR}-\pi_1^{RR})] & p(1-p)(\pi_1^{NN}-\pi_1^{RN}-\pi_1^{NR}+\pi_1^{RR})\\ q(1-q)(\pi_2^{NN}-\pi_2^{NR}-\pi_2^{RN}+\pi_2^{RR}) & (1-2q)[p(\pi_2^{NN}-\pi_2^{NR})+(1-p)(\pi_2^{RN}-\pi_2^{RR})]\end{bmatrix} \tag{3-21}$$

计算矩阵$J$在命题1中5个点的行列式和迹的值及符号，可判断出其局部稳定性。

结论3.5：当$\dfrac{\beta-c_r}{1-c_n}<B$时，系统（I）存在唯一ESS为（1，1）；当$B<\dfrac{\beta-c_r}{1-c_n}<A$时，系统（I）存在两个ESS，分别为（0，1）和（1，0）；当$\dfrac{\beta-c_r}{1-c_n}>A$时，系统（I）存在唯一的ESS为（0，0）。其中，$A=\dfrac{1+\rho(1-\beta)}{\rho}$，$B=\dfrac{\frac{5}{36}+\beta\rho(1+\rho-\beta\rho)}{\rho}$，$C=\dfrac{\frac{5}{18}+(2\beta\rho-1)(1+\rho-\beta\rho)}{\rho}$。

证明：首先计算出各点处的行列式和迹，见表3－2。

表 3－2　各点处的行列式和迹

| 点 | det$J$ | tr$J$ |
|---|---|---|
| (0，0) | $\left(\pi_1^{NR}-\pi_1^{RR}\right)\left(\pi_2^{RN}-\pi_2^{RR}\right)$ | $\left(\pi_1^{NR}-\pi_1^{RR}\right)+\left(\pi_2^{RN}-\pi_2^{RR}\right)$ |
| (0，1) | $\left(\pi_1^{NN}-\pi_1^{RN}\right)\left(\pi_2^{RR}-\pi_2^{RN}\right)$ | $\left(\pi_1^{NN}-\pi_1^{RN}\right)+\left(\pi_2^{RR}-\pi_2^{RN}\right)$ |
| (1，0) | $\left(\pi_1^{RR}-\pi_1^{NR}\right)\left(\pi_2^{NN}-\pi_2^{NR}\right)$ | $\left(\pi_1^{RR}-\pi_1^{NR}\right)+\left(\pi_2^{NN}-\pi_2^{NR}\right)$ |
| (1，1) | $\left(\pi_1^{RN}-\pi_1^{NN}\right)\left(\pi_2^{NR}-\pi_2^{NN}\right)$ | $\left(\pi_1^{RN}-\pi_1^{NN}\right)+\left(\pi_2^{NR}-\pi_2^{NN}\right)$ |
| $(p^*,q^*)$ | $A$ | 0 |

其中，$A=\dfrac{-\left(\pi_1^{RR}-\pi_1^{NR}\right)\left(\pi_1^{NN}-\pi_1^{RN}\right)\left(\pi_2^{RR}-\pi_2^{RN}\right)\left(\pi_2^{NN}-\pi_2^{NR}\right)}{\left[\left(\pi_1^{RR}-\pi_1^{NR}\right)+\left(\pi_1^{NN}-\pi_1^{RN}\right)\right]\left[\left(\pi_2^{RR}-\pi_2^{RN}\right)+\left(\pi_2^{NN}-\pi_2^{NR}\right)\right]}$

由表 3－2 可以看到，各点的值由 $\pi_1^{NR}-\pi_1^{RR}$、$\pi_1^{NR}-\pi_1^{RR}$、$\pi_2^{RN}-\pi_2^{RR}$ 及 $\pi_2^{NN}-\pi_2^{NR}$ 构成，将前述四种策略组合的收益值代入，有

$$\pi_1^{NR}-\pi_1^{RR}=\pi_2^{RN}-\pi_2^{RR}=\frac{1}{2}(1+\rho-\beta\rho)(1-c_n)^2-\frac{1}{2}\rho(\beta-c_r)(1-c_n) \tag{3－22}$$

$$\pi_1^{NN}-\pi_1^{RN}=\pi_2^{NN}-\pi_2^{NR}=\frac{5}{36}(1-c_n)^2-\rho(\beta-c_r)(1-c_n)+\beta\rho(1+\rho-\beta\rho)(1-c_n)^2 \tag{3－23}$$

将式（3－22）、式（3－23）代入表 3－2 中各式，观察其特点可知，各式的符号分别由式（3－22）、式（3－23）及式（3－23）－式（3－22）的符号所组合决定。

令 $\frac{1}{2}(1+\rho-\beta\rho)(1-c_n)^2-\frac{1}{2}\rho(\beta-c_r)(1-c_n)>0$，易知，该式成立当且仅当

$$\frac{\beta-c_r}{1-c_n}<\frac{1+\rho(1-\beta)}{\rho}=A \tag{3－24}$$

令 $\frac{5}{36}(1-c_n)^2-\rho(\beta-c_r)(1-c_n)+\beta\rho(1+\rho-\beta\rho)(1-c_n)^2>0$，该式成立当且仅当

$$\frac{\beta-c_r}{1-c_n}<\frac{\frac{5}{36}+\beta\rho(1+\rho-\beta\rho)}{\rho}=B \tag{3－25}$$

将式（3－23）－式（3－22），令 $[\frac{5}{36}(1-c_n)^2-\rho(\beta-c_r)(1-c_n)+\beta\rho(1+\rho-\beta\rho)(1-c_n)^2]-[\frac{1}{2}(1+\rho-\beta\rho)(1-c_n)^2-\frac{1}{2}\rho(\beta-c_r)(1-c_n)]>0$，该式成立当且仅当

$$\frac{\beta-c_r}{1-c_n}<\frac{\frac{5}{18}+(2\beta\rho-1)(1+\rho-\beta\rho)}{\rho}=C \tag{3－26}$$

由于 $\beta\rho<\frac{1}{3}$，且 $0\leqslant\beta,\rho\leqslant1$，故 $(2\beta\rho-1)(1+\rho-\beta\rho)<0$，而 $\rho(1-\beta)\geqslant0$，因而有 $\frac{5}{18}+(2\beta\rho-1)(1+\rho-\beta\rho)<1+\rho(1-\beta)$，所以 $C<A$；又因为 $C+A=2B$，可知 $C<B<A$。因此可分为如下 $\frac{\beta-c_r}{1-c_n}<C$（条件 I）、$C<\frac{\beta-c_r}{1-c_n}<B$（条件 II）、$B<\frac{\beta-c_r}{1-c_n}<A$（条件 III）及 $\frac{\beta-c_r}{1-c_n}>A$（条件 IV）四种情形来分析系统（I）的演化稳定点，结果见表 3－3，由于条件 I 和条件 II 时系统演化结果相同，故可将其合并为条件 $\frac{\beta-c_r}{1-c_n}<B$（证毕）。

**表 3－3　系统（I）的平衡点及局部稳定性**

| 点 | 条件 I | | | 条件 II | | | 条件 III | | | 条件 IV | | |
|---|---|---|---|---|---|---|---|---|---|---|---|---|
| | det$J$ | tr$J$ | 均衡结果 | det$J$ | tr$J$ | 均衡结果 | det$J$ | tr$J$ | 均衡结果 | det$J$ | tr$J$ | 均衡结果 |
| (0, 0) | + | + | 不稳定点 | + | + | 不稳定点 | + | + | 不稳定点 | + | − | ESS |
| (0, 1) | − | + | 鞍点 | − | − | 鞍点 | + | − | ESS | − | − | 鞍点 |
| (1, 0) | − | + | 鞍点 | − | − | 鞍点 | + | − | ESS | − | − | 鞍点 |
| (1, 1) | + | − | ESS | + | − | ESS | + | + | 不稳定点 | + | + | 不稳定点 |
| ($p^*$, $q^*$) | 不是平衡点 | | | 不是平衡点 | | | − | 0 | 鞍点 | 不是平衡点 | | |

3. 演化结果分析

考查上述演化模型的平衡点和稳定性分析，综合表 3－3 可知，系统演化形成三种均衡。

（1）观察表 3－3 可知 $\frac{\beta-c_r}{1-c_n}<B$ 时，系统存在唯一演化稳定点（1，1）和两个鞍点（0，1）、（1，0），以及一个不稳定平衡点（0，0）。不管系统初始状态如何，最终系统将演化至演化稳定点（1，1），含义是双寡头的演化均衡策略组合为（不再制造，不再制造），此时所有制造商均不进入再制造。由前述假设可知 $\beta-c_r$ 为再制造产品的附加值，$1-c_n$ 为新产品的附加值，$\frac{\beta-c_r}{1-c_n}<B$ 表明再制造产品附加值与新产品附加值的比例小于临界

值 $B$ 时，所有制造商将退出再制造，全部从事新产品的生产，此时社会效益最低。其演化图如图 3－9 所示。

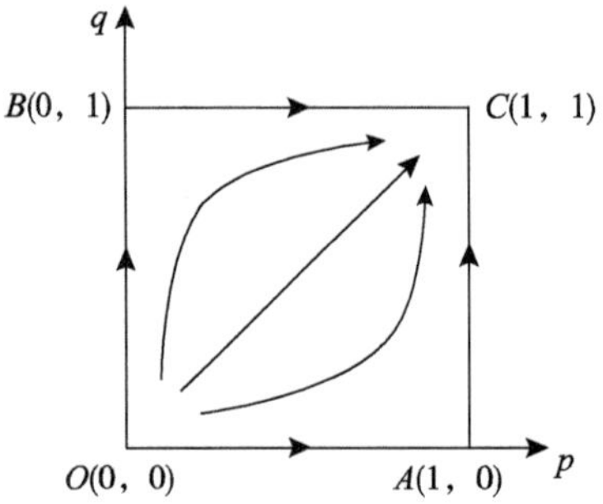


**图 3－9　条件 I、II 时系统的动态演化图**

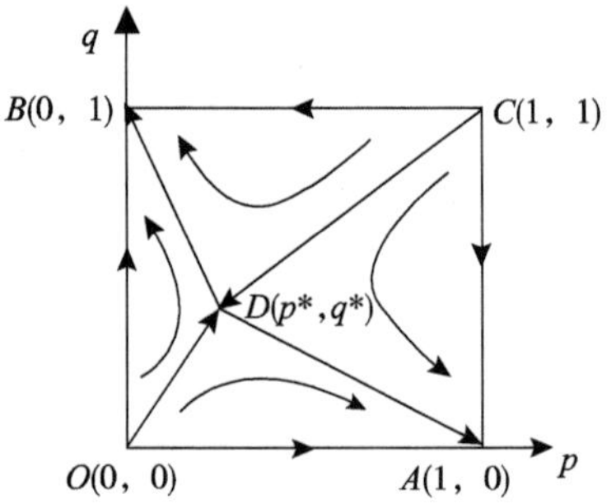


**图 3－10　条件 III 时系统的动态演化图**

（2）当 $B<\frac{\beta-c_r}{1-c_n}<A$ 时，系统存在两个演化稳定点（0，1）、（1，0）和一个鞍点 $(p^*,q^*)$，以及两个不稳定平衡点（0，0）和（1，1）。此时相对于第一种均衡中的边界条件，再制造产品的附加值有所提升，系统演化结果中有一个制造商选择进入再制造行业。其演化如图 3－10 所示，由图 3－10 可以看出，不稳定平衡点 $O$（0，0）、$C$（1，1）与鞍点 $D$ $(p^*,q^*)$ 所连成的折线 $OD$、$CD$ 构成系统收敛至不同均衡的临界线，折线左上方 $OBCD$ 部分将收敛至演化稳定策略（再制造，不再制造），而折线右下方 $OACD$ 部分则收敛至演化稳定策略（不再制造，再制造），两种演化稳定策略共存，最终演化稳定结果将由双寡头初始状态所决定。

（3）当 $\frac{\beta-c_r}{1-c_n}>A$ 时，系统存在唯一演化稳定点（0，0），两个鞍点（0，1）、（1，0），一个不稳定平衡点（1，1）。此时，不论系统初始状态如何，系统均将收敛至演化稳定点（0，0），即最终所有制造商均进入再制造，这时社会效益最高。其演化如图 3－11 所示。

### 3.2.5　政府补贴机制下再制造进入决策的演化模型

由上述分析可以看到，仅有满足条件 $\frac{\beta-c_r}{1-c_n}>A$ 时制造商均进入再制造，而当 $\frac{\beta-c_r}{1-c_n}<A$ 时要么部分制造商选择不再制造的策略，要么所有制造

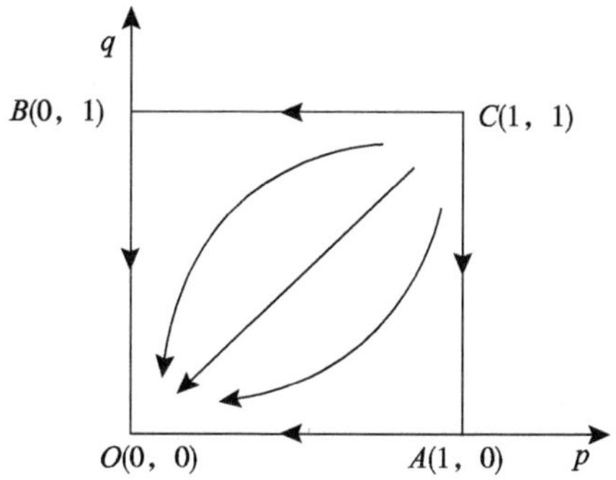


**图 3－11　条件 IV 时系统的动态演化图**

商均不进入再制造，此时社会效益较低。为此，可通过政府设定的政府补贴机制，促使制造商进入再制造领域。已有学者对此问题进行了研究，如 Mitra 和 Webster（2008）研究了政府补贴对回收再制造的影响，王文宾和达庆利（2008）也探讨了促进回收再制造的奖惩机制。在这些文献的基础上，本书将政府补贴机制纳入演化博弈的框架进行分析。假定政府对回收再制造的制造商给予程度为 $D$ 的政府补贴，需要回答的问题是保证补贴机制有效的 $D$ 满足的条件是什么？在程度为 $D$ 的政府补贴下，双寡头策略空间为（N，R）时的二维支付矩阵见表 3－4。

**表 3－4　政府补贴机制下双寡头博弈支付矩阵**

| | | 寡头 2 | |
|---|---|---|---|
| | | N | R |
| 寡头 1 | N | $(\pi_1^{NN},\pi_2^{NN})$ | $(\pi_1^{NR},\pi_2^{NR}+D)$ |
| | R | $(\pi_1^{RN}+D,\pi_2^{RN})$ | $(\pi_1^{RR}+D,\pi_2^{RR}+D)$ |

此时系统（II）的 Malthusian 方程为

$$\begin{cases}\dot{p}=p(1-p)[q(\pi_1^{NN}-\pi_1^{RN}-D)+(1-q)(\pi_1^{NR}-\pi_1^{RR}-D)]\\ \dot{q}=q(1-q)[p(\pi_2^{NN}-\pi_2^{NR}-D)+(1-p)(\pi_2^{RN}-\pi_2^{RR}-D)]\end{cases}\tag{3－27}$$

相应的雅可比矩阵为

$$J=\begin{bmatrix}(1-2p)[q(\pi_1^{NN}-\pi_1^{RN}-D)+(1-q)(\pi_1^{NR}-\pi_1^{RR}-D)] & p(1-p)(\pi_1^{NN}-\pi_1^{RN}-\pi_1^{NR}+\pi_1^{RR})\\ q(1-q)(\pi_2^{NN}-\pi_2^{NR}-\pi_2^{RN}+\pi_2^{RR}) & (1-2q)[p(\pi_2^{NN}-\pi_2^{NR}-D)+(1-p)(\pi_2^{RN}-\pi_2^{RR}-D)]\end{bmatrix}\tag{3－28}$$

分析式（3－28），令 $\dot{p}=0$，$\dot{q}=0$，易得

结论3.6：系统（II）的平衡点为（0，0），（0，1），（1，0），（1，1）；在 $(\pi_1^{NN}-\pi_1^{RN}-D)(\pi_1^{NR}-\pi_1^{RR}-D)<0$ 且 $(\pi_2^{NN}-\pi_2^{NR}-D)(\pi_2^{RN}-\pi_2^{RR}-D)<0$ 时，$(p^*, q^*)$ 为平衡点，其中，$p^*=\dfrac{-\pi_2^{RN}+\pi_2^{RR}+D}{\pi_2^{NN}-\pi_2^{NR}-\pi_2^{RN}+\pi_2^{RR}}$，$q^*=\dfrac{-\pi_1^{NR}+\pi_1^{RR}+D}{\pi_1^{NN}-\pi_1^{RN}-\pi_1^{NR}+\pi_1^{RR}}$。

证明：同结论3.4。

结论3.7：策略组合（R，R）为唯一ESS的充分条件是 $D>\pi_1^{NR}-\pi_1^{RR}$ 且 $D>\pi_1^{NN}-\pi_1^{RN}$。

证明：分别对结论3.6所述5个点进行讨论。

（1）由于在 $(p^*, q^*)$ 处总有 $\det J<0$ 且 $\mathrm{tr}J=0$，故 $(p^*, q^*)$ 不可能为ESS。

（2）在平衡点（0，0）处有 $\det J=(\pi_1^{NR}-\pi_1^{RR}-D)(\pi_2^{RN}-\pi_2^{RR}-D)=(\pi_1^{NR}-\pi_1^{RR}-D)^2$，$\mathrm{tr}J=(\pi_1^{NR}-\pi_1^{RR}-D)+(\pi_2^{RN}-\pi_2^{RR}-D)=2(\pi_1^{NR}-\pi_1^{RR}-D)$。平衡点（0，0）为ESS的充分必要条件为 $\det J>0$ 且 $\mathrm{tr}J<0$，即有 $D>\pi_1^{NR}-\pi_1^{RR}$。

（3）在平衡点（1，1）处有 $\det J=(\pi_1^{NN}-\pi_1^{RN}-D)(\pi_2^{NN}-\pi_2^{NR}-D)=(\pi_1^{NN}-\pi_1^{RN}-D)^2$，$\mathrm{tr}J=-(\pi_1^{NN}-\pi_1^{RN}-D)-(\pi_2^{NN}-\pi_2^{NR}-D)=-2(\pi_1^{NN}-\pi_1^{RN}-D)$。此时，由于 $\det J>0$ 已满足，为使平衡点（1，1）不成为ESS，只需 $\mathrm{tr}J>0$，即有 $D>\pi_1^{NN}-\pi_1^{RN}$。

（4）平衡点（0，1）与平衡点（1，0）处的行列式和迹相等，故只需讨论平衡点（0，1）处即可。此时，$\det J=(\pi_1^{NN}-\pi_1^{RN}-D)(\pi_2^{RR}-\pi_2^{NR}+D)=(\pi_1^{NN}-\pi_1^{RN}-D)(\pi_1^{RR}-\pi_1^{RN}+D)$，$\mathrm{tr}J=(\pi_1^{NN}-\pi_1^{RN})+(\pi_2^{RR}-\pi_2^{NR})$。当 $D>\pi_1^{NR}-\pi_1^{RR}$ 且 $D>\pi_1^{NN}-\pi_1^{RN}$ 时，显然有 $\det J<0$，此时平衡点（0，1）不可能为ESS；同理，此时平衡点（1，0）也不可能为ESS。

综上述有，当 $D>\pi_1^{NR}-\pi_1^{RR}$ 且 $D>\pi_1^{NN}-\pi_1^{RN}$ 时，策略组合（R，R）为唯一ESS（证毕）。

结论3.7说明，当政府补贴高于双寡头中仅一方进入再制造与双方均进入再制造的收益差值，并且同时高于双寡头均不进入再制造与仅有一方进入再制造的收益差值时，政府补贴能有效地促进所有制造商均进入再制造。

## 3.3 本章小结

本章对WTP差异下的再制造进入决策边界进行了分析，并基于演化博弈分析了再制造进入的动态演化规律。

第一，在消费者对再制造产品及新产品的支付意愿存在差异的条件下，分别对有无竞争环境下 OEM 的再制造进入决策边界条件进行了研究。研究结果表明，满足边界条件时，虽然再制造产品对新产品的市场产生了蚕食效应，但再制造产品的获利性能弥补这种损失，使得 OEM 进入再制造能获取更多的利润。在此基础上，通过数值仿真，讨论了不同参数对 OEM 及竞争者的产量及利润的影响。

第二，在双寡头竞争背景下，利用演化博弈模型分析了制造商再制造进入决策的动态演化过程。研究表明，系统演化的均衡结果受再制造产品附加值与新产品附加值比值的影响；该比值存在边界条件，在不同边界条件下，系统将演化至不同的均衡。通过适当的政府补贴机制，可促使系统演化至制造商均选择进入再制造策略的均衡。

CHAPTER
第 4 章

# 基于不确定需求和 WTP 差异的再制造回收模式选择

本章在 WTP 差异的前提下，分别在确定需求和不确定需求环境下建立制造商回收模式、零售商回收模式、第三方回收模式三种再制造闭环供应链模型，并对其收益及决策变量进行比较，以得到最优的回收模式决策。

本章的分析框架如图 4－1 所示。

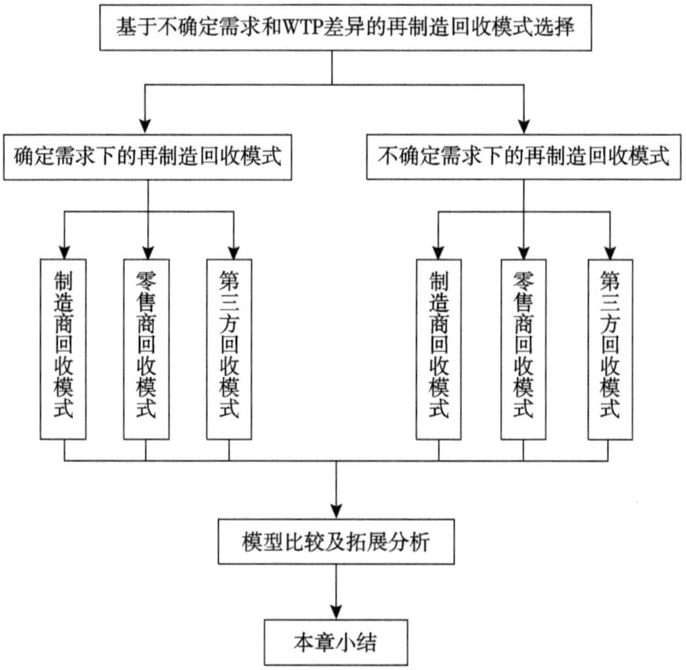


**图 4－1　第 4 章的结构安排**

# 4.1 问题描述及模型假设

## 4.1.1 问题描述

本书分别在制造商直接回收（Manufacturer Take - Back，MT）、制造商委托零售商回收（Retailer Take - Back，RT）、制造商委托第三方回收（Third Party Take - Back，TPT）三种情形下建立单一制造商和单一零售商的闭环供应链模型，如图4-2所示。在正向供应链中，制造商分别以新材料和回收的EOL（End Of Life）产品生产新产品和再制造产品；零售商分别以$w_n$和$w_r$从制造商处批发新产品和再制造产品，然后分别以价格$p_n$和$p_r$销售给消费者，销售量相应分别为$q_n$和$q_r$。逆向供应链中，当回收商为零售商或第三方回收商时，制造商以单位价格$b$向回收商回购EOL产品，同时对回购的EOL产品进行再制造。将回收商为制造商时制造商及零售商利润分别表示为$\Pi_M^{MT}$及$\Pi_R^{MT}$；回收商为零售商时制造商及零售商利润分别表示为$\Pi_M^{RT}$及$\Pi_R^{RT}$；回收商为第三方回收商时制造商、零售商和第三方回收商利润分别表示为$\Pi_M^{TPT}$、$\Pi_R^{TPT}$和$\Pi_{TP}^{TPT}$。

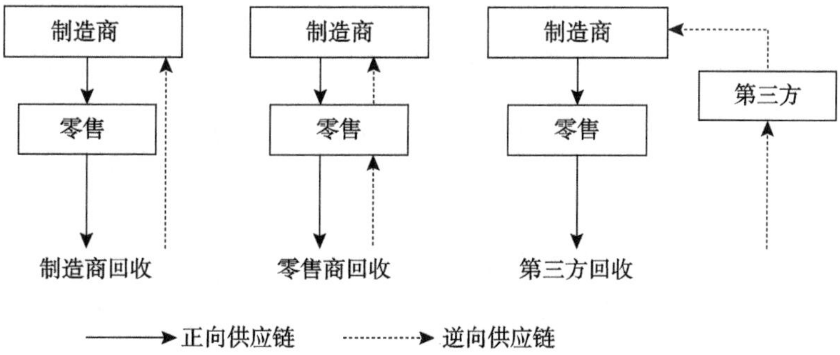


**图4-2　不同回收模式下的再制造闭环供应链模型**

## 4.1.2 模型假设

为更清楚地对模型进行解释，本书做如下相应假设：

假设1：假定新产品单位可变成本为$c_n$，再制造产品单位可变成本为

$c_r$，并假定 $c_n > c_r > 0$（Savaskan 等，2004；Atasu 等，2008），这反映了再制造的成本节约优势；$\Delta = c_n - c_r$ 表示回收再制造产品比新产品节约的单位成本。

假设 2：在确定需求环境下，假定消费者新产品与再制造产品的认知存在差异，即消费者对新产品与再制造产品的 WTP 不同（Ferguson 和 Toktay，2006；Ferrer 和 Swaminathan，2010）。按照 Ferguson 和 Toktay（2006）的结论，假定市场容量为 $Q$，当新产品与再制造产品的 WTP 分别为 1 和 $\beta$ 时，新产品及再制造产品的需求函数分别为 $p_n = Q - q_n - \beta q_r$，$p_r = \beta(Q - q_n - q_r)$；其中 $0<\beta<1$，即消费者对新产品的认知价值不低于再制造产品（Ferguson 和 Toktay，2006），本书沿用此替代规律进行分析。

不确定需求环境下，假定市场对新产品及再制造产品的需求均具有不确定性。本书利用线性加性不确定性来描述随机市场需求，新产品市场需求表示为 $D_n = d_n(p_n, p_r) + \varepsilon_n$，再制造产品市场需求表示为 $D_r = d_r(p_n, p_r) + \varepsilon_r$。其中，$\varepsilon_n$ 和 $\varepsilon_r$ 分别为独立于新产品零售价格 $p_n$ 和再制造产品零售价格 $p_r$ 的随机变量，且 $\varepsilon_n$ 与 $\varepsilon_r$ 相互独立，其概率密度函数分别为 $f_n(\cdot)$ 及 $f_r(\cdot)$，分布函数相应表示为 $F_n(\cdot)$ 及 $F_r(\cdot)$；$d_n(p_n, p_r)$ 及 $d_r(p_n, p_r)$ 是与市场价格相关的部分需求，按照 Ferguson 和 Toktay（2006）的结论，消费者对新产品与再制造产品的认知存在差异时，假定市场容量为 $Q$，若新产品与再制造产品的 WTP 分别为 1 和 $\beta$，$d_n(p_n, p_r)$ 及 $d_r(p_n, p_r)$ 满足如下替代公式：$d_n(p_n, p_r) = Q - \dfrac{p_n - p_r}{1-\beta}$，$d_r(p_n, p_r) = \dfrac{\beta p_n - p_r}{\beta(1-\beta)}$；其中 $0<\beta<1$，即消费者对新产品的认知价值不低于再制造产品，本书沿用此替代规律进行分析。

假设 3：需求不确定环境下，制造商根据零售商的订购策略进行新产品及再制造产品生产，订购量分别为 $Q_n$ 及 $Q_r$。零售商的订购量由其对市场需求的预测所决定，由于需求的不确定性，新产品及再制造产品销售可能出现产品缺货或产量过多的现象，将单位缺货成本分别用 $h_n(h_n > 0)$ 及 $h_r(h_r > 0)$ 表示；未销售完的单位产品残值分别用 $s_n$ 及 $s_r$ 表示，一般而言，$0 < s_n < p_n$ 及 $0 < s_r < p_r$，即未销售完的产品单位残值为正，且小于市场销售价格。

假设 4：假定 EOL 产品的回收率为 $\tau$，$0 \leq \tau \leq 1$；回收的 EOL 产品全部

实施再制造（Savaskan 等，2004）。回收商回收 EOL 产品的固定投资为 $I(\tau)=c_l\tau^2$（Zhao，1999），其中 $c_l>0$ 为规模参数；给定回收率 $\tau$，参数 $c_l$ 越大，回收商投入的固定投资越大。回收商回收总成本可以表示为 $C(\tau)=I(\tau)+A\tau(Q_n+Q_r)$，$A$ 表示回收 EOL 产品的单位成本（Savaskan 等，2004；王文宾和达庆利，2010）。为使分析有意义，假定 $A<b<c_n-c_r$，即制造商对 EOL 产品付给回收商的单位转移支付大于回收商的单位回收成本，否则回收商将失去回收的动力；且小于制造商进行再制造的成本节约，否则制造商将选择不进行再制造（Savaskan 等，2004；王文宾和达庆利，2010）。

假设 5：本书仅研究单一制造商及单一零售商所构成的闭环供应链，其中制造商为 Stackelberg 领导者，对渠道有足够的影响力；且参与人均为风险中性以及完全信息（Savaskan 等，2004）。

假设 6：假定一个消费者最多购买一单位新产品或再制造产品或维修产品（Savaskan 等，2004）。

假设 7：假定回收的废旧产品数量足以满足制造商生产再制造产品的需求（Savaskan 等，2004；王文宾和达庆利，2010）。

## 4.2 确定需求及 WTP 差异下再制造闭环供应链的回收模式分析

### 4.2.1 制造商负责回收（MT）模式

此时制造商负责回收 EOL 产品并进行再制造，制造商为 Stackelberg 领导者，先进行新产品及再制造产品的批发价和回收率的决策；然后由零售商进行新产品和再制造产品的零售价的决策。由逆向归纳法，先考虑零售商的最优决策：

$$\max_{p_n,p_r}\Pi_{\mathrm{R}}^{\mathrm{MT}}=(p_n-w_n)\left(Q-\frac{p_n-p_r}{1-\beta}\right)+(p_r-w_r)\frac{\beta p_n-p_r}{\beta(1-\beta)} \tag{4-1}$$

考虑式（4－1）的一阶条件可得零售商的反应函数为 $p_n=\frac{Q+w_n}{2}$，$p_r=\frac{\beta Q+w_r}{2}$。

制造商的利润为新产品及再制造产品的利润之和减去回收总成本，其决策问题为

$$\operatorname*{Max}_{w_n,w_r,\tau}\Pi_{\mathrm{M}}^{\mathrm{MT}}=(w_n-c_n)(Q-\frac{p_n-p_r}{1-\beta})+(w_r-c_r)\frac{\beta p_n-p_r}{\beta(1-\beta)}-c_l\tau^2-A\tau(Q-\frac{p_r}{\beta})\quad(4-2)$$

将零售商的反应函数代入制造商利润函数，并考虑式（4－2）的一阶条件可得：$w_n^{*\mathrm{MT}}=\frac{[(1+\beta)A^2-8\beta c_l]Q+(c_n-c_r)A^2-8\beta c_nc_l}{2(A^2-8\beta c_l)}$，$w_r^{*\mathrm{MT}}=\frac{\beta(A^2Q-4\beta c_lQ-4c_rc_l)}{A^2-8\beta c_l}$，$\tau^{*\mathrm{MT}}=\frac{A(\beta Q-c_r)}{A^2-8\beta c_l}$。代入零售商的反应函数可得$p_n^{*\mathrm{MT}}=\frac{[(3+\beta)A^2-24\beta c_l]Q+(c_n-c_r)A^2-8\beta c_nc_l}{4(A^2-8\beta c_l)}$，$p_r^{*\mathrm{MT}}=\frac{\beta(A^2Q-6\beta c_lQ-2c_rc_l)}{A^2-8\beta c_l}$。进一步可分别得出制造商及零售商的最优利润为

$$\Pi_{\mathrm{M}}^{*\mathrm{MT}}=\frac{[(1-\beta)A^2-8\beta c_l]Q^2-2[(c_n-c_r)A^2-8\beta c_nc_l]Q}{8(A^2-8\beta c_l)}+\frac{(c_n-c_r)^2A^2-8c_l[\beta(c_n-c_r)^2+(1-\beta)c_r^2]}{8(1-\beta)(A^2-8\beta c_l)},$$

$$\Pi_{\mathrm{R}}^{*\mathrm{MT}}=\frac{[64\beta^2c_l^2-16\beta(1-\beta)A^2c_l+(1-\beta)A^4]Q^2}{16(A^2-8\beta c_l)^2}-\frac{[64\beta^2c_nc_l^2-16\beta c_l(c_n-c_r)A^2+(c_n-c_r)A^4]Q}{8(A^2-8\beta c_l)^2}+\frac{64[\beta(c_n-c_r)^2+(1-\beta)c_r^2]c_l^2-16\beta(c_n-c_r)^2A^2c_l+(c_n-c_r)^2A^4}{16(1-\beta)(A^2-8\beta c_l)^2}。$$

## 4.2.2 制造商委托零售商回收（RT）模式

此时由零售商负责回收 EOL 产品，并交付制造商进行再制造，制造商对 EOL 产品给予 $b$ 的单位转移支付。制造商先进行新产品及再制造产品的批发价的决策，然后由零售商进行新产品和再制造产品的零售价及回收率的决策。零售商的问题为

$$\operatorname*{Max}_{p_n,p_r,\tau}\Pi_{\mathrm{R}}^{\mathrm{RT}}=(p_n-w_n)(Q-\frac{p_n-p_r}{1-\beta})+(p_r-w_r)\frac{\beta p_n-p_r}{\beta(1-\beta)}-c_l\tau^2+(b-A)\tau(Q-\frac{p_r}{\beta})\quad(4-3)$$

考虑式（4－3）的一阶条件可得零售商的反应函数为

$$p_n=\frac{[(1+\beta)(b-A)^2-4\beta c_l]Q+[(b-A)^2-4\beta c_l]w_n-(b-A)^2w_r}{2[(b-A)^2-4\beta c_l]},$$

$$p_r=\frac{\beta[(b-A)^2Q-2\beta c_lQ-2c_lw_r]}{(b-A)^2-4\beta c_l},\ \tau=\frac{(b-A)(w_r-\beta Q)}{(b-A)^2-4\beta c_l}。$$

制造商的利润为新产品及再制造产品的利润之和减去 EOL 产品的转移支付，其优化问题为

$$\underset{w_n,w_r}{\mathrm{Max}}\,\Pi_{\mathrm{M}}^{\mathrm{RT}}=(w_n-c_n)(Q-\frac{p_n-p_r}{1-\beta})+(w_r-c_r)\frac{\beta p_n-p_r}{\beta(1-\beta)}-b\tau(Q-\frac{p_r}{\beta}) \quad (4-4)$$

将上述零售商反应函数代入式（4-4），由其一阶条件可得制造商新产品及再制造品的最优批发价为 $w_n^{*\mathrm{RT}}=\frac{[4\beta c_l+(\beta b+A)(b-A)]Q+4\beta c_n c_l-(b-A)(bc_r-Ac_n)}{2(4\beta c_l+bA-A^2)}$，$w_r^{*\mathrm{RT}}=\frac{\beta(4\beta c_l+b^2-A^2)Q+4c_r[\beta c_l-(b-A)^2]}{2(4\beta c_l+bA-A^2)}$。将制造商的最优批发价代入零售商反应函数，可得零售商新产品和再制造产品的最优零售价及回收率为

$p_n^{*\mathrm{RT}}=\frac{[12\beta c_l+(3+\beta)A(b-A)]Q+4\beta c_n c_l+(c_n-c_r)A(b-A)}{4(4\beta c_l+bA-A^2)}$，$p_r^{*\mathrm{RT}}=\frac{\beta(3\beta c_l+bA-A^2)Q+\beta c_r c_l}{4\beta c_l+bA-A^2}$，

$\tau^{*\mathrm{RT}}=\frac{(b-A)(\beta Q-c_r)}{2(4\beta c_l+bA-A^2)}$。进一步可分别得出制造商及零售商的最优利润为

$$\Pi_{\mathrm{M}}^{*\mathrm{RT}}=\frac{[4\beta c_l+(1-\beta)(bA-A^2)]Q^2-2[(c_n-c_r)(bA-A^2)+4\beta c_n c_l]Q}{8(4\beta c_l+bA-A^2)}+\frac{4[\beta(c_n-c_r)^2+(1-\beta)c_r^2]c_l+(bA-A^2)(c_n-c_r)^2}{8(1-\beta)(4\beta c_l+bA-A^2)},$$

$$\Pi_{\mathrm{R}}^{*\mathrm{RT}}=\frac{[16\beta^2c_l^2+4(b-A)\beta c_l(2A-\beta b-\beta A)+(1-\beta)(bA-A^2)^2]Q^2}{16(4\beta c_l+bA-A^2)^2}-\frac{[16\beta^2c_nc_l^2+4\beta(b-A)(2Ac_n-bc_r-Ac_r)c_l+(c_n-c_r)(bA-A^2)^2]Q}{8(4\beta c_l+bA-A^2)^2}+\frac{16\beta[\beta(c_n-c_r)^2+(1-\beta)c_r^2]c_l^2+4(b-A)[2\beta A(c_n-c_r)^2-(1-\beta)(b-A)c_r^2]c_l}{16(1-\beta)(4\beta c_l+bA-A^2)^2}+\frac{(c_n-c_r)^2(bA-A^2)^2}{16(1-\beta)(4\beta c_l+bA-A^2)^2}。$$

## 4.2.3 制造商委托第三方回收（TPT）模式

此时由第三方回收 EOL 产品，并获得由制造商给予的单位转移支付 $b$，第三方进行回收率的决策；零售商仅负责销售，决策变量为新产品和再制造产品的零售价；制造商则对新产品和再制造产品的批发价进行决策。决策顺序如下：制造商先进行新产品及再制造产品批发价的决策，然后由零售商进行两种产品零售价的决策；最后由第三方回收商进行回收率的决策。

对于零售商而言，由于仅负责销售，不参与回收过程，所以与制造商

负责回收（MT）模式时的决策问题完全一致。对于第三方回收商，其利润为从制造商处获得的转移支付减去回收成本及回收固定投资，其决策问题：

$$\underset{\tau}{\mathrm{Max}}\,\Pi_{\mathrm{TP}}^{\mathrm{TPT}}=b\tau(Q-\frac{p_r}{\beta})-c_l\tau^2-A\tau(Q-\frac{p_r}{\beta}) \tag{4-5}$$

由其一阶条件可得第三方回收商的反应函数为 $\tau=\frac{1}{2c_l}(b-A)(Q-\frac{p_r}{\beta})$。此时零售商的问题与模型 MT 完全一致，同理有 $p_n=\frac{Q+w_n}{2}$，$p_r=\frac{\beta Q+w_r}{2}$，因此 $\tau=\frac{1}{2c_l}(b-A)(\frac{Q}{2}-\frac{w_r}{2\beta})$。在此基础上最大化制造商的利润：

$\underset{w_n,w_r}{\mathrm{Max}}\,\Pi_{\mathrm{M}}^{\mathrm{TPT}}=(w_n-c_n)(Q-\frac{p_n-p_r}{1-\beta})+(w_r-c_r)\frac{\beta p_n-p_r}{\beta(1-\beta)}-b\tau(Q-\frac{p_r}{\beta})$，将零售商及第三方回收商的反应函数代入并求解该最优化问题可得新产品及再制造产品的最优批发价为

$w_n^{*\mathrm{TPT}}=\frac{[4\beta c_l+b(1+\beta)(b-A)]Q+4\beta c_nc_l+(c_n-c_r)b(b-A)}{2(4\beta c_l+b^2-bA)}$，$w_r^{*\mathrm{TPT}}=\frac{\beta[2\beta c_l+b(b-A)]Q+2\beta c_rc_l}{4\beta c_l+b^2-bA}$。因此可得零售商的最优零售价及最优回收率分别为

$p_n^{*\mathrm{TPT}}=\frac{[12\beta c_l+(3+\beta)b(b-A)]Q+4\beta c_nc_l+(c_n-c_r)b(b-A)}{4(4\beta c_l+b^2-bA)}$，$p_r^{*\mathrm{TPT}}=\frac{\beta[3\beta c_l+b(b-A)]Q+\beta c_rc_l}{4\beta c_l+b^2-bA}$，

$\tau^{*\mathrm{TPT}}=\frac{(b-A)(\beta Q-c_r)}{2(4\beta c_l+b^2-bA)}$。进一步可分别得出制造商及零售商的最优利润为

$$\Pi_{\mathrm{M}}^{*\mathrm{TPT}}=\frac{[4\beta c_l+(1-\beta)(b^2-bA)]Q^2-2[(c_n-c_r)(b^2-bA)+4\beta c_nc_l]Q}{8(4\beta c_l+b^2-bA)}+\frac{4[\beta(c_n-c_r)^2+(1-\beta)c_r^{\,2}]c_l+b(b-A)(c_n-c_r)^2}{8(1-\beta)(4\beta c_l+b^2-bA)},$$

$$\Pi_{\mathrm{R}}^{*\mathrm{TPT}}=\frac{[16\beta^2c_l^2+8\beta(1-\beta)(b^2-bA)c_l+(1-\beta)(b^2-bA)^2]Q^2}{16(4\beta c_l+b^2-bA)^2}-\frac{[16\beta^2c_nc_l^2+8\beta(c_n-c_r)(b^2-bA)c_l+(c_n-c_r)(b^2-bA)^2]Q}{8(4\beta c_l+b^2-bA)^2}+\frac{16\beta[\beta(c_n-c_r)^2+(1-\beta)c_r^{\,2}]c_l^2+8\beta(c_n-c_r)^2(b^2-bA)c_l+(c_n-c_r)^2(b^2-bA)^2}{16(1-\beta)(4\beta c_l+b^2-bA)^2}。$$

### 4.2.4 三种回收模式的比较

为使回收率有意义，须使得 $0\leqslant\tau^{*\mathrm{MT}},\tau^{*\mathrm{RT}},\tau^{*\mathrm{TPT}}\leqslant1$。由 $\tau^{*\mathrm{RT}},\tau^{*\mathrm{TPT}}\geqslant0$ 可得 $\beta Q-c_r\geqslant0$，代入 $\tau^{*\mathrm{MT}}\geqslant0$ 有，$8\beta c_l\leqslant A^2$。由 $\tau^{*\mathrm{MT}},\tau^{*\mathrm{RT}},\tau^{*\mathrm{TPT}}\leqslant1$ 可得，$(b-A)(\beta Q-c_r-2A)\leqslant$

$8\beta c_l \leqslant A^2 - A(\beta Q - c_r) 8\beta c_l \leqslant A^2 - A(\beta Q - c_r) 8\beta c_l \leqslant A^2 - A(\beta Q - c_r)$。综上述可得假设8。

假设8：要使回收率有意义，$(b-A)(\beta Q-c_r-2A) \leqslant 8\beta c_l \leqslant A^2 - A(\beta Q - c_r)$，以及 $\beta Q - c_r \geqslant 0$。

结论4.1：三种回收模式下的回收率有如下关系：$\tau^{*MT} \geqslant \tau^{*RT} \geqslant \tau^{*TPT}$。

证明：由于 $b>A$，$\beta Q-c_r \geqslant 0$，所以 $(b-A)(\beta Q-c_r) \geqslant 0$。且 $2(4\beta c_l+bA-A^2) \leqslant 2(4\beta c_l+b^2-bA)$，因此 $\frac{(b-A)(\beta Q-c_r)}{2(4\beta c_l+bA-A^2)} \geqslant \frac{(b-A)(\beta Q-c_r)}{2(4\beta c_l+b^2-bA)}$，即 $\tau^{*RT} \geqslant \tau^{*TPT}$。另外，$\tau^{*MT}-\tau^{*RT}=\frac{(\beta Q-c_r)[8b\beta c_l+A^2(b-A)]}{2(A^2-8\beta c_l)(4\beta c_l+bA-A^2)}$，显然有 $\tau^{*MT}-\tau^{*RT} \geqslant 0$。因此 $\tau^{*MT} \geqslant \tau^{*RT} \geqslant \tau^{*TPT}$，结论4.1得证。

由结论4.1可知，当消费者对新产品和再制造产品的WTP存在差异时，从回收率最优的角度而言，制造商回收模式是最有效率的，能产生最大的社会效益。因此，从回收率最优的角度，制造商应选择直接回收。

结论4.2：三种回收模式的新产品零售价关系为 $p_n^{*MT} \geqslant p_n^{*TPT} \geqslant p_n^{*RT}$，再制造产品零售价关系为 $p_r^{*MT} \geqslant p_r^{*TPT} \geqslant p_r^{*RT}$。

证明：$p_n^{*MT}-p_n^{*TPT}=\frac{\beta c_l[(b-A)^2+b^2](\beta Q-c_r)}{4(A^2-8\beta c_l)(4\beta c_l+b^2-bA)}$，由于 $b>A$，$8\beta c_l \leqslant A^2$，且 $\beta Q-c_r \geqslant 0$，显然有 $p_n^{*MT}-p_n^{*TPT} \geqslant 0$，即 $p_n^{*MT} \geqslant p_n^{*TPT}$。此外，$p_n^{*TPT}-p_n^{*RT}=\frac{\beta c_l(b-A)^2(\beta Q-c_r)}{4(4\beta c_l+b^2-bA)(4\beta c_l+bA-A^2)} \geqslant 0$，从而 $p_n^{*TPT} \geqslant p_n^{*RT}$。因此有 $p_n^{*MT} \geqslant p_n^{*TPT} \geqslant p_n^{*RT}$。同理易得 $p_r^{*MT} \geqslant p_r^{*TPT} \geqslant p_r^{*RT}$。结论4.2得证。

结论4.2说明，三种回收模式中，制造商负责回收时新产品及再制造产品的零售价格最高，零售商负责回收时的零售价格最低；这说明零售商负责回收对消费者最有利，从该角度来说，制造商应该选择委托零售商回收。

结论4.3：三种回收模式下制造商的利润关系满足 $\Pi_M^{*MT} \leqslant \Pi_M^{*TPT} \leqslant \Pi_M^{*RT}$。

证明：由于 $\Pi_M^{*MT}-\Pi_M^{*TPT}=\frac{-[(b-A)^2+b^2](\beta Q-c_r)^2 c_l}{2(4\beta c_l+b^2-bA)(A^2-8\beta c_l)} \leqslant 0$，因此 $\Pi_M^{*MT} \leqslant \Pi_M^{*TPT}$；并且 $\Pi_M^{*TPT}-\Pi_M^{*RT}=\frac{-(b-A)^2(\beta Q-c_r)^2 c_l}{2(4\beta c_l+b^2-bA)(4\beta c_l+bA-A^2)} \leqslant 0$，因此 $\Pi_M^{*TPT} \leqslant \Pi_M^{*RT}$。即 $\Pi_M^{*MT} \leqslant \Pi_M^{*TPT} \leqslant \Pi_M^{*RT}$，结论4.3得证。

由结论4.3可知，当消费者对新产品和再制造产品的WTP存在差异时，从制造商利润最大化的角度出发，零售商回收模式是最优的。因此，从制造商利润最大化的角度而言，制造商应选择委托零售商进行 EOL 产品的回收。

### 4.2.5 数值分析

为了更好地说明上述各项命题，下面通过一则数值例子来进行验证。取参数值 $Q=120$，$\beta=0.6$，$c_n=80$，$c_r=50$，$c_l=60$，$b=50$，$A=40$，最优解的结果见表 4－1。

**表 4－1 三种回收模式下决策变量的最优解**

| 变量 | 制造商回收 | 零售商回收 | 第三方回收 |
|---|---|---|---|
| $w_n$ | 113.4146 | 110.1103 | 108.5404 |
| $w_r$ | 74.4146 | 71.1103 | 69.5404 |
| $p_n$ | 116.7073 | 114.0441 | 114.2702 |
| $p_r$ | 73.2073 | 70.5441 | 70.7702 |
| $\tau$ | 0.6707 | 0.2022 | 0.1708 |
| $\Pi_{\mathrm{M}}$ | 79.1159 | 127.9412 | 123.7966 |
| $\Pi_{\mathrm{R}}$ | 53.0544 | 51.7044 | 53.1457 |

由表 4－1 可以看出：

（1）对于结论 4.1，$\tau^{*\mathrm{MT}}=0.6707>\tau^{*\mathrm{RT}}=0.2202>\tau^{*\mathrm{TPT}}=0.1708$，显然制造商回收时的回收率最高，从回收率最优的角度，制造商应该选择自行直接回收模式；结论 4.1 得到验证。

（2）对于结论 4.2，$p_n^{*\mathrm{MT}}=116.7073>p_n^{*\mathrm{TPT}}=114.2702\geqslant p_n^{*\mathrm{RT}}=114.0441$，并且 $p_r^{*\mathrm{MT}}=73.2073\geqslant p_r^{*\mathrm{TPT}}=70.7702\geqslant p_r^{*\mathrm{RT}}=70.5441$。显然零售商负责回收时新产品及再制造产品的价格均为最低，此时对消费者最有利。从消费者受益的角度，制造商应该选择委托零售商回收模式。结论 4.2 得到验证。

（3）对于结论 4.3，$\Pi_{\mathrm{M}}^{*\mathrm{MT}}=132.1703\leqslant\Pi_{\mathrm{M}}^{*\mathrm{TPT}}=178.6928\leqslant\Pi_{\mathrm{M}}^{*\mathrm{RT}}=179.6456$，零售商负责回收时制造商的利润最高；从利润最优的角度出发，制造商应该选择委托零售商负责回收模式。结论 4.3 得到验证。

# 4.3 不确定需求下再制造闭环供应链的回收模式分析

## 4.3.1 制造商回收（MT）模式

在制造商回收模式下，首先由零售商根据对市场需求的预测确定新产品及再制造产品的订购量 $Q_n$ 及 $Q_r$，然后由制造商根据订购量 $Q_n$ 及 $Q_r$ 进行废旧产品的回收、新产品及再制造产品的生产。决策顺序如下：制造商为 Stackelberg 博弈的领导者，先进行新产品及再制造产品批发价 $w_n$ 及 $w_r$ 的决策；然后由零售商进行新产品和再制造产品的零售价 $p_n$ 和 $p_r$ 及最优订购量 $Q_n$ 及 $Q_r$ 的决策。由逆向归纳法，先考虑零售商的决策，由于新产品及再制造产品的市场需求的随机性，使得零售商无法准确预测新产品及再制造产品的需求，因此会导致订购量与实际需求量不符的情况，从而需要承担缺货成本或剩余产品的处理成本。根据前述假设，新产品给零售商带来的利润函数可表示为

$$\pi_{Rn}^{MT}=\begin{cases}p_nD_n-w_nQ_n+(Q_n-D_n)s_n & D_n\leqslant Q_n\\(p_n-w_n)Q_n-(D_n-Q_n)h_n & D_n>Q_n\end{cases}\tag{4-6}$$

同理，零售商由再制造产品产生的利润为

$$\pi_{Rr}^{MT}=\begin{cases}p_rD_r-w_rQ_r+(Q_r-D_r)s_r & D_r\leqslant Q_r\\(p_r-w_r)Q_r-(D_r-Q_r)h_r & D_r>Q_r\end{cases}\tag{4-7}$$

令 $z_n=Q_n-d_n(p_n,p_r)$ 及 $z_r=Q_r-d_r(p_n,p_r)$，可得零售商的决策问题为

$$\begin{aligned}\underset{p_n,p_r,z_n,z_r}{\mathrm{Max}}\ \pi_R^{MT}=&\ p_nd_n(p_n,p_r)-w_n(d_n(p_n,p_r)+z_n)+\int_{-\infty}^{z_n}[p_nx+s_n(z_n-x)]f_n(x)\mathrm{d}x+\\&\int_{z_n}^{+\infty}[p_nz_n-h_n(x-z_n)]f_n(x)\mathrm{d}x+\\&p_rd_r(p_n,p_r)-w_r(d_r(p_n,p_r)+z_r)+\int_{-\infty}^{z_r}[p_ry+s_r(z_r-y)]f_r(y)\mathrm{d}y+\\&\int_{z_r}^{+\infty}[p_rz_r-h_r(y-z_r)]f_r(y)\mathrm{d}y\end{aligned}\tag{4-8}$$

零售商是该 Stackelberg 博弈的追随者，从利润最大化的角度来制定其反应函数。将 $d_n(p_n,p_r)=Q-\frac{p_n-p_r}{1-\beta}$、$d_r(p_n,p_r)=$ 代入 $\pi_R^{MT}$，并分别求 $p_n$、$p_r$、$z_n$ 及 $z_r$ 的偏导数且令其为零，将 $\frac{\partial\pi_R^{MT}}{\partial p_n}=0$、$\frac{\partial\pi_R^{MT}}{\partial p_r}=0$、$\frac{\partial\pi_R^{MT}}{\partial z_n}=0$ 及 $\frac{\partial\pi_R^{MT}}{\partial z_r}=0$ 联立

求解即可得到零售商对 $w_n$ 和 $w_r$ 的反应函数 $(p_n^*, p_r^*, z_n^*, z_r^*)$。

在 MT 模式下，制造商根据零售商的订购量进行废旧产品的回收、新产品及再制造产品的生产，其收益为新产品及再制造产品的批发收益减去生产成本及回收总成本，其利润函数为

$$\begin{aligned}\pi_M^{MT} = &(w_n - c_n)[d_n(p_n, p_r] + z_n) + (w_r - c_r)[d_r(p_n, p_r) + z_r] - \\ &\{c_l\tau^2 + A\tau[d_n(p_n, p_r) + z_n + d_r(p_n, p_r) + z_r]\}\end{aligned} \tag{4-9}$$

制造商作为 Stackelberg 博弈的领导者，由零售商反应函数 $(p_n^*, p_r^*, z_n^*, z_r^*)$ 来制定批发价 $(w_n^*, w_r^*)$ 使得式（4-9）最大化。因此，制造商的优化问题可描述为

$$\begin{aligned}
\underset{w_n, w_r}{\mathrm{Max}}\, \pi_M^{MT} = &(w_n - c_n)[d_n(p_n, p_r] + z_n) + (w_r - c_r)[d_r(p_n, p_r) + z_r] - \\
&\{c_l\tau^2 + A\tau[d_n(p_n, p_r) + z_n + d_r(p_n, p_r) + z_r]\} \\
\text{s.t.}\quad &\frac{\partial \pi_R^{MT}}{\partial p_n} = Q - \frac{2(p_n - p_r) - (w_n - w_r)}{1-\beta} + \int_{-\infty}^{z_n} x f_n(x)\mathrm{d}x + \int_{z_n}^{+\infty} z_n f_n(x)\mathrm{d}x = 0 \\
&\frac{\partial \pi_R^{MT}}{\partial p_r} = \frac{2(\beta p_n - p_r) - (\beta w_n - w_r)}{\beta(1-\beta)} + \int_{-\infty}^{z_r} y f_y(y)\mathrm{d}y + \int_{z_r}^{+\infty} z_r f_r(y)\mathrm{d}y = 0 \\
&\frac{\partial \pi_R^{MT}}{\partial z_n} = -w_n + p_n + h_n - (p_n + h_n - s_n)F_n(z_n) = 0 \\
&\frac{\partial \pi_R^{MT}}{\partial z_r} = -w_r + p_r + h_r - (p_r + h_r - s_r)F_r(z_r) = 0 \\
&p_n > w_n > c_n; p_r > w_r > c_r
\end{aligned} \tag{4-10}$$

对式（4-10）进行求解，即可得制造商回收模式下各决策变量的最优解及制造商与零售商的最优利润。

## 4.3.2 零售商回收（RT）模式

此时由零售商负责回收 EOL 产品，并交付制造商进行再制造，制造商对 EOL 产品给予单位转移支付 $b$。制造商先进行新产品及再制造产品的批发价决策，然后由零售商进行新产品和再制造产品的零售价及订购量的决策。

零售商的收益为新产品与再制造产品的销售收益及废旧产品回收收益之和减去回收总成本，令 $z_n = Q_n - d_n(p_n, p_r)$ 及 $z_r = Q_r - d_r(p_n, p_r)$，与 4.3.1

类似可知此时零售商的决策问题为

$$\begin{aligned}\underset{p_n,p_r,z_n,z_r}{\mathrm{Max}}\ \pi_R^{RT} = & p_n d_n(p_n,p_r) - w_n[d_n(p_n,p_r)+z_n] + \int_{-\infty}^{z_n}[p_n x + s_n(z_n - x)]f_n(x)\mathrm{d}x + \\ & \int_{z_n}^{+\infty}[p_n z_n - h_n(x - z_n)]f_n(x) + \\ & p_r d_r(p_n,p_r) - w_r[d_r(p_n,p_r)+z_r] + \int_{-\infty}^{z_r}[p_r y + s_r(z_r - y)]f_r(y)\mathrm{d}y + \\ & \int_{z_r}^{+\infty}[p_r z_r - h_r(y - z_r)]f_r(y)\mathrm{d}y + \\ & (b-A)\tau\{[d_n(p_n,p_r)+z_n]+[d_r(p_n,p_r)+z_r]\} - c_l\tau^2\end{aligned} \tag{4-11}$$

RT 模式下制造商仅负责新产品及再制造产品的生产，其利润为新产品及再制造产品的批发收益减去生产成本及零售商回收废旧产品的转移支付，其利润函数为

$$\begin{aligned}\pi_M^{RT} = & (w_n - c_n)[d_n(p_n,p_r)+z_n] + (w_r - c_r)[d_r(p_n,p_r)+z_r] - \\ & b\tau\{[d_n(p_n,p_r)+z_n]+[d_r(p_n,p_r)+z_r]\}\end{aligned} \tag{4-12}$$

同上可知 RT 模式下制造商的优化问题为

$$\begin{aligned}\underset{w_n,w_r}{\mathrm{Max}}\ \pi_M^{RT} = & (w_n - c_n)[d_n(p_n,p_r)+z_n] + (w_r - c_r)[d_r(p_n,p_r)+z_r] - \\ & b\tau\{[d_n(p_n,p_r)+z_n]+[d_r(p_n,p_r)+z_r]\} \\ \text{s.t.}\quad & \frac{\partial \pi_R^{RT}}{\partial p_n} = Q - \frac{2(p_n - p_r)-(w_n - w_r)}{1-\beta} + \int_{-\infty}^{z_n} x f_n(x)\mathrm{d}x + \int_{z_n}^{+\infty} z_n f_n(x)\mathrm{d}x = 0 \\ & \frac{\partial \pi_R^{RT}}{\partial p_r} = \frac{2(\beta p_n - p_r)-(\beta w_n - w_r)-(1-\beta)(b-A)\tau}{\beta(1-\beta)} + \int_{-\infty}^{z_r} y f_y(y)\mathrm{d}y + \int_{z_r}^{+\infty} z_r f_r(y)\mathrm{d}y = 0 \\ & \frac{\partial \pi_R^{RT}}{\partial z_n} = -w_n + p_n + h_n - (p_n + h_n - s_n)F_n(z_n) + (b-A)\tau = 0 \\ & \frac{\partial \pi_R^{RT}}{\partial z_r} = -w_r + p_r + h_r - (p_r + h_r - s_r)F_r(z_r) + (b-A)\tau = 0 \\ & p_n > w_n > c_n;\ p_r > w_r > c_r\end{aligned} \tag{4-13}$$

对式（4－13）进行求解，即可得零售商负责回收模式下各决策变量的最优解及制造商与零售商的最优利润。

### 4.3.3 第三方回收（TPT）模式

此时由第三方回收 EOL 产品，并获得由制造商给予的单位转移支付 $b$；零售商仅负责销售，决策变量为新产品和再制造产品的零售价及两种产品的订购量；制造商则对新产品和再制造产品的批发价进行决策。

对于零售商而言，由于仅负责销售而不参与回收过程，所以与制造商负责回收（MT）模式时的决策问题完全一致，即

$$\begin{aligned}\underset{p_n,p_r,z_n,z_r}{\text{Max}}\ \pi_R^{TPT} = & p_n d_n(p_n,p_r) - w_n[d_n(p_n,p_r)+z_n] + \int_{-\infty}^{z_n}[p_n x + s_n(z_n - x)]f_n(x)\mathrm{d}x + \\ & \int_{z_n}^{+\infty}[p_n z_n - h_n(x-z_n)]f_n(x)\mathrm{d}y + \\ & p_r d_r(p_n,p_r) - w_r[d_r(p_n,p_r)+z_r] + \int_{-\infty}^{z_r}[p_r y + s_r(z_r - y)]f_r(y)\mathrm{d}y + \\ & \int_{z_r}^{+\infty}[p_r z_r - h_r(y-z_r)]f_r(y)\mathrm{d}y\end{aligned} \quad (4-14)$$

对于第三方回收商，其利润为从制造商处获得的转移支付减去回收成本及回收固定投资，其利润函数为

$$\pi_{TP}^{TPT} = (b-A)\tau\{[d_n(p_n,p_r)+z_n]+[d_r(p_n,p_r)+z_r]\} - c_l\tau^2 \quad (4-15)$$

制造商的利润函数与 RT 模式完全相同，从而可得制造商的优化问题为

$$\begin{aligned}\underset{w_n,w_r}{\text{Max}}\ \pi_M^{RT} = & (w_n - c_n)[d_n(p_n,p_r)+z_n] + (w_r - c_r)[d_r(p_n,p_r)+z_r] - \\ & b\tau\{[d_n(p_n,p_r)+z_n]+[d_r(p_n,p_r)+z_r]\} \\ \text{s.t.}\quad & Q - \frac{2(p_n - p_r)-(w_n - w_r)}{1-\beta} + \int_{-\infty}^{z_n} x f_n(x)\mathrm{d}x + \int_{z_n}^{+\infty} z_n f_n(x)\mathrm{d}x = 0 \\ & \frac{2(\beta p_n - p_r)-(\beta w_n - w_r)}{\beta(1-\beta)} + \int_{-\infty}^{z_r} y f_y(y)\mathrm{d}y + \int_{z_r}^{+\infty} z_r f_r(y)\mathrm{d}y = 0 - \\ & w_n + p_n + h_n - (p_n + h_n - s_n)F_n(z_n) = 0 - \\ & w_r + p_r + h_r - (p_r + h_r - s_r)F_r(z_r) = 0 \\ & p_n > w_n > c_n; p_r > w_r > c_r\end{aligned} \quad (4-16)$$

对式（4-16）进行求解，即可得零售商负责回收模式下各决策变量的最优解及制造商与零售商的最优利润。

由于上述三种模型属于非线性优化问题，难以得出其显性解，因此下面通过对模型中的各参数赋值进行仿真，以得出模型的最优解并进行比较分析。

### 4.3.4 数值仿真分析

本节首先利用数值仿真求出模型的最优解，然后分析制造商及零售商利润与各决策变量随 $\beta$ 变动而相应变化的规律。为简便起见，假定 $\varepsilon_n$ 与 $\varepsilon_r$ 均服从 $U(0,2)$ 的均匀分布，其余各参数分别赋值如下：$Q=60$，$\beta=0.7$，

$c_n=10$，$c_r=4$，$\tau=0.6$，$h_n=s_n=6$，$h_r=s_r=2$，$b=2$，$A=1$，$c_l=5$。把各参数值分别代入模型（4－10）、式（4－13）和式（4－16），并利用 Matlab 进行求解可得最优解见表 4－2。

**表 4－2　三种回收模式下决策变量的最优解**

| 变量 | 制造商回收 | 零售商回收 | 第三方回收 |
|---|---|---|---|
| $w_n^*$ | 36.5129 | 37.4147 | 37.8887 |
| $w_r^*$ | 24.3225 | 25.1953 | 25.5410 |
| $p_n^*$ | 48.9241 | 49.0779 | 49.7783 |
| $p_r^*$ | 33.7154 | 33.8460 | 34.4593 |
| $Q_n^*$ | 10.3173 | 10.3656 | 10.5794 |
| $Q_r^*$ | 3.6988 | 3.7739 | 3.8041 |
| $z_n^*$ | 1.0127 | 1.1384 | 1.6428 |
| $z_r^*$ | 1.1683 | 1.3526 | 1.9712 |
| $\pi_M^*$ | 329.0985 | 344.3638 | 356.9120 |
| $\pi_R^*$ | 139.1566 | 123.7950 | 98.4774 |
| $\pi_{TP}^*$ | — | — | 0.2705 |
| $\pi_{TOTAL}^*$ | 468.2551 | 468.1588 | 455.6599 |

由表 4－2 可以看出，在需求不确定及新产品与再制造产品的 WTP 存在差异的情况下，三种回收模式中制造商与零售商的期望收益及最优决策满足：

结论 4.4：制造商期望收益满足 $\pi_M^{*TPT}>\pi_M^{*RT}>\pi_M^{*MT}$，零售商期望收益满足 $\pi_R^{*TPT}<\pi_R^{*RT}<\pi_R^{*MT}$，渠道总利润满足 $\pi_{TOTAL}^{*MT}>\pi_{TOTAL}^{*RT}>\pi_{TOTAL}^{*TPT}$；新产品最优批发价满足 $w_n^{*MT}<w_n^{*RT}<w_n^{*TPT}$，再制造产品最优批发价满足 $w_r^{*MT}<w_r^{*RT}<w_r^{*TPT}$；新产品最优零售价满足 $p_n^{*MT}<p_n^{*RT}<p_n^{*TPT}$，再制造产品最优零售价满足 $p_r^{*MT}<p_r^{*RT}<p_r^{*TPT}$；新产品最优订购量满足 $Q_n^{*MT}<Q_n^{*RT}<Q_n^{*TPT}$，再制造产品最优订购量满足 $Q_r^{*MT}<Q_r^{*RT}<Q_r^{*TPT}$。

结论 4.4 表明，在制造商主导的再制造闭环供应链中，由于第三方回收模式下制造商利润最高，因此理性的制造商将会选择该模式进行废旧产品的回收及再制造；但需要指出的是，第三方回收模式下供应链渠道总利润为最低，零售商的利润也为最低，因此该模式会挫伤零售商的对回收再制造的积极性。从渠道总利润最大化的角度出发，制造商宜选择制造商回收模式进行回收再制造，此时制造商自身利润为最低，但零售商利润为三种模式中最高，对回收再制造有积极的参与性，且此时新产品与再制造产品的零售价最低，对消费者最有利。

## 4.4 确定需求与不确定需求下模型的比较及拓展分析

将确定需求下的结论 4.2、结论 4.3 与不确定需求下的结论 4.4 进行比较可以发现，两种需求环境下得出的结论并不一致。在确定需求环境下，零售商回收模式中新产品与再制造产品零售价均达到最低，且制造商利润最高，因此零售商回收模式是闭环供应链回收模式的最优选择；然而，在不确定需求环境下，零售商回收模式中新产品及再制造产品零售价最低，对消费者最有利，但在第三方回收模式中制造商利润才达到最高，理性的制造商将选择第三方回收模式作为最优回收模式，这与第 2 章理论分析的结果是一致的。

此外，本书与现有文献的区别之处在于同时考虑了需求的不确定性及新产品与再制造产品之间的 WTP 差异，上面通过建模及数值仿真给出了不同回收模式下的最优利润及决策，为制造商的回收模式选择提供理论基础；进一步，新产品与再制造产品之间的 WTP 差异对不同回收模式下的定价、产量及利润有何影响呢？下面仍通过数值模拟对不确定需求环境下的该问题进行回答。由于 $0<\beta<1$，分别取 $\beta$ 为 0.1、0.2、0.3、0.4、0.5、0.6、0.7、0.8、0.9，其余参数取值不变，分别代入模型式（4－10）、式（4－13）和式（4－16）进行求解，为直观地显示定价、产量及制造商利润随参数 $\beta$ 的变动规律，将计算结果绘制成平滑散点图进行分析，如图 4－3～图 4－6 所示。由图 4－3～图 4－6 可以看出，随着 $\beta$ 的变化，结论 4.4 仍然成立。

结论 4.5：三种回收模式下，新产品批发价及零售价均随 $\beta$ 的增加而小幅增加，再制造产品批发价及零售价均随 $\beta$ 的增加而大幅度增加；新产品产量随 $\beta$ 的增加而减少，再制造产品产量随 $\beta$ 的增加而增加；制造商利润、零售商利润及渠道总利润随着 $\beta$ 的增加呈现出先减少后增加的态势。

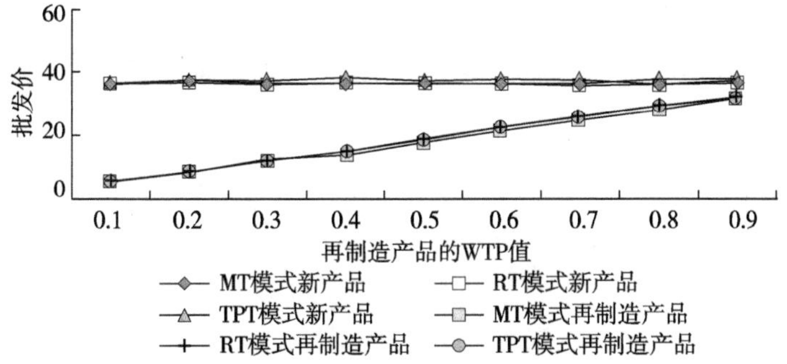


图4-3　参数$\beta$对批发价的影响

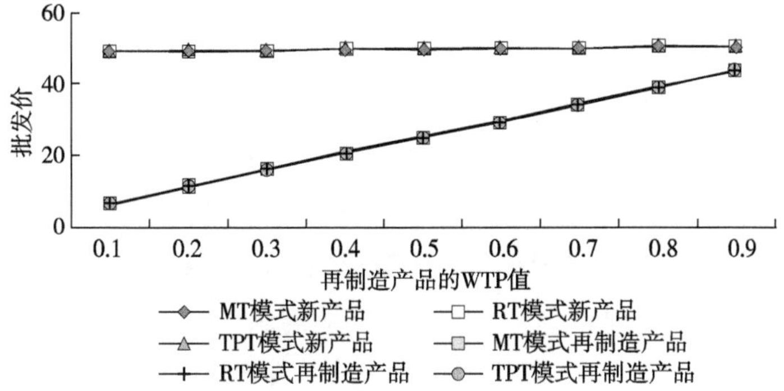


图4-4　参数$\beta$对零售价的影响

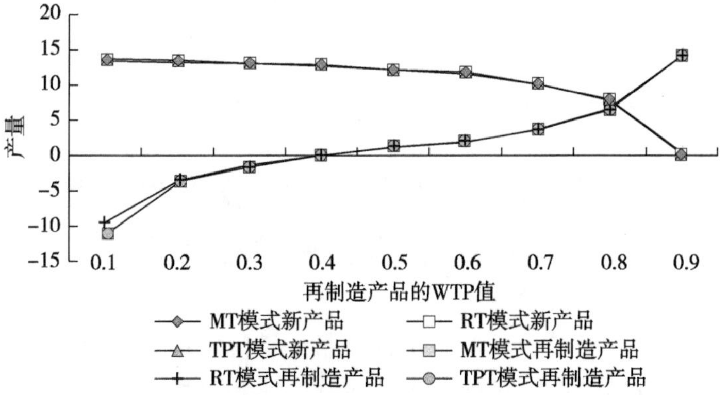


图4-5　参数$\beta$对产量的影响

结论4.5说明，首先，随着$\beta$的增加，意味着消费者对再制造产品的认知程度提高，再制造产品的定价出现大幅度的上涨，最终将与新产品价格持平；特别地，当$\beta=1$时，表明消费者对新产品与再制造产品的认知

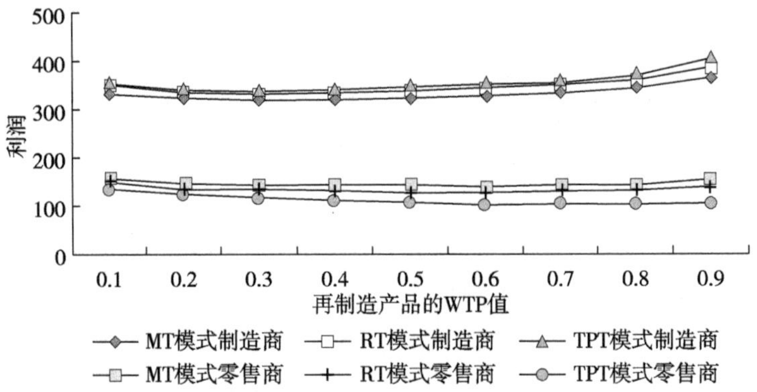


图 4－6 参数 $\beta$ 对利润的影响

无差异，此时两种产品将以相同的价格进行销售。其次，新产品产量随着 $\beta$ 的增加逐渐减少并趋于 0；而再制造产品刚好相反，产量由 $\beta=0.1$ 时的不生产逐渐上升，至 $\beta=0.9$ 时其产量与新产品 $\beta=0.1$ 时的产量大致相等，这表明当消费者对再制造产品的认知度较高时，由于再制造的低成本优势，导致制造商有更大的意愿进行再制造生产，甚至退出新产品制造。最后，三种回收模式下制造商利润、零售商利润及渠道总利润均随 $\beta$ 的增加先减少后增加，且 $\beta=0.9$ 时制造商利润及渠道总利润均远高于 $\beta=0.1$ 时，从此角度而言，$\beta$ 值越趋近于 1，对制造商及供应链系统越有利；因此制造商应该大力对再制造进行宣传，促使消费者对再制造产品认知程度的提高，一方面使得制造商获取更高的利润，另一方面通过再制造减少资源的耗费和废弃物的排放，从而促进经济可持续发展。

## 4.5 WTP 差异及随机回收下再制造闭环供应链的回收模式分析

回收环境的不确定性，将造成回收量的不确定性。因此，本节将考虑 WTP 差异及随机回收下，构建制造商回收、零售商回收以及第三方回收下再制造闭环供应链运营模型。并对其收益及决策变量进行比较，以得到最优的回收模式决策。

## 4.5.1 制造商负责回收

1. 问题描述

本节讨论由单一制造商、单一零售商及消费者构成的闭环供应链模型，考虑制造商从事废旧品的回收再制造情形。采用两阶段方法进行分析，在第一阶段制造商只从事新产品的制造和批发，在第二阶段，制造商开始从事废旧产品的回收和再制造，考虑消费者对市场上的新产品和再制造产品存在 WTP 差异及废旧品回收过程存在随机性。

第一阶段中，制造商只生产新产品，以价格 $\omega_{on}^{\mathrm{I}}$ 批发给零售商，零售商再以价格 $p_{on}^{\mathrm{I}}$ 将产品出售给消费者，制造商和零售商构成的开环正向供应链模型如图 4－7 所示，图中制造商用 O 表示，零售商用 R 表示，消费者用 C 表示。

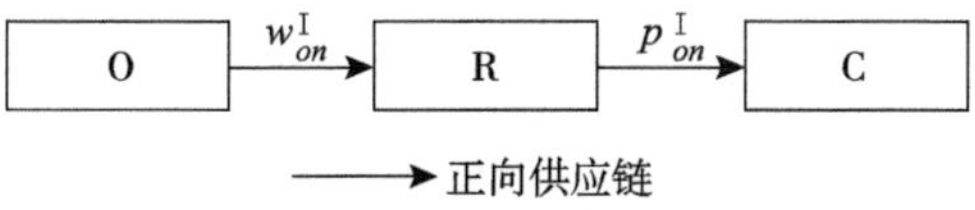


**图 4－7　制造商回收模式下第一阶段**

第二阶段中，制造商从事废旧品的回收再制造。在此模型中，制造商以回收价格 $r$ 从消费者手中回收废旧品用于再制造产品的生产，将新产品以价格 $\omega_{on}^{\mathrm{II}}$ 和再制造产品以价格 $\omega_{or}^{\mathrm{II}}$ 批发给零售商，零售商再分别以价格 $p_{on}^{\mathrm{II}}$ 和 $p_{or}^{\mathrm{II}}$ 将新产品和再制造产品出售给消费者，由制造商（O）、零售商（R）及消费者（C）构成的再制造闭环供应链模型如图 4－8 所示。

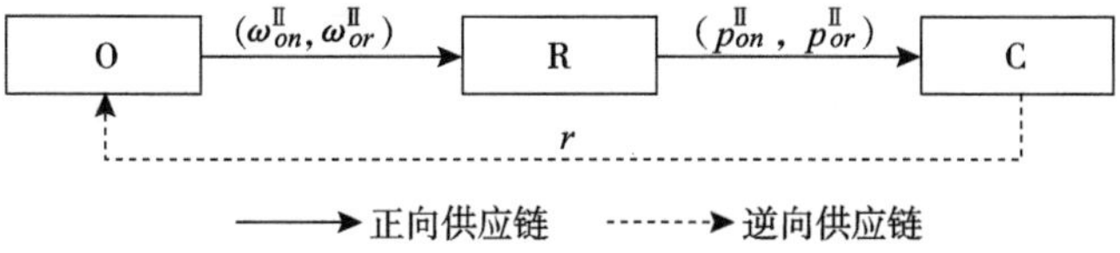


**图 4－8　制造商回收模式第二阶段**

2. 符号意义

为了建模分析方便，用一些简单的符号来表示模型中出现的不同变量，对每个符号所表示的意义进行解释，符号含义对照表见表 4－3。

表 4-3 文中符号的意义

| 符号 | 意义 |
|---|---|
| $\omega_{on}^{\mathrm{I}}$ | 第一阶段新产品的批发价格 |
| $\omega_{on}^{\mathrm{II}}$ | 第二阶段新产品的批发价格 |
| $\omega_{or}^{\mathrm{II}}$ | 第二阶段再制造产品的批发价格 |
| $p_{on}^{\mathrm{I}}$ | 第一阶段新产品的销售价格 |
| $p_{on}^{\mathrm{II}}$ | 第二阶段新产品的销售价格 |
| $D_n$ | 第二阶段中新产品的市场需求 |
| $D_r$ | 第二段中再制造产品的市场需求 |
| $c_n$ | 新产品的制造成本 |
| $c_r$ | 再制造产品的制造成本 |
| $Q$ | 市场上的固定需求 |
| $Q_n$ | 零售商的新产品订货量 |
| $Q_r$ | 零售商的再制造产品订货量 |
| $r$ | 废旧产品的回收价格 |
| $a$ | 不依赖于回收价格的基本回收量 |
| $\alpha$ | 表示相应于回收价格的回收系数 |
| $\varepsilon$ | 随机变量因子，表明回收市场的不确定性 |
| $S_{(r)}$ | 废旧产品的确定型回收量 |
| $h_r$ | 零售商再制造产品的单位缺货损失 |
| $v_r$ | 未被批发的再制造产品单位残值收益 |
| $\beta$ | WTP 值，消费者对再制造产品的支付意愿 |
| $\pi^{\mathrm{I}}$ | 第一阶段各节点企业或系统总利润 |
| $\pi^{\mathrm{II}}$ | 第二阶段各节点企业或系统总利润 |

上述符号中，上标中的 I 表示第一阶段，II 表示第二阶段；下标中的 O 表示制造商，R 表示零售商；n 表示新产品，r 表示再制造产品。

3. 模型的基本假设

为更清楚地对模型进行解释，本书做如下基本假设：

假设 1：在两阶段模型中，第一阶段和第二阶段制造商生产新产品的单位生产相同，生产成本为 $c_n$，第二阶段中制造商回收第一阶段中由消费使用产生的废旧产品进行再制造产品的生产，再制造产品单位生产成本为

$c_r$，令 $0<c_r<c_n$（Ferguson 和 Toktag，2006），保证再制造产品单位生产成本低于新产品单位生产成本，制造商才有进行回收再制造生产的积极性，本书不考虑固定成本。

假设2：一个消费者最多购买一单位新产品或再制造产品，且第一阶段生产的新产品废旧后仅能回收再利用一次（高阳和杨新，2014；郭军华等，2014），这样可以保证一个循环周期内不受其他周期影响。

假设3：市场上消费者的固定需求量为 $Q$，消费者新产品和再制造产品的需求是确定型的，消费者对新产品的需求函数表示为 $D_n=d_n(p_{on}^{\text{II}},p_{or}^{\text{II}})$，对再制造产品的需求为 $D_r=d_r(p_{on}^{\text{II}},p_{or}^{\text{II}})$（郭军华等，2014）。

假设4：消费者对该种产品在品牌认知方面没有差异，但对新产品与再制造产品的购买支付意愿存在差异，即存在 WTP 不同，令第一阶段新产品需求函数：$p_{on}^{\text{I}}=Q-\Sigma q_{on}^{\text{I}}$；对于第二阶段，根据 Ferguson 和 Toktay（2008）的结论，当新产品与再制造产品的 WTP 分别为 1 和 $\beta$，消费者效用为［0，1］上的均匀分布时，其替代规律：$p_n=Q-q_n-\beta q_r$；$p_r=\beta(Q-q_n-q_r)$ ...（i）；其中 $0<\beta<1$，即消费者对新产品的认知价值不低于再制造产品。

假设5：制造商在组成的闭环供应链模型中，作为 Stackelberg 博弈领导者，对渠道有足够的影响力，其他成员为博弈的跟随者，且各成员均为风险中性以及完全信息（黄永等，2013）。

假设6：任何回收企业的单位回收价格为 $r$，且 $r\leqslant c_n-c_r$，以保证进行再制造生产的单位总成本不会超过新产品生产的单位成本，使得制造商从事回收再制造有实际经济意义（郭军华等，2013，2014；倪明等，2015）。

假设7：假设回收的废旧产品产量为加性随机情况 $X(r,\varepsilon)=S_{(r)}+\varepsilon$ ...（ii），其中 $S_{(r)}=a+\alpha r$ 为回收价格的确定型函数（孙浩和达庆利等，2009）：$a$ 为不依赖于回收价格的基本回收量，$\alpha$ 表示相应于回收价格 $r$ 的回收系数，并令随机回收量：$\varepsilon$ 随机变量为独立于回收价格的因素，定义区间为［A，B］，分布函数为 $F_r(\varepsilon)$，$F_r(\varepsilon)$ 连续、可微且单调递增，相应的密度函数为 $f_r(\varepsilon)$。

假设8：假定零售商根据产品需求预测向制造商订购新产品和再制造产品，即有订货量 $Q_n=D_n$，$Q_r=D_r$，制造商根据零售商的订货量来生产新产品和再制造产品，回收来的废旧品全部都能用于再制造；由于废旧品的回收过程中存在随机性，当制造商手中的废旧品进行再制造生产后再制造产品产量不足订货量 $Q_r$ 时，零售商将承担相应的再制造产品缺货损失，单位缺货损失为 $h_r$；而当废旧品进行再制造生产后再制造产品产量超过 $Q_r$ 时，制造商将从剩余未被零售商批发的再制造产品中获得单位残值收益 $v_r$。

假设 9：制造商委托零售商回收废旧产品，零售商以回收价 $r$ 回收废旧品，制造商再以回收补偿价格 $b$ 从零售商手中回购废旧品用于再制造产品的生产。

假设 10：制造商委托第三方回收废旧产品，第三方以回收价 $r$ 回收废旧品，制造商再以回收补偿价格 $b$ 从第三方手中回购废旧品用于再制造产品的生产。

为了便于表达，用 Model O 表示制造商回收模式，用 Model OD 表示其分散决策模型，用 Model OC 表示其集中决策模型，用 Model OS 表示其协调决策模型。

4. 第一阶段的分散决策

第一阶段中，只有制造商和零售商两个节点企业，根据假设 5 可知制造商作为博弈的领导者，由博弈论知识可知，零售商只能在制造商做出决策后再进行反应决策，根据模型假设要求可以得出制造商的利润函数为

$$\text{Max}\ \pi_o^{\mathrm{I}}=(\omega_{on}^{\mathrm{I}}-c_n)q_{on}^{\mathrm{I}} \tag{4-17}$$

零售商的利润函数为

$$\text{Max}\ \pi_R^{\mathrm{I}}=(p_{on}^{\mathrm{I}}-\omega_{on}^{\mathrm{I}})q_{on}^{\mathrm{I}} \tag{4-18}$$

根据逆向归纳法求解原理，对后进行决策的先进行求解，因此，先对零售商的利润函数求零售价格 $p_{on}^{\mathrm{I}}$ 的一阶偏导数并令 $\frac{\partial \pi_R}{\partial p_{on}^{\mathrm{I}}}=0$，联立假设 4 中第一阶段需求函数可求得 $p_{on}^{\mathrm{I}}$ 关于 $\omega_{on}^{\mathrm{I}}$ 的反应函数为

$$p_{on}^{\mathrm{I}}=(Q+\omega_{on}^{\mathrm{I}})/2 \tag{4-19}$$

再对制造商的利润函数求批发价格 $\omega_{on}^{\mathrm{I}}$ 的一阶偏导数并令 $\frac{\partial \pi_O}{\partial \omega_{on}^{\mathrm{I}}}=0$，联立假设 4 中第一阶段需求函数可求得

$$\omega_{on}^{\mathrm{I}}=(Q+c_n)/2 \tag{4-20}$$

因此

$$p_{on}^{\mathrm{I}}=(3Q+c_n)/4 \tag{4-21}$$

$$q_{on}^{\mathrm{I}}=(Q-c_n)/4 \tag{4-22}$$

制造商的最优利润为

$$\mathrm{Max}\,\pi_o^{\mathrm{I}}=(Q-c_n)^2/8 \tag{4-23}$$

零售商的最优利润为

$$\mathrm{Max}\,\pi_R^{\mathrm{I}}=(Q-c_n)^2/16 \tag{4-24}$$

5. 第二阶段的分散决策

在第二阶段中，制造商、零售商及消费者构成了一个再制造闭环供应链，模型的决策属于 Stackelberg 博弈情形，根据假设 5，制造商作为博弈领导者，其一开始确定废旧品的单位回收价格 $r$、新产品批发价格 $\omega_{on}^{\mathrm{II}}$、再制造产品批发价格 $\omega_{or}^{\mathrm{II}}$；然后零售商根据制造商做出的决策来制定新产品的零售价格和再制造品的零售价格。综合上述模型假设，根据逆向归纳法求解原理，先对零售商进行决策分析。

零售商的利润源于新产品和再制造产品的销售，其函数可表示为

$$\pi_R^{\mathrm{II}}=\begin{cases}D_n\left(p_{on}^{\mathrm{II}}-\omega_{on}^{\mathrm{II}}\right)+\left(p_{or}^{\mathrm{II}}-\omega_{or}^{\mathrm{II}}\right)X(r,\varepsilon)-h_r\left[D_r-X(r,\varepsilon)\right] & X(r,\varepsilon)<D_r\\ D_n\left(p_{on}^{\mathrm{II}}-\omega_{on}^{\mathrm{II}}\right)+\left(p_{or}^{\mathrm{II}}-\omega_{or}^{\mathrm{II}}\right)D_r & X(r,\varepsilon)\geqslant D_r\end{cases} \tag{4-25}$$

令 $z_r=Q_r-S_{(r)}$，可得零售商的决策问题为

$$\mathrm{Max}\pi_R^{\mathrm{II}}=D_n(p_{on}^{\mathrm{II}}-\omega_{on}^{\mathrm{II}})+(p_{on}^{\mathrm{II}}-\omega_{on}^{\mathrm{II}})S_{(r)}+\int_{-\infty}^{z_r}[(p_{on}^{\mathrm{II}}-\omega_{on}^{\mathrm{II}})x-h_r(z_r-x)]f_r(x)\mathrm{d}x+\int_{z_r}^{+\infty}(p_{on}^{\mathrm{II}}-\omega_{on}^{\mathrm{II}})z_rf_r(x)\mathrm{d}x \tag{4-26}$$

零售商是 Stackelberg 博弈的追随者，从追求自身利润最大化的角度来制定其反应函数。由假设 4 可知，$D_n$、$D_r$ 满足关系式（i），可以计算出：$D_n=Q-\dfrac{p_{on}^{\mathrm{II}}-p_{or}^{\mathrm{II}}}{1-\beta}$，$D_r=\dfrac{\beta p_{on}^{\mathrm{II}}-p_{or}^{\mathrm{II}}}{\beta(1-\beta)}$，将其代入 $\pi_R^{\mathrm{II}}$，并分别求 $p_{on}^{\mathrm{II}}$、$p_{or}^{\mathrm{II}}$、$z_r$ 的偏导数且令其为零，将 $\dfrac{\partial\pi_R^{\mathrm{II}}}{\partial p_{on}^{\mathrm{II}}}=0$、$\dfrac{\partial\pi_R^{\mathrm{II}}}{\partial p_{or}^{\mathrm{II}}}=0$、$\dfrac{\partial\pi_R^{\mathrm{II}}}{\partial z_r}=0$ 联立求解即可得到零售商对 $\omega_{on}^{\mathrm{II}}$、$\omega_{or}^{\mathrm{II}}$ 的反应函数（$p_{on}^{\mathrm{II}*}$，$p_{or}^{\mathrm{II}*}$，$z_r^*$）。

制造商的利润来自新产品、再制造产品的批发以及未被批发的再制造产品的残值，利润函数可表示为

$$\pi_O^{II}=\begin{cases}D_n(\omega_{on}^{II}-c_n)+(\omega_{or}^{II}-c_r)X(r,\varepsilon)-rX(r,\varepsilon) & X(r,\varepsilon)<D_r\\ D_n(\omega_{on}^{II}-c_n)+(\omega_{or}^{II}-c_r)D_r-rX(r,\varepsilon)+\nu_r[X(r,\varepsilon)-D_r] & X(r,\varepsilon)\geqslant D_r\end{cases}\tag{4-27}$$

制造商作为 Stackelberg 博弈的领导者，由零售商反应函数（$p_{on}^{II^*}$，$p_{or}^{II^*}$，$z_r^*$）来制定批发价（$\omega_{on}^{II^*}$，$\omega_{or}^{II^*}$），由制造商的利润函数来制定回收价格，追求利润最大化。因此求解制造商的优化问题可描述为

$$\mathrm{Max}\pi_O^{II}=D_n(\omega_{on}^{II}-c_n)+(\omega_{or}^{II}-c_r)S_{(r)}+r(S_{(r)}+z_r)$$

$$\int_{-\infty}^{z_r}(\omega_{or}^{II}-c_r)xf_r(x)\mathrm{d}x+\int_{z_r}^{+\infty}[(\omega_{or}^{II}-c_r)z_r+v_r(x-z_r)]f_r(x)\mathrm{d}x$$

$$\text{s.t.}\quad\begin{cases}\dfrac{\partial\pi_R^{II}}{\partial p_{on}^{II}}=1-\dfrac{2p_{on}^{II}-p_{or}^{II}+\omega_{on}^{II}}{1-\beta}=0\\ \dfrac{\partial\pi_R^{II}}{\partial p_{or}^{II}}=\dfrac{p_{on}^{II}-\omega_{on}^{II}}{1-\beta}+S_{(r)}+\int_{-\infty}^{z_r}xf_r(x)\mathrm{d}x+\int_{z_r}^{+\infty}z_rf_r(x)\mathrm{d}x=0\\ \dfrac{\partial\pi_R^{II}}{\partial z_r}=-\omega_{or}^{II}+p_{or}^{II}-(p_{or}^{II}-\omega_{or}^{II}+h_r)F_r(z_r)=0\\ \dfrac{\partial\pi_O^{II}}{\partial r}=\alpha\omega_{or}^{II}-\alpha c_r-2\alpha r-a-z_r=0\\ p_{on}^{II}>\omega_{on}^{II}>c_n;\\ p_{or}^{II}>\omega_{or}^{II}>c_r;r>0\end{cases}\tag{4-28}$$

对式（4－28）进行求解，就可以得到制造商回收模式下第二阶段各决策变量的最优解及制造商、零售商的最优利润。

6. 第一阶段的集中决策

在第一阶段集中式决策模式下，制造商和零售商进行合作，采用统一决策模式，以追求整体效益最优为决策目标，此时的决策问题为求整体供应链利润的最大化。此时由零售商来负责出售制造商生产的新产品，整条供应链的利润表达式为

$$[\pi_o^{I}]^C=(p_{on}^{I}-c_n)q_{on}^{I}\tag{4-29}$$

根据逆向归纳法，先将假设 4 中 $Q-p_{on}^{I}=q_{on}^{I}$ 代入式（4－18），再对式子求 $p_{on}^{I}$ 的一阶偏导，并令 $\dfrac{\partial[\pi_o^{I}]^C}{\partial p_{on}^{I}}=0$ 可求得

$$p_{on}^{\mathrm{I}}=\frac{Q+c_n}{2} \tag{4-30}$$

因此

$$q_{on}^{\mathrm{I}}=\frac{Q-c_n}{2} \tag{4-31}$$

$$[\pi_o^{\mathrm{I}}]^C=\frac{(Q-c_n)^2}{4} \tag{4-32}$$

7. 第二阶段的集中决策

在第二阶段集中决策模式下，制造商和零售商同样进行合作，采用统一决策模式，同样根据分散决策中再制造产品产量与再制造产品订货量的关系，通过同样的方法得出整条供应链的总利润表达式为

$$\begin{aligned}(\pi^{\mathrm{II}})^{OC} &= \pi_O^{\mathrm{II}}+\pi_R^{\mathrm{II}} = D_n(p_{on}^{\mathrm{II}}-c_n)+(p_{or}^{\mathrm{II}}-c_r)S_{(r)}-r(S_{(r)}+z_r)+\\ &\int_{-\infty}^{z_r}[(\omega_{or}^{\mathrm{II}}-c_r)x-h_r(z_r-x)]f_r(x)\mathrm{d}x+\\ &\int_{z_r}^{+\infty}[(p_{or}^{\mathrm{II}}-c_r)z_r+v_r(x-z_r)]f_r(x)\mathrm{d}x\end{aligned} \tag{4-33}$$

先对式（4-33）求关于 $p_{on}^{\mathrm{II}}$、$p_{or}^{\mathrm{II}}$、$r$ 和 $z_r$ 的一阶偏导数，并令 $\frac{\partial[\pi^{\mathrm{II}}]^{OC}}{\partial p_{on}^{\mathrm{II}}}=0$、$\frac{\partial[\pi^{\mathrm{II}}]^{OC}}{\partial p_{or}^{\mathrm{II}}}=0$、$\frac{\partial[\pi^{\mathrm{II}}]^{OC}}{\partial r}=0$、$\frac{\partial[\pi^{\mathrm{II}}]^{OC}}{\partial z_r}=0$，因此集中决策优化问题可以描述为

$$\mathrm{Max}\ (\pi^{\mathrm{II}})^{OC} = D_n(p_{on}^{\mathrm{II}}-c_n)+(p_{or}^{\mathrm{II}}-c_r)S_{(r)}-r(S_{(r)}+z_r)+$$

$$\int_{-\infty}^{z_r}[(\omega_{or}^{\mathrm{II}}-c_r)x-h_r(z_r-x)]f_r(x)dx+\int_{z_r}^{+\infty}[(p_{or}^{\mathrm{II}}-c_r)z_r+v_r(x-z_r)]f_r(x)dx$$

$$\text{s.t.}\begin{cases}\dfrac{\partial E[\pi^{\mathrm{II}}]^C}{\partial p_{on}^{\mathrm{II}}}=1-\dfrac{2p_{on}^{\mathrm{II}}-p_{or}^{\mathrm{II}}+c_n}{1-\beta}=0\\ \dfrac{\partial E[\pi^{\mathrm{II}}]^C}{\partial p_{or}^{\mathrm{II}}}=\dfrac{p_{on}^{\mathrm{II}}-c_n}{1-\beta}+S(r)+\int_{-\infty}^{Z_r}xf_r(x)\mathrm{d}x+\int_{Z_r}^{+\infty}z_rf_r(x)\mathrm{d}x=0\\ \dfrac{\partial E[\pi^{\mathrm{II}}]^C}{\partial z_r}=p_{or}^{\mathrm{II}}-c_r-r-v_r-(p_{or}^{\mathrm{II}}-c_r+h_r-v_r)F_r(z_r)=0\\ \dfrac{\partial E[\pi^{\mathrm{II}}]^C}{\partial r}=\alpha p_{or}^{\mathrm{II}}-\alpha c_r-2\alpha r-a-z_r=0\\ p_{on}^{\mathrm{II}}>\omega_{on}^{\mathrm{II}}>c_n;\\ p_{or}^{\mathrm{II}}>\omega_{or}^{\mathrm{II}}>c_r;r>0\end{cases} \tag{4-34}$$

对式（4－34）进行求解，即可得集中决策模式下新产品与再制造产品的最优批发价、废旧品的最优回收价及供应链整体最优利润。

8. 算例分析

由于回收过程不确定性，模型中存在随机项，使得求解模型属于非线性优化问题，无法求出模型显性解的具体表达式，也就难以对各节点企业的决策变量对比分析。因此，在本节中，参考相关文献通过仿真计算的方法对模型进行求解，并对求解结果进行对比分析。参考郭军华（2012）、郭军华等（2015）、孙浩和达庆利等（2009）、邵小伟（2015），假设 $\varepsilon$ 服从均匀分布 $[A,B]$，$A=0$，$B=2$，其余参数的初始值如下：$Q=60$，$a=2$，$\alpha=3$，$v_r=2$，$c_n=10$，$c_r=4$，$h_r=2$，$\beta=0.6$。

第一阶段计算结果：$\omega_{on}^{\mathrm{I}\ *D}=35$，$p_{on}^{\mathrm{I}\ *D}=47.5$，$q_{on}^{\mathrm{I}\ *D}=12.5$，$\pi_O^{\mathrm{I}\ *D}=321.5$，$\pi_R^{\mathrm{I}\ *D}=156.25$，$\pi^{\mathrm{I}*D}=468.75$，$p_{on}^{\mathrm{I}\ *C}=35$，$q_{on}^{\mathrm{I}\ *C}=25$，$\pi^{\mathrm{I}*C}=625$。第二阶段计算结果见表4－4。

**表4－4　制造商回收模式下决策变量及利润的最优解**

| 变量 | Model OD | Model OC |
| --- | --- | --- |
| $\omega_{on}^{\mathrm{II}\ *}$ | 21.2366 | — |
| $\omega_{or}^{\mathrm{II}\ *}$ | 7.1004 | — |
| $p_{on}^{\mathrm{II}\ *}$ | 23.5878 | 21.8791 |
| $p_{or}^{\mathrm{II}\ *}$ | 10.8244 | 9.2647 |
| $r^*$ | 2.6661 | 2.5748 |
| $Q_n^*$ | 33.9694 | 44.3531 |
| $Q_r^*$ | 13.5344 | 15.6256 |
| $z_r^*$ | 1.3012 | 0.7298 |
| $\pi_O^{\mathrm{II}*}$ | 403.6626 | — |
| $\pi_R^{\mathrm{II}*}$ | 130.2709 | — |
| $\pi^{\mathrm{II}*}$ | 533.9335 | 629.2437 |

分析表4－4中数据可知，在制造商负责回收模式下，基于回收不确定、新产品与再制造产品的WTP差异，对比分散和集中两种决策情形下闭

环供应链的各决策变量的最优结果可得以下结论：

结论 4.6：由计算结果对比分析可知，$p_{on}^{\mathrm{I}\ *D} > p_{on}^{\mathrm{II}\ *OD}$，$\omega_{on}^{\mathrm{I}\ *D} > \omega_{on}^{\mathrm{II}\ *OD}$，$q_{on}^{\mathrm{I}\ *D} < D_n^*$，$\pi_O^{\mathrm{I}\ *D} < \pi_O^{\mathrm{II}*OD}$，$\pi_R^{\mathrm{I}\ *D} < \pi_R^{\mathrm{II}*OD}$，$\pi^{\mathrm{I}*D} < \pi^{\mathrm{II}*OD}$，$\pi^{\mathrm{I}*C} < \pi^{\mathrm{II}*OC}$；在第二阶段中制造商负责回收时，$p_{on}^{\mathrm{II}\ *OD} > p_{on}^{\mathrm{II}\ *OC}$，$p_{or}^{\mathrm{II}\ *OD} > p_{or}^{\mathrm{II}\ *OC}$，$Q_n^{*OD} < Q_n^{*OC}$，$Q_n^{*OD} < Q_n^{*OC}$，$r^{*OD} < r^{*OC}$，$\pi^{\mathrm{II}*OD} < \pi^{\mathrm{II}*OC}$。

由结论4.6可知，第一阶段分散决策下新产品的批发价和零售价均大于第二阶段分散决策时新产品的定价，但是第一阶段分散决策时新产品需求量小于第二阶段，制造商和零售商利润也小于第二阶段；第一阶段集中决策下供应链整体利润也小于第二阶段供应链整体利润，因此制造商愿意在第二阶段进行再制造生产获取更多利益。

在第二阶段，制造商负责回收模式下，分散决策情形中新产品和再制造产品的零售价格比集中决策情形中定价较高，但是新产品和再制造产品的需求量比集中决策情形下较少，这说明价格越高，需求越低，这符合前文中需求受零售价格影响的假设，也符合实际生活中消费者更青睐物美价廉的商品的常识；在分散决策下，废旧品的回收价格低于集中决策时的回收价格，这佐证了集中决策时再制造产品销量大于分散决策时销量，因为再制造产品需求的增加会加大对用于再制造生产的废旧品的需求。在集中决策下，闭环供应链的整体利润要比分散决策时高，这说明闭环供应链中各成员的利润及整体利润在分散决策下并未达到最优，还可以进一步进行优化，通过设计相应的契约来对分散决策时的闭环供应链进行协调，从而提高供应链整体及各成员的利润。

9. 收益共享契约协调

收益共享契约强调制造商和零售商分别以$(1-\lambda)$和$\lambda$比例来共同分享零售商的销售利润，对供应链的协调有很好的效果。因此，在制造商回收模式下，本节也利用收益共享契约进行闭环供应链的协调（孙浩和达庆利等，2009；李响等，2008）。具体实施办法如下：在模型的第二阶段过程中，制造商以低于成本的批发价格向零售商批发产品，制造商与零售商共同分享零售商的销售总利润，零售商分享$\lambda_1$的销售利润，制造商分享$1-\lambda_1$的销售利润。因此，在闭环供应链中，协调后分散决策下，制造商

的利润函数为

$$\text{Max}\pi_O^{II^{os}} = D_n(w_{on}^{II^{os}} - c_n) + (w_{or}^{II^{os}} - c_r)S_{(r)} + \int_{-\infty}^{Z_r}(w_{or}^{II^{os}} - c_r)xf_r(x)\text{d}x + \int_{z_r}^{+\infty}[(w_{or}^{II^{os}} - c_r)z_r + v(x - z_r)]f_r(x)\text{d}x - r(S_{(r)} + z_r) + (1 - \lambda_1)\begin{Bmatrix} D_n(p_{on}^{II^{os}} - w_{on}^{II^{os}}) + (p_{or}^{II^{os}} - w_{or}^{II^{os}})s_{(r)} + \\ \int_{-\infty}^{z_r}[(p_{or}^{II^{os}} - w_{or}^{II^{os}})x - h_r(z_r - x)]f_r(x)dx + \int_{z_r}^{+\infty}(p_{or}^{II^{os}} - w_{or}^{II^{os}})z_nf_r(x)dx \end{Bmatrix} \quad (4-35)$$

零售商的利润函数为

$$(\pi_R^{\text{II}})^{OS} = \begin{Bmatrix} D_n(p_{on}^{\text{II}^{os}} - \omega_{on}^{\text{II}^{os}}) + (p_{or}^{\text{II}^{os}} - \omega_{or}^{\text{II}^{os}})S_{(r)} + \\ \int_{-\infty}^{z_r}[(p_{or}^{\text{II}^{os}} - \omega_{or}^{\text{II}^{os}})x - h_r(z_r - x)]f_r(x)\text{d}x + \int_{z_r}^{+\infty}(p_{or}^{\text{II}^{os}} - \omega_{or}^{\text{II}^{os}})z_nf_r(x)\text{d}x \end{Bmatrix} \quad (4-36)$$

闭环供应链的整体利润函数为

$$(\pi^{\text{II}})^{os} = (\pi_O^{\text{II}})^{os} + (\pi_R^{\text{II}})^{os} \quad (4-37)$$

欲使协调契约有效，则必有协调后供应链各节点企业的定价策略与集中决策时的定价策略一致，且需协调后制造商和零售商所获得的利润均不少于协调前的利润时，才能使制造商和零售商有积极性去执行该契约，即保证制造商、零售商的利润达到 Pareto 改进。因此，协调决策下问题可描述为

$$\text{Max}\pi_O^{II^{os}} = D_n(w_{on}^{II^{os}} - c_n) + (w_{or}^{II^{os}} - c_r)S_{(r)} + \int_{-\infty}^{Z_r}(w_{or}^{II^{os}} - c_r)xf_r(x)\text{d}x + \int_{z_r}^{+\infty}[(w_{or}^{\text{II}^{os}} - c_r)z_r + v(x - z_r)]f_r(x)\text{d}x - r(S_{(r)} + z_r) + (1 - \lambda_1)\begin{Bmatrix} D_n(p_{on}^{II^{os}} - w_{on}^{II^{os}}) + (p_{or}^{II^{os}} - w_{or}^{II^{os}})s_{(r)} + \\ \int_{-\infty}^{z_r}[(p_{or}^{II^{os}} - w_{or}^{II^{os}})x - h_r(z_r - x)]f_r(x)dx + \int_{z_r}^{+\infty}(p_{or}^{II^{os}} - w_{or}^{II^{os}})z_nf_r(x)\text{d}x \end{Bmatrix}$$

$$\text{s.t.} \begin{cases} p_{on}^{\text{II}^{*OS}} = \arg\text{Max}_{\pi_R}^{\ *OS} \\ p_{or}^{\text{II}^{*OS}} = \arg\text{Max}_{\pi_R}^{\ *OS} \\ z_r^{*OS} = \arg\text{Max}_{\pi_R}^{\ *OS} \\ r^{*OS} = \arg\text{Max}_{\pi_O}^{\ *OS} \\ (\pi_O^{\text{II}})^{OS} \geqslant (\pi_O^{\text{II}})^{OD} \\ (\pi_R^{\text{II}})^{OS} \geqslant (\pi_R^{\text{II}})^{OD} \\ (\pi_O^{\text{II}})^{OS} + (\pi_R^{\text{II}})^{OS} = (\pi^{\text{II}})^{OS} \\ p_{on}^{\text{II}^{*OS}} > c_n > \omega_{on}^{\text{II}^{*OS}};\ p_{or}^{\text{II}^{*OS}} > c_r > \omega_{or}^{\text{II}^{*OS}};\ r > 0 \end{cases} \quad (4-38)$$

求解即可得到该模式契约协调模型的决策变量的最优解，代入（4－36）、式（4－37）中即可得到契约模型中零售商和整体供应链的利润。

10. 算例分析

协调问题跟上节问题一样属于非线性优化的问题，难以得到显性解，因此仍然采用数值仿真的方法来计算结果进行对比分析。各参数取值参考制造商回收模式下的算例分析数据，另参考郭军华（2012）；郭军华等（2015）；孙浩和达庆利等（2009）；邵小伟（2015），选取 $0.25 \leqslant \lambda_1 \leqslant 0.50$，具体的分配比例可根据谈判而定，采用使零售商利润最优的协调方法，利用Lingo15.0进行仿真计算，得到制造商负责回收模式下契约协调的计算结果，并与分散决策和集中决策两种模型的计算结果进行对比，见表4－5。

**表4－5　制造商回收模式下分散、集中和协调决策最优解**

| 变量 | Model OD | Model OC | Model OS |
|---|---|---|---|
| $\omega_{on}^{\text{II}*}$ | 21.2366 | — | 5.8419 |
| $\omega_{or}^{\text{II}*}$ | 7.1004 | — | 2.9849 |
| $p_{on}^{\text{II}*}$ | 23.5878 | 21.8791 | 21.8791 |
| $p_{or}^{\text{II}*}$ | 10.8244 | 9.2647 | 9.2647 |
| $r^*$ | 2.6661 | 2.5748 | 2.5748 |
| $Q_n^*$ | 33.9694 | 44.3531 | 44.3531 |
| $Q_r^*$ | 13.5344 | 15.6256 | 15.6256 |
| $z_r^*$ | 1.3012 | 0.7298 | 0.7298 |
| $\pi_O^{\text{II}*}$ | 403.6626 | — | 403.6626 |
| $\pi_R^{\text{II}*}$ | 130.2709 | — | 225.5811 |
| $\pi^{\text{II}*}$ | 533.9335 | 629.2437 | 629.2437 |

分析表4－5可以得到以下结论：

结论4.7：在制造商回收模式下，引入收益共享契约以后，分散决策情形下再制造闭环供应链中新产品和再制造产品的定价均下降到集中决策时的定价水平，同时新产品和再制造产品的需求量也上升到集中决策水平，废旧品的回收价格与集中决策时持平，整条闭环供应链的利润也达到集中决策时水平。

由结论 4.7 可知，在制造商负责回收模式下，收益共享契约可以有效协调分散决策时闭环供应链的低效率，使其达到集中决策时的最优水平。

### 4.5.2 零售商负责回收

本小节研究零售商负责回收模式下的再制造闭环供应链的定价与协调，即制造商通过回购零售商从消费者或者市场上回收的废旧产品进行再制造，将新产品和生产的再制造产品同时批发给零售商进行销售模式下再制造闭环供应链的的定价与协调。

1. 问题描述

第一阶段模型为制造商和零售商构成的开环正向供应链，制造商只生产新产品以价格 $\omega_{on}^{\mathrm{I}}$ 批发给零售商，零售商负责以价格 $p_{on}^{\mathrm{I}}$ 将新产品销售给消费者；第一阶段模型图如图 4－9 所示。图中用符号 O 表示制造商，R 表示零售商，C 表示消费者。

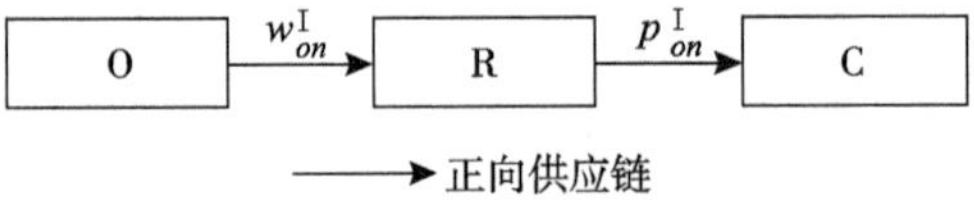


**图 4－9　零售商回收模式第一阶段**

第二阶段中，制造商从事废旧品回收再制造生产，制造商委托零售商负责从消费者手中回收废旧品，然后以高于零售商回收价格的回购价来购买零售商回收的废旧品用于再制造生产，并分别以价格 $\omega_{on}^{\mathrm{II}}$ 和 $\omega_{or}^{\mathrm{II}}$ 将新产品和再制造产品批发给零售商，零售商再以价格 $p_{on}^{\mathrm{II}}$ 和 $p_{or}^{\mathrm{II}}$ 将两种产品出售给消费者，由制造商（O）、零售商（R）及消费者（C）构成了一个再制造闭环供应链，其模型如图 4－10 所示。

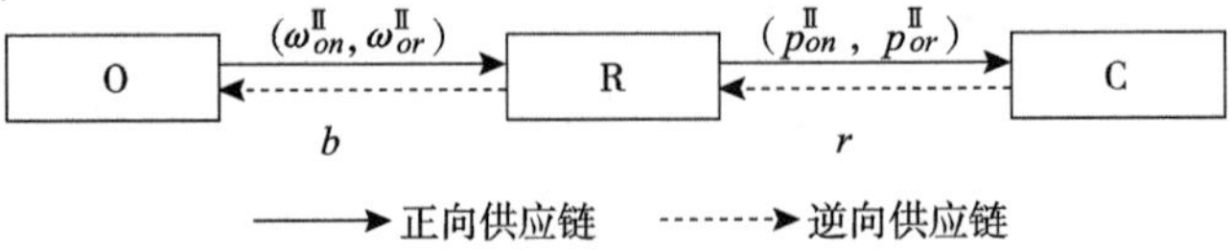


**图 4－10　零售商回收模式第二阶段**

2. 模型基本假设

为了简化模型，便于分析，本章相关符号设计同4.5.1，并对模型假设和相关参数做如下说明，其中假设（1）~(8）与4.5.1节相同，并有如下假设：

假设9：制造商委托零售商回收废旧产品，零售商以回收价 $r$ 回收废旧品，制造商再以回收补偿价格 $b$ 从零售商手中回购废旧品用于再制造产品的生产。

为了便于表达，用 Model R 表示零售商回收模式，其分散决策模型表示为 Model RD，集中决策模型为 Model RC，协调决策模型表示为 Model RS。

3. 第一阶段的分散决策

当零售商进行回收时，第一阶段分散决策模型与制造商回收模式下完全相同，因此参照制造商回收模式可直接写出最优决策结果如下。

$$\omega_{on}^{\mathrm{I}\ RD}=(Q+c_n)/2\,,\ p_{on}^{\mathrm{I}\ RD}=(3Q+c_n)/4\,,\ q_{on}^{\mathrm{I}\ RD}=(Q-c_n)/4 \quad (4-39)$$

制造商的最大利润为

$$\mathrm{Max}\,\pi_o^{\mathrm{I}\,RD}=(Q-c_n)^2/8 \quad (4-40)$$

零售商的最大利润为

$$\mathrm{Max}\,\pi_R^{\mathrm{I}\,RD}=(Q-c_n)^2/16 \quad (4-41)$$

4. 第二阶段的分散决策

第二阶段，制造商、零售商及消费者构成了一个再制造闭环供应链，根据假设可知模型的决策属于 Stackelberg 博弈情形，根据假设 5，制造商作为博弈领导者，其一开始确定废旧品的单位回收补偿价格 $b$、新产品批发价格 $\omega_{on}^{\mathrm{II}}$、再制造产品批发价格 $\omega_{or}^{\mathrm{II}}$；然后零售商根据制造商做出的决策来制定新产品的零售价格 $p_{on}^{\mathrm{II}}$ 和再制造品的零售价格 $p_{or}^{\mathrm{II}}$ 以及废旧品的单位回收价格 $r$。综合上述模型假设，根据逆向归纳法求解原理，先对零售商进行决策分析。

零售商的利润源于新产品、再制造产品的销售以及废旧品的回收，其函数可表示为

$$(\pi_R^{\mathrm{II}})^{RD}=\begin{cases}D_n\left(p_{on}^{\mathrm{II}}-\omega_{on}^{\mathrm{II}}\right)+\left(p_{or}^{\mathrm{II}}-\omega_{or}^{\mathrm{II}}\right)X(r,\varepsilon)-h_r\left[D_r-X(r,\varepsilon)\right]+(b-r)X(r,\varepsilon) & X(r,\varepsilon)<D_r\\ D_n\left(p_{on}^{\mathrm{II}}-\omega_{on}^{\mathrm{II}}\right)+\left(p_{or}^{\mathrm{II}}-\omega_{or}^{\mathrm{II}}\right)D_r+(b-r)X(r,\varepsilon) & X(r,\varepsilon)\geqslant D_r\end{cases} \quad (4-42)$$

令 $z_r = Q_r - S_{(r)}$，可得零售商的决策问题为

$$\text{Max}\,\pi_R^{\text{II}^{RD}} = D_n(p_{on}^{\text{II}} - \omega_{on}^{\text{II}}) + (p_{or}^{\text{II}} - \omega_{or}^{\text{II}})S_{(r)} + \int_{-\infty}^{z_r}[(p_{or}^{\text{II}} - \omega_{or}^{\text{II}})\ x - h_r(z_r - x)]f_r(x)\mathrm{d}x +$$

$$\int_{z_r}^{+\infty}(p_{or}^{\text{II}} - \omega_{or}^{\text{II}})\ z_r f_r(x)\mathrm{d}x + (b-r)\left(S_{(r)} + z_r\right) \tag{4-43}$$

零售商是Stackelberg博弈的追随者，从追求自身利润最大化的角度来制定其反应函数。因此分别求 $p_{on}^{\text{II}}$、$p_{or}^{\text{II}}$、$z_r$ 的偏导数且令其为零，将 $\frac{\partial(\pi_R^{\text{II}})^{RD}}{\partial p_{on}^{\text{II}}}=0$、$\frac{\partial(\pi_R^{\text{II}})^{RD}}{\partial p_{or}^{\text{II}}}=0$、$\frac{\partial(\pi_R^{\text{II}})^{RD}}{\partial z_r}=0$ 联立求解即可得到零售商对 $\omega_{on}^{\text{II}}$、$\omega_{or}^{\text{II}}$ 的反应函数（$p_{on}^{\text{II}^*}$，$p_{or}^{\text{II}^*}$，$z_r^*$）。

制造商的利润来自新产品和再制造产品的批发以及未被批发的再制造产品的残值，其函数可表示为

$$(\pi_O^{\text{II}})^{RD} = \begin{cases} D_n\left(\omega_{on}^{\text{II}} - c_n\right) + \left(\omega_{or}^{\text{II}} - c_r\right)X(r,\varepsilon) - bX(r,\varepsilon) & X(r,\varepsilon) < D_r \\ D_n\left(\omega_{on}^{\text{II}} - c_n\right) + \left(\omega_{or}^{\text{II}} - c_r\right)D_r - bX(r,\varepsilon) + v_r[X(r,\varepsilon) - D_r] & X(r,\varepsilon) \geqslant D_r \end{cases} \tag{4-44}$$

制造商作为博弈的领导者，由零售商反应函数（$p_{on}^{\text{II}^*}$，$p_{or}^{\text{II}^*}$，$z_r^*$）来制定批发价（$\omega_{on}^{\text{II}^*}$，$\omega_{or}^{\text{II}^*}$），制造商确定回收补偿价格，使得式（4－44）最大化。因此制造商的优化问题可描述为

$$\text{Max}\,\pi_O^{\text{II}^{RD}} = D_n\left(\omega_{on}^{\text{II}} - c_n\right) + (\omega_{or}^{\text{II}} - c_r)\,S_{(r)} - b(S_{(r)} + z_r) + \int_{-\infty}^{z_r}(\omega_{or}^{\text{II}} - c_r)x f_r(x)\mathrm{d}x +$$

$$\int_{z_r}^{+\infty}[(\omega_{or}^{\text{II}} - c_r)\,z_r + v_r\left(x - z_r\right)]f_r(x)\mathrm{d}x$$

$$\text{s.t.}\begin{cases} \dfrac{\partial(\pi_R^{\text{II}})^{RD}}{\partial p_{on}^{\text{II}}} = 1 - \dfrac{2p_{on}^{\text{II}} - p_{or}^{\text{II}} + \omega_{on}^{\text{II}}}{1-\beta} = 0 \\ \dfrac{\partial(\pi_R^{\text{II}})^{RD}}{\partial p_{or}^{\text{II}}} = \dfrac{p_{on}^{\text{II}} - \omega_{on}^{\text{II}}}{1-\beta} + S_{(r)} + \int_{-\infty}^{z_r} x f_r\left(x\right)\mathrm{d}x + \int_{z_r}^{+\infty} z_r f_r\left(x\right)\mathrm{d}x = 0 \\ \dfrac{\partial(\pi_R^{\text{II}})^{RD}}{\partial z_r} = -\omega_{or}^{\text{II}} + p_{or}^{\text{II}} + b - r - \left(p_{or}^{\text{II}} - \omega_{or}^{\text{II}} + h_r\right)F_r\left(z_r\right) = 0 \\ \dfrac{\partial(\pi_R^{\text{II}})^{RD}}{\partial r} = \alpha\, p_{or}^{\text{II}} - \alpha\omega_{or}^{\text{II}} + \alpha b - 2\alpha r - a - z_r = 0 \\ p_{on}^{\text{II}} > \omega_{on}^{\text{II}} > c_n \\ p_{or}^{\text{II}} > \omega_{or}^{\text{II}} > c_r; b > r > 0 \end{cases} \tag{4-45}$$

对式（4－45）进行求解，可得到在零售商回收模式下，相关决策变量的最优解和制造商及零售商的最优利润。

5. 第一阶段的集中决策

在集中式决策模式下，第一阶段决策模型与制造商回收模式下完全相同，因此可写出决策结果如下：

零售商回收模式下供应链整体利润为

$$[\pi_O^{\mathrm{I}}]^{RC} = \frac{(Q-c_n)^2}{4} \tag{4-46}$$

6. 第二阶段的集中决策

在第二阶段集中决策模式下，制造商、零售商联合成一个统一的整体，同样根据分散决策中废旧品回收量与再制造产品订货量的关系，通过同样的方法得出整条供应链的总利润表达式为

$$\begin{aligned}(\pi^{\mathrm{II}})^{RC} = \pi_O^{\mathrm{II}} + \pi_R^{\mathrm{II}} = {} & D_n(p_{on}^{\mathrm{II}} - c_n) + (p_{or}^{\mathrm{II}} - c_r)S_{(r)} - r(S_{(r)} + z_r) + \\ & \int_{-\infty}^{z_r}[(p_{or}^{\mathrm{II}} - c_r)x - h_r(z_r - x)]f_r(x)\mathrm{d}x + \\ & \int_{z_r}^{+\infty}[(p_{or}^{\mathrm{II}} - c_r)z_r + v_r(x - z_r)]f_r(x)\mathrm{d}x\end{aligned} \tag{4-47}$$

先对式（4-47）求关于 $p_{on}^{\mathrm{II}}$、$p_{or}^{\mathrm{II}}$、$r$ 和 $z_r$ 的一阶偏导数，并令 $\frac{\partial[\pi^{\mathrm{II}}]^{RC}}{\partial p_{on}^{\mathrm{II}}}=0$、$\frac{\partial[\pi^{\mathrm{II}}]^{RC}}{\partial p_{or}^{\mathrm{II}}}=0$、$\frac{\partial[\pi^{\mathrm{II}}]^{RC}}{\partial r}=0$、$\frac{\partial[\pi^{\mathrm{II}}]^{RC}}{\partial z_r}=0$，因此集中决策优化问题可以描述为

$$\begin{aligned}\mathrm{Max}\ (\pi^{\mathrm{II}})^{RC} = {} & D_n(p_{on}^{\mathrm{II}} - c_n) + (p_{or}^{\mathrm{II}} - c_r)S_{(r)} - r(S_{(r)} + z_r) + \\ & \int_{-\infty}^{z_r}[(p_{or}^{\mathrm{II}} - c_r)x - h_r(z_r - x)]f_r(x)\mathrm{d}x + \\ & \int_{z_r}^{+\infty}[(p_{or}^{\mathrm{II}} - c_r)z_r + v_r(x - z_r)]f_r(x)\mathrm{d}x\end{aligned}$$

$$\text{s.t.}\begin{cases}\frac{\partial E[\pi^{\mathrm{II}}]^{RC}}{\partial p_{on}^{\mathrm{II}}} = 1 - \frac{2p_{on}^{\mathrm{II}} - p_{or}^{\mathrm{II}} + c_n}{1-\beta} = 0 \\ \frac{\partial E[\pi^{\mathrm{II}}]^{RC}}{\partial p_{or}^{\mathrm{II}}} = \frac{p_{on}^{\mathrm{II}} - c_n}{1-\beta} + S(r) + \int_{-\infty}^{z_r} x f_r(x)\mathrm{d}x + \int_{z_r}^{+\infty} z_r f_r(x)\mathrm{d}x = 0 \\ \frac{\partial E[\pi^{\mathrm{II}}]^{RC}}{\partial z_r} = p_{or}^{\mathrm{II}} - c_r - r - v_r - (p_{or}^{\mathrm{II}} - c_r + h_r - v_r)F_r(z_r) = 0 \\ \frac{\partial E[\pi^{\mathrm{II}}]^{RC}}{\partial r} = \alpha p_{or}^{\mathrm{II}} - \alpha c_r - 2\alpha r - a - z_r = 0 \\ p_{on}^{\mathrm{II}} > \omega_{on}^{\mathrm{II}} > c_n \\ p_{or}^{\mathrm{II}} > \omega_{or}^{\mathrm{II}} > c_r; r > 0\end{cases} \tag{4-48}$$

对式（4－48）进行求解，即可得零售商回收模式下集中决策时新产品与再制造产品的最优批发价、废旧品的最优回收价及供应链整体最优利润。

7. 算例分析

模型中存在随机项，使得求解模型属于非线性优化问题，无法求出模型显性解的具体表达式，也就难于对各节点企业的决策变量对比分析。因此在本节中通过对模型中的各参数赋值进行仿真计算，得出各模型最优解后进行对比，与4.5.1节相同，假设 $\varepsilon$ 服从均匀分布 $[A,B]$，$A=0$，$B=2$，其余参数的初始值如下：$Q=60$，$a=2$，$\alpha=3$，$v_r=2$，$c_n=10$，$c_r=4$，$h_r=2$，$b=3$，$\beta=0.6$。

第一阶段计算结果：$\omega_{on}^{\mathrm{I}\,*D}=35$，$p_{on}^{\mathrm{I}\,*D}=47.5$，$q_{on}^{\mathrm{I}\,*D}=12.5$，$\pi_O^{\mathrm{I}*D}=321.5$，$\pi_R^{\mathrm{I}*D}=156.25$，$\pi^{\mathrm{I}*D}=468.75$，$p_{on}^{\mathrm{I}\,*C}=35$，$q_{on}^{\mathrm{I}\,*C}=25$，$\pi^{\mathrm{I}*C}=625$。第二阶段计算结果见表4－6。

**表4－6 零售商回收模式下决策变量及利润的最优解**

| 变量 | Model RD | Model RC |
|---|---|---|
| $\omega_{on}^{\mathrm{II}\,*}$ | 20.2143 | — |
| $\omega_{or}^{\mathrm{II}\,*}$ | 7.7453 | — |
| $p_{on}^{\mathrm{II}\,*}$ | 23.9285 | 21.8791 |
| $p_{or}^{\mathrm{II}\,*}$ | 10.1428 | 9.2647 |
| $r^*$ | 2.1167 | 2.5748 |
| $Q_n^*$ | 34.8214 | 44.3531 |
| $Q_r^*$ | 12.9642 | 15.6256 |
| $z_r^*$ | 1.4921 | 0.7298 |
| $\pi_O^{\mathrm{II}*}$ | 394.23 | — |
| $\pi_R^{\mathrm{II}*}$ | 160.4115 | — |
| $\pi^{\mathrm{II}*}$ | 554.6415 | 629.2437 |

分析表4－6中数据可知，在零售商负责回收模式下，基于回收不确定、新产品与再制造产品的WTP差异，对比分散和集中两种决策情形下闭

环供应链的各决策变量的最优结果可得以下结论。

结论 4.8：由计算结果对比分析可知，$p_{on}^{\mathrm{I}\ *D} > p_{on}^{\mathrm{II}\ *RD}$，$\omega_{on}^{\mathrm{I}\ *D} > \omega_{on}^{\mathrm{II}\ *RD}$，$q_{on}^{\mathrm{I}\ *D} < D_n^*$，$\pi_O^{\mathrm{I}\ *D} < \pi_O^{\mathrm{II}*RD}$，$\pi_R^{\mathrm{I}\ *D} < \pi_R^{\mathrm{II}*RD}$，$\pi^{\mathrm{I}*D} < \pi^{\mathrm{II}*RD}$，$\pi^{\mathrm{I}*C} < \pi^{\mathrm{II}*RC}$；在第二阶段中零售商负责回收模式时，$p_{on}^{\mathrm{II}\ *RD} > p_{on}^{\mathrm{II}\ *RC}$，$p_{or}^{\mathrm{II}\ *RD} > p_{or}^{\mathrm{II}\ *RC}$，$Q_n^{*RD} < Q_n^{*RC}$，$Q_n^{*RD} < Q_n^{*RC}$，$r^{*RD} < r^{*RC}$，$\pi^{\mathrm{II}*RD} < \pi^{\mathrm{II}*RC}$。

由结论 4.8 可知，第一阶段分散决策下新产品的批发价和零售价均大于第二阶段分散决策时新产品的定价，但是第一阶段分散决策时新产品需求量小于第二阶段，制造商和零售商利润也小于第二阶段；第一阶段集中决策下供应链整体利润也小于第二阶段供应链整体利润，因此制造商愿意在第二阶段进行再制造生产获取更多利益。

在第二阶段，在零售商负责回收模式下，分散决策情形中新产品和再制造产品的零售价格比集中决策情形中定价较高，但是新产品和再制造产品的需求量比集中决策情形下较少，这说明价格越高，需求越低，这符合前文中需求受零售价格影响的假设，也符合实际生活中消费者更青睐物美价廉的商品的常识；在分散决策下，废旧品的回收价格低于集中决策时的回收价格，这佐证了集中决策时再制造产品销量大于分散决策时销量，因为再制造产品需求的增加会加大对用于再制造生产的废旧品的需求。在集中决策下，闭环供应链的整体利润高于分散决策，对于整个供应链来说较为有利；其次也说明在分散决策下，闭环供应链中各成员的利润及整体利润并未达到最优，还可以进一步进行优化，因此需要设计相应的契约来对闭环供应链进行协调，从而进一步提高供应链整体及各成员的利润。

8. 改进收益共享 - 费用共担契约协调

用收益共享契约协调传统供应链的能够得到很好的效果，但是在零售商负责回收的闭环供应链模型中，零售商在回收废旧产品和制造商进行再制造生产时均会产生一定的费用，如果只共享收入而不分摊费用，传统的收益共享契约就不能够达到很好的协调效果，本文利用一种改进的收益—费用共享契约进行闭环供应链的协调（郭军华，2012；孙浩和达庆利等，2009；范小三等，2014；许茂增等，2013）。具体实施办法如下：在模型的第二阶段过程中，制造商以低于成本的批发价格向零售商批发产品，制造商与零售商共同分享零售商的销售总利润，零售商分享 $\lambda_1$ 的销售利润，制造商分享 $1-\lambda_1$ 的销售利润；制造商和零售商共同分担回收废旧品产生的回收费用，零售商分担 $\lambda_2$ 的回收费用，制造商分担 $1-\lambda_2$ 的回收费用。其中，比例参数 $\lambda_1$ 和 $\lambda_2$ 满足条件 $\lambda_1,\lambda_2\in(0,1)$。因此，在闭环供应链中，协调后分散决策下，制造商的利润函数为

$$\begin{aligned}\text{Max}\left(\pi_O^{\text{II}}\right)^{RC} &= D_n\left(\omega_{on}^{\text{II}RS}-c_n\right)+\left(\omega_{on}^{\text{II}RS}-c_r\right)S_{(r)}+\int_{-\infty}^{z_r}\left(\omega_{on}^{\text{II}RS}-c_r\right)xf_r(x)\mathrm{d}x+\\&\int_{z_r}^{+\infty}\left[\left(\omega_{on}^{\text{II}RS}-c_r\right)z_r+v(x-z_r)\right]f_r(x)\mathrm{d}x-\left[b+(1-\lambda_2)r\right](S_r+z_r)+\\&(1-\lambda_1)\left\{\begin{array}{l}D_n\left(p_{on}^{\text{II}RS}-\omega_{on}^{\text{II}RS}\right)+\left(p_{or}^{\text{II}RS}-\omega_{or}^{\text{II}RS}\right)S_{(r)}+\\\int_{-\infty}^{z_r}\left(p_{or}^{\text{II}RS}-\omega_{or}^{\text{II}RS}\right)x-h_r(z_r-x)f_r(x)\mathrm{d}x+\\\int_{z_r}^{+\infty}\left(p_{or}^{\text{II}RS}-\omega_{or}^{\text{II}RS}\right)z_rf_r(x)\mathrm{d}x\end{array}\right\}\end{aligned}\tag{4-49}$$

零售商的利润函数为

$$\begin{aligned}\pi_R^{\text{II}\ RS} &= \lambda_1\left[D_n\left(p_{on}^{\text{II}RS}-\omega_{on}^{\text{II}RS}\right)+\left(p_{or}^{\text{II}RS}-\omega_{or}^{\text{II}RS}\right)S_{(r)}\right]+(b-\lambda_2r)(S_r+z_r)+\\&\lambda_1\left[\int_{-\infty}^{z_r}\left(p_{or}^{\text{II}RS}-\omega_{or}^{\text{II}RS}\right)x-h_r(z_r-x)f_r(x)dx+\int_{z_r}^{+\infty}\left(p_{or}^{\text{II}RS}-\omega_{or}^{\text{II}RS}\right)z_rf_r(x)dx\right]\end{aligned}\tag{4-50}$$

闭环供应链的整体利润函数为

$$\left(\pi^{\text{II}}\right)^{RS}=\left(\pi_O^{\text{II}}\right)^{RS}+\left(\pi_R^{\text{II}}\right)^{RS}\tag{4-51}$$

欲使协调契约有效，则需协调后供应链各节点企业的定价策略与集中决策时的定价策略一致，且协调后制造商和零售商所获得的利润均不少于协调前的利润时，才能使制造商和零售商有积极性去执行该契约，即保证制造商、零售商的利润达到 Pareto 改进。因此，协调决策下问题可描述为

$$\begin{aligned}\text{Max}\left(\pi_O^{\text{II}}\right)^{RS} &= D_n\left[\left(\omega_{on}^{\text{II}}\right)^{RS}-c_n\right]+\left[\ \omega_{or}^{\text{II}}\right)^{RS}-c_r\right]S_{(r)}+\int_{-\infty}^{z_r}\left[\left(\omega_{or}^{\text{II}}\right)^{RS}-c_r\right]xf_r(x)\mathrm{d}x+\\&\int_{z_r}^{+\infty}\left\{\left[\left(\omega_{or}^{\text{II}}\right)^{RS}-c_r\right]z_r+\nu(x-z_r)\right\}f_r(x)\mathrm{d}x-(b+1-\lambda_2)(S_{(r)}+z_r)+\\&(1-\lambda_1)\left\{\begin{array}{l}D_n\left(p_{on}^{\text{II}RS}-\omega_{on}^{\text{II}RS}\right)+\left(p_{or}^{\text{II}RS}-\omega_{or}^{\text{II}RS}\right)S_{(r)}+\int_{-\infty}^{z_r}\left[\left(p_{or}^{\text{II}RS}-\omega_{or}^{\text{II}RS}\right)x-h_r(z_r-x)\right]f_r(x)\mathrm{d}x+\\\int_{z_r}^{+\infty}\left(p_{or}^{\text{II}RS}-\omega_{or}^{\text{II}RS}\right)z_rf_r(x)\mathrm{d}x\end{array}\right\}\end{aligned}$$

$$
\text{s.t.}\quad \begin{cases} p_{on}^{\text{II}\ *RS} = \arg\max \pi_R^{\ *RS} \\ p_{or}^{\text{II}\ *RS} = \arg\max \pi_R^{\ *RS} \\ z_r^{\ *RS} = \arg\max \pi_R^{\ *RS} \\ r^{*RS} = \arg\max \pi_O^{\ *RS} \\ (\pi_O^{\text{II}})^{RS} \geqslant (\pi_O^{\text{II}})^{RD} \\ (\pi_R^{\text{II}})^{RS} \geqslant (\pi_R^{\text{II}})^{RD} \\ (\pi_O^{\text{II}})^{RS} + (\pi_R^{\text{II}})^{RS} = (\pi^{\text{II}})^{RS} \\ p_{on}^{\text{II}\ *RS} > c_n > \omega_{on}^{\text{II}\ *RS};\ p_{or}^{\text{II}\ *RS} > c_r > \omega_{or}^{\text{II}\ *RS};\ r > 0 \end{cases} \tag{4-52}
$$

求解即可得到该模式契约协调模型的决策变量的最优解，并代入（4－50）、式（4－51）中即可得到契约模型中零售商和整体供应链的利润。

9. 算例分析

协调问题跟上节问题一样也是非线性优化的问题，难以得到显性解，因此仍然采用数值仿真的方法来计算结果进行对比分析。各参数取值4.5.1节，另参考郭军华（2012）；郭军华等（2015）；孙浩和达庆利等（2009）；邵小伟（2015），选取 $0.25 \leqslant \lambda_1, \lambda_2 \leqslant 0.50$，具体的分配比例可根据谈判而定，采用使零售商利润最优的协调方法，利用 Lingo15.0 进行仿真计算，得到制造商负责回收模式下契约协调的计算结果，并与分散决策和集中决策两种模型的计算结果进行对比，见表4－7。

**表4－7　零售商回收模式下分散、集中和协调决策最优解**

| 变量 | Model RD | Model RC | Model RS |
|---|---|---|---|
| $\omega_{on}^{\text{II}\,*}$ | 20.2143 | — | 5.8419 |
| $\omega_{or}^{\text{II}\,*}$ | 7.7453 | — | 2.9849 |
| $p_{on}^{\text{II}\,*}$ | 23.9285 | 21.8791 | 21.8791 |
| $p_{or}^{\text{II}\,*}$ | 10.1428 | 9.2647 | 9.2647 |
| $r^*$ | 2.1167 | 2.5748 | 2.5748 |
| $Q_n^*$ | 34.8214 | 44.3531 | 44.3531 |
| $Q_r^*$ | 12.9642 | 15.6256 | 15.6256 |
| $z_r^*$ | 1.4921 | 0.7298 | 0.7298 |
| $\pi_O^{\text{II}*}$ | 394.2314 | — | 394.2314 |
| $\pi_R^{\text{II}*}$ | 160.4115 | — | 235.0123 |
| $\pi^{\text{II}*}$ | 554.6429 | 629.2437 | 629.2437 |

分析表 4 -7 可以得到以下结论。

结论 4. 9：在零售商负责回收模式下，引入收益共享契约以后，分散决策情形下再制造闭环供应链中新产品和再制造产品的定价均下降到集中决策时后的定价水平，同时新产品和再制造产品的需求量也上升到集中决策水平，废旧品的回收价格上升到集中决策水平，闭环供应链的整体利润也达到集中决策水平。

由结论 4. 9 可知，在零售商负责回收模式下，收益共享契约可以有效协调分散决策时闭环供应链的低效率，使其达到集中决策时的最优水平。

### 4. 5. 3　第三方负责回收

本章研究基于单一制造商、零售商、第三方回收商（简称第三方）构成的闭环供应链系统，采用两阶段模型分析第三方负责回收模式下闭环供应链的定价与协调。

1. 问题描述

第一阶段模型为制造商和零售商构成的开环正向供应链，制造商只生产新产品以价格 $\omega_{on}^{\mathrm{I}}$ 批发给零售商，零售商负责以价格 $p_{on}^{\mathrm{I}}$ 将新产品销售给消费者；第一阶段模型图如图 4 - 11 所示。图中用符号 O 表示制造商，R 表示零售商，C 表示消费者。

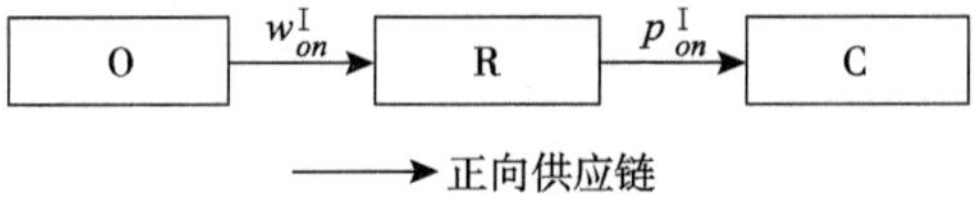


**图 4 - 11　第三方负责回收模式第一阶段**

第二阶段，制造商从事废旧品回收再制造生产，制造商委托第三方负责从消费者手中回收废旧品，以价格 $b$ 回购第三方所回收的废旧品用于再制造生产，并分别以价格 $\omega_{on}^{\mathrm{II}}$ 和 $\omega_{or}^{\mathrm{II}}$ 将新产品和再制造产品批发给零售商，零售商再以价格 $p_{on}^{\mathrm{II}}$ 和 $p_{or}^{\mathrm{II}}$ 将两种产品出售给消费者，由制造商（O）、零售商（R）、第三方（T）及消费者（C）构成了一个再制造闭环供应链，其模型如图 4 - 12 所示。

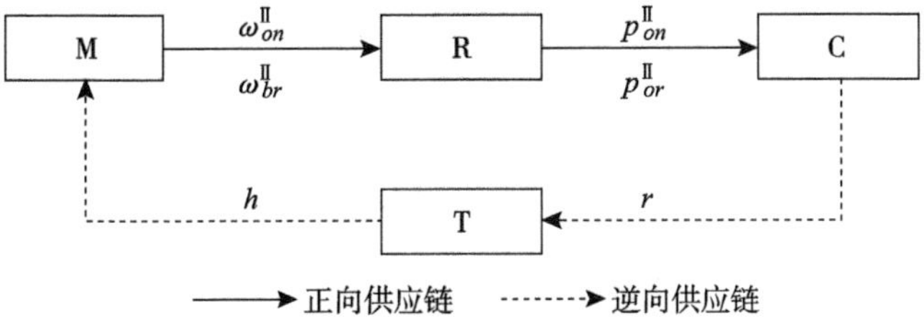


图4－12　第二阶段模型图

2. 模型的基本假设

其中假设（1）~（8）与上节相同，并有如下假设。

假设9：制造商委托第三方回收废旧产品，第三方以回收价 $r$ 回收废旧品，制造商再以回收补偿价格 $b$ 从第三方手中回购废旧品用于再制造产品的生产。

为了便于表达，用 Model T 表示第三方回收模式，分散决策模型表示为 Model TD，集中决策模型为 Model TC，协调决策模型表示为 Model TS。

3. 第一阶段的分散决策

第三方回收模式下，第一阶段中分散决策模型与制造商回收模式下完全相同，参照4.5.1节可直接写出决策结果如下：

$$\omega_{on}^{\mathrm{I}\ TD} = (Q + c_n)/2\ ,\ p_{on}^{\mathrm{I}\ TD} = (3Q + c_n)/4\ ,\ q_{on}^{\mathrm{I}\ TD} = (Q - c_n)/4 \quad (4-53)$$

制造商的最大利润为

$$\mathrm{Max}\ \pi_o^{\mathrm{I}\ TD} = (Q - c_n)^2/8 \quad (4-54)$$

零售商的最大利润为：

$$\mathrm{Max}\ \pi_R^{\mathrm{I}\ TD} = (Q - c_n)^2/16 \quad (4-55)$$

4. 第二阶段的分散决策

第二阶段中，制造商、零售商、第三方及消费者构成了一个再制造闭环供应链，根据假设可知模型的决策属于 Stackelberg 博弈情形，制造商作为博弈领导者，首先确定回废旧品收价格 $b$ 、新产品批发价格 $\omega_{on}^{\mathrm{II}}$ 、再制造产品批发价格 $\omega_{or}^{\mathrm{II}}$ ；零售商根据制造商的决策确定新产品的零售价格和再制造品的零售价格；第三方根据制造商的决策来确定废旧品的回收价格。综合上述模型假设，根据逆向归纳法求解原理，先对零售商进行决策分析。

零售商的利润源于新产品和再制造产品的销售，其函数可表示为

$$\pi_R^{\mathrm{II}}=\begin{cases}D_n(p_{on}^{\mathrm{II}}-\omega_{on}^{\mathrm{II}})+(p_{or}^{\mathrm{II}}-\omega_{or}^{\mathrm{II}})X(r,\varepsilon)-h_r[D_r-X(r,\varepsilon)] & X(r,\varepsilon)<D_r\\ D_n(p_{on}^{\mathrm{II}}-\omega_{on}^{\mathrm{II}})+(p_{or}^{\mathrm{II}}-\omega_{or}^{\mathrm{II}})D_r & X(r,\varepsilon)\geqslant D_r\end{cases}\tag{4-56}$$

令 $z_r=Q_r-S(r)$，可得零售商的决策问题为

$$\mathrm{Max}\pi_R^{\mathrm{II}}=D_n(p_{on}^{\mathrm{II}}-\omega_{on}^{\mathrm{II}})+(p_{or}^{\mathrm{II}}-\omega_{or}^{\mathrm{II}})(S_{(r)}+z_r)+$$
$$\int_{-\infty}^{z_r}(p_{or}^{\mathrm{II}}-\omega_{or}^{\mathrm{II}})x-h_r(z_r-x)f_r(x)\mathrm{d}x+\int_{z_r}^{+\infty}(p_{or}^{\mathrm{II}}-\omega_{or}^{\mathrm{II}})z_rf_r(x)\mathrm{d}x\tag{4-57}$$

零售商是Stackelberg博弈的追随者，从利润最大化的角度来制定其反应函数，先分别求 $p_{on}^{\mathrm{II}}$、$p_{or}^{\mathrm{II}}$、$z_r$ 的偏导数且令其为零，将 $\frac{\partial\pi_R^{\mathrm{II}}}{\partial p_{on}^{\mathrm{II}}}=0$、$\frac{\partial\pi_R^{\mathrm{II}}}{\partial p_{or}^{\mathrm{II}}}=0$、$\frac{\partial\pi_R^{\mathrm{II}}}{\partial z_r}=0$ 联立求解即可得到零售商对 $\omega_{on}^{\mathrm{II}}$、$\omega_{or}^{\mathrm{II}}$ 的反应函数（$p_{on}^{\mathrm{II}*}$，$p_{or}^{\mathrm{II}*}$，$z_r^*$）。

对于第三方回收商，其利润源于废旧品的回收，利润函数可表示为

$$\pi_T^{\mathrm{II}}=(b-r)X(r,\varepsilon)=(b-r)(S_{(r)}+z_r)\tag{4-58}$$

第三方回收商也是Stackelberg博弈的追随者，从利润最大化的角度来制定其反应函数。将 $S(r)=a+\alpha r$ 代入 $\pi_T^{\mathrm{II}}$，并求 $r$ 的偏导数且令其为零，则有 $\frac{\partial\pi_T^{\mathrm{II}}}{\partial r}=0$。

制造商的利润函数为

$$(\pi_O^{\mathrm{II}})^{TD}=\begin{cases}D_n(\omega_{on}^{\mathrm{II}}-c_n)+(\omega_{or}^{\mathrm{II}}-c_r)X(r,\varepsilon)-bX(r,\varepsilon) & X(r,\varepsilon)<D_r\\ D_n(\omega_{on}^{\mathrm{II}}-c_n)+(\omega_{or}^{\mathrm{II}}-c_r)D_r-bX(r,\varepsilon)+v_r[X(r,\varepsilon)-D_r] & X(r,\varepsilon)\geqslant D_r\end{cases}\tag{4-59}$$

制造商作为Stackelberg博弈的领导者，由零售商反应函数（$p_{on}^{\mathrm{II}*}$，$p_{or}^{\mathrm{II}*}$，$z_r^*$）来制定批发价（$\omega_{on}^{\mathrm{II}*}$，$\omega_{or}^{\mathrm{II}*}$），使得式（4-59）最大化。因此制造商的优化问题可描述为

$$\mathrm{Max}\ (\pi_O^{\mathrm{II}})^{TD}=D_n(\omega_{on}^{\mathrm{II}}-c_n)+(\omega_{on}^{\mathrm{II}}-c_r)S_{(r)}-b(S_{(r)}+z_r)+$$
$$\int_{-\infty}^{z_r}(\omega_{on}^{\mathrm{II}}-c_r)xf_r(x)\mathrm{d}x+\int_{z_r}^{+\infty}[(\omega_{on}^{\mathrm{II}RS}-c_r)z_r+v_r(x-z_r)]f_r(x)\mathrm{d}x$$

$$
\text{s. t.}\begin{cases}
\dfrac{\partial(\pi_R^{\text{II}})^{TD}}{\partial p_{on}^{\text{II}}}=1-\dfrac{2p_{on}^{\text{II}}-p_{or}^{\text{II}}+\omega_{on}^{\text{II}}}{1-\beta}=0\\
\dfrac{\partial(\pi_R^{\text{II}})^{TD}}{\partial p_{or}^{\text{II}}}=\dfrac{p_{on}^{\text{II}}-\omega_{on}^{\text{II}}}{1-\beta}+S_{(r)}+\displaystyle\int_{-\infty}^{z_r}xf_r(x)\mathrm{d}x+\int_{z_r}^{+\infty}z_rf_r(x)\mathrm{d}x=0\\
\dfrac{\partial(\pi_R^{\text{II}})^{TD}}{\partial z_r}=-\omega_{or}^{\text{II}}+p_{or}^{\text{II}}+b-r-(p_{or}^{\text{II}}-\omega_{or}^{\text{II}}+h_r)F_r(z_r)=0\\
\dfrac{\partial(\pi_T^{\text{II}})^{TD}}{\partial r}=\alpha p_{or}^{\text{II}}-\alpha\omega_{or}^{\text{II}}+\alpha b-2\alpha r-a-z_r=0\\
p_{on}^{\text{II}}>\omega_{on}^{\text{II}}>c_n\\
p_{or}^{\text{II}}>\omega_{or}^{\text{II}}>c_r;b>r>0
\end{cases}\tag{4-60}
$$

对式（4－60）进行求解，即可得第三方回收模式下各决策变量的最优解及制造商、零售商和第三方的最优利润。

5. 第一阶段的集中决策

第三方回收时，第一阶段集中式决策模式下，只有制造商、零售商，此时的决策问题与制造商回收模式下第一阶段集中决策完全相同，故参照4.5.1节可直接写出最优决策结果如下：

$$[\pi_o^{\text{I}}]^{TC}=\frac{(1-c_n)^2}{4}\tag{4-61}$$

6. 第二阶段的集中决策

在第二阶段集中决策模式下，制造商、零售商和第三方联合成一个统一的整体，同样根据分散决策中再制造产品产量与再制造产品订货量的关系，通过同样的方法得出整条供应链的总利润表达式为

$$
\begin{aligned}
(\pi^{\text{II}})^C&=\pi_O^{\text{II}}+\pi_R^{\text{II}}+\pi_T^{\text{II}}=D_n(p_{on}^{\text{II}}-c_n)+(p_{or}^{\text{II}}-c_r)S_{(r)}-r(S_{(r)}+z_r)+\\
&\int_{-\infty}^{z_r}[(p_{or}^{\text{II}}-c_r)x-h_r(z_r-x)]f_r(x)\mathrm{d}x+\\
&\int_{z_r}^{+\infty}[(p_{or}^{\text{II}}-c_r)z_r+v_r(x-z_r)]f_r(x)\mathrm{d}x
\end{aligned}\tag{4-62}
$$

先对式（4－62）求关于 $p_{on}^{\text{II}}$、$p_{or}^{\text{II}}$、$r$ 和 $z_r$ 的一阶偏导数，并令 $\dfrac{\partial E(\pi^{\text{II}})^{TC}}{\partial p_{on}^{\text{II}}}=0$、$\dfrac{\partial E(\pi^{\text{II}})^{TC}}{\partial p_{or}^{\text{II}}}=0$、$\dfrac{\partial E(\pi^{\text{II}})^{TC}}{\partial r}=0$、$\dfrac{\partial E(\pi^{\text{II}})^{TC}}{\partial z_r}=0$，因此集中决策优化问题可以描述为

$$(\pi^{\mathrm{II}})^{C} = D_n(p_{on}^{\mathrm{II}} - c_n) + (p_{or}^{\mathrm{II}} - c_r)S_{(r)} - r(S_{(r)} + z_r) +$$

$$\int_{-\infty}^{z_r} [(p_{or}^{\mathrm{II}} - c_r)x - h_r(z_r - x)]f_r(x)\mathrm{d}x + \int_{z_r}^{+\infty} [(p_{or}^{\mathrm{II}} - c_r)z_r + v_r(x - z_r)]f_r(x)dx$$

$$s.t. \begin{cases} \dfrac{\partial E(\pi^{\mathrm{II}})^{TC}}{\partial p_{on}^{\mathrm{II}}} = 1 - \dfrac{2p_{on}^{\mathrm{II}} - p_{or}^{\mathrm{II}} + c_n}{1-\beta} = 0 \\ \dfrac{\partial E(\pi^{\mathrm{II}})^{TC}}{\partial p_{or}^{\mathrm{II}}} = \dfrac{p_{on}^{\mathrm{II}} - c_n}{1-\beta} + S(r) + \int_{-\infty}^{z_r} x f_r(x)\mathrm{d}x + \int_{z_r}^{+\infty} z_r f_r(x)\mathrm{d}x = 0 \\ \dfrac{\partial E(\pi^{\mathrm{II}})^{TC}}{\partial z_r} = p_{or}^{\mathrm{II}} - c_r - r - \nu_r - (p_{or}^{\mathrm{II}} - c_r + h_r - \nu_r)F_r(z_r) = 0 \\ \dfrac{\partial E[\pi^{\mathrm{II}}]^{TC}}{\partial r} = \alpha p_{or}^{\mathrm{II}} - \alpha c_r - 2\alpha r - a - z_r = 0 \\ p_{on}^{\mathrm{II}} > \omega_{on}^{\mathrm{II}} > c_n \\ p_{or}^{\mathrm{II}} > \omega_{or}^{\mathrm{II}} > c_r; r > 0 \end{cases} \quad (4-63)$$

对式（4－63）进行求解，即可得集中决策模式下新产品与再制造产品的最优批发价、废旧品的最优回收价及供应链整体最优利润。

7. 算例分析

模型中存在随机项，使得求解模型属于非线性优化问题，无法求出模型显性解的具体表达式，也就难于对各节点企业的决策变量对比分析。因此在本节中通过对模型中的各参数赋值进行仿真，以得出模型的最优解并进行对比分析。参考郭军华（2012）、郭军华等（2015）、许茂增等（2013），假设 $\varepsilon$ 服从均匀分布 $[A,B]$ , $A = 0$ , $B = 2$ ，其余参数的初始值如下：$Q = 60$ , $a = 2$ , $\alpha = 3$ , $\nu_r = 2$ , $c_n = 10$ , $c_r = 4$ , $h_r = 2$ , $\beta = 0.6$ 。

第一阶段计算结果：$\omega_{on}^{\mathrm{I}\ *D} = 35$ , $p_{on}^{\mathrm{I}\ *D} = 47.5$ , $q_{on}^{\mathrm{I}\ *D} = 12.5$ , $\pi_O^{\mathrm{I}\ *D} = 321.5$ , $\pi_R^{\mathrm{I}\ *D} = 156.25$ , $\pi^{\mathrm{I}\ *D} = 468.75$ , $p_{on}^{\mathrm{I}\ *C} = 35$ , $q_{on}^{\mathrm{I}\ *C} = 25$ , $\pi^{\mathrm{I}\ *C} = 625$ 。第二阶段计算结果见表 4－8。

**表 4－8　第三方回收模式下决策变量及利润的最优解**

| 变量 | Model TD | Model TC |
|---|---|---|
| $\omega_{on}^{\mathrm{II}\ *}$ | 20.2143 | — |
| $\omega_{or}^{\mathrm{II}\ *}$ | 7.7453 | — |
| $p_{on}^{\mathrm{II}\ *}$ | 23.9285 | 21.8791 |
| $p_{or}^{\mathrm{II}\ *}$ | 10.1428 | 9.2647 |

续表

| 变量 | Model TD | Model TC |
|---|---|---|
| $r^*$ | 2.1167 | 2.5748 |
| $Q_n{}^*$ | 34.8214 | 44.3531 |
| $Q_r{}^*$ | 12.9642 | 15.6256 |
| $z_r{}^*$ | 1.4921 | 0.7298 |
| $\pi_O^{\text{II}*}$ | 394.2314 | — |
| $\pi_R^{\text{II}*}$ | 151.7221 | — |
| $\pi_T^{\text{II}*}$ | 8.6934 | — |
| $\pi^{\text{II}*}$ | 553.6469 | 629.2437 |

分析表4-8中数据可知，在第三方负责回收模式下，基于回收不确定、新产品与再制造产品的WTP差异，对比分散和集中两种决策情形下闭环供应链的各决策变量的最优结果可得以下结论。

结论4.10：由计算结果对比分析可知，$p_{on}^{\text{I}*D} > p_{on}^{\text{II}*TD}$，$\omega_{on}^{\text{I}*D} > \omega_{on}^{\text{II}*TD}$，$q_{on}^{\text{I}*D} < D_n{}^*$，$\pi_O^{\text{I}*D} < \pi_O^{\text{II}*TD}$，$\pi_R^{\text{I}*D} < \pi_R^{\text{II}*TD}$，$\pi^{\text{I}*D} < \pi^{\text{II}*TD}$，$\pi^{\text{I}*C} < \pi^{\text{II}*TC}$；在第二阶段中第三方负责回收模式时，$p_{on}^{\text{II}*TD} > p_{on}^{\text{II}*TC}$，$p_{or}^{\text{II}*TD} > p_{or}^{\text{II}*TC}$，$Q_n{}^{*TD} < Q_n{}^{*TC}$，$Q_n{}^{*TD} < Q_n{}^{*TC}$，$r^{*TD} < r^{*TC}$，$\pi^{\text{II}*TD} < \pi^{\text{II}*TC}$。

由结论4.10可知，第一阶段分散决策下新产品的批发价和零售价均大于第二阶段分散决策时新产品的定价，但是第一阶段分散决策时新产品需求量小于第二阶段，制造商和零售商利润也小于第二阶段；第一阶段集中决策下供应链整体利润也小于第二阶段供应链整体利润，因此制造商愿意在第二阶段进行再制造生产获取更多利益。

在第二阶段，根据结论4.10可知，在第三方负责回收模式下，分散决策情形中新产品和再制造产品的零售价格比集中决策情形中定价较高，但是新产品和再制造产品的需求量比集中决策情形下较少，这说明价格越高，需求越低，这符合前文中需求受零售价格影响的假设，也符合实际生活中消费者更青睐物美价廉的商品的常识；在分散决策下，废旧品的回收价格低于集中决策时的回收价格，这佐证了集中决策时再制造产品销量大于分散决策时销量，因为再制造产品需求的增加会加大对用于再制造生产的废旧品的需求。在集中决策下，闭环供应链的整体利润高于分散决策，对于整个供应链来说较为有利；其次也说明在分散决策下，闭环供应链中各成员的利润及整体利润并未达到最优，还可以进一步进行优化，因此需要设计相应的契约来对闭环供应链进行协调，从而进一步提高供应链整体及各成员的利润。

8. 基于改进收益共享－费用共担契约协调

对于分散决策下第三方回收模式的协调契约参照零售商回收模式下的协调契约，用改进的收入—费用共享契约进行闭环供应链的协调（郭军华，2012；郭军华等，2015；孙浩和达庆利等，2009；邵小伟，2015）。具体实施办法如下：在模型的第二阶段过程中，制造商以低于成本的批发价格 $\omega_{on}^{\text{II}}$ 向零售商批发产品，制造商与零售商共同分享零售商的销售总利润，零售商分享 $\lambda_1$ 的销售利润，制造商分享 $1-\lambda_1$ 的销售利润；制造商和第三方共同分担回收废旧品产生的回收费用，第三方分担 $\lambda_2$ 的回收费用，制造商分担 $1-\lambda_2$ 的回收费用。其中，比例参数 $\lambda_1$ 和 $\lambda_2$ 满足条件 $\lambda_1, \lambda_2 \in (0,1)$。因此，在闭环供应链中，协调后分散决策下，制造商的利润函数为

$$\text{Max}\pi_O^{\text{II}\,TS} = D_n(\omega_{on}^{\text{II}\,TS} - c_n) + (\omega_{or}^{\text{II}\,TS} - c_r)S_{(r)} + \int_{-\infty}^{z_r}(\omega_{or}^{\text{II}\,TS} - c_r)xf_r(x)\mathrm{d}x + \int_{z_r}^{+\infty}[(\omega_{or}^{\text{II}\,TS} - c_r)z_r + v(x - z_r)]f_r(x)\mathrm{d}x - [b + (1-\lambda_2)r](S_r + z_r) + (1-\lambda_1)\begin{Bmatrix} D_n(p_{on}^{\text{II}\,TS} - \omega_{on}^{\text{II}\,TS}) + (p_{or}^{\text{II}\,TS} - \omega_{or}^{\text{II}\,TS})S_{(r)} + \\ \int_{-\infty}^{z_r}(p_{or}^{\text{II}\,TS} - \omega_{or}^{\text{II}\,TS})x - h_r(z_r - x)f_r(x)\mathrm{d}x + \\ \int_{z_r}^{+\infty}(p_{or}^{\text{II}\,TS} - \omega_{or}^{\text{II}\,TS})z_r f_r(x)\mathrm{d}x \end{Bmatrix} \tag{4-64}$$

零售商的利润函数为

$$\pi_R^{\text{II}\,TS} = \lambda_1[D_n(p_{on}^{\text{II}\,TS} - \omega_{on}^{\text{II}\,TS}) + (p_{or}^{\text{II}\,TS} - \omega_{or}^{\text{II}\,TS})(S(r) + z_r)] + \lambda_1\left\{\int_{-\infty}^{z_r}[(p_{or}^{\text{II}\,TS} - \omega_{or}^{\text{II}\,TS})x - h_r(z_r - x)]f_r(x)\mathrm{d}x + \int_{z_r}^{+\infty}(p_{or}^{\text{II}\,TS} - \omega_{or}^{\text{II}\,TS})z_r f_r(x)\mathrm{d}x\right\} \tag{4-65}$$

第三方的利润函数为

$$\pi_T^{\text{II}\,TS} = (b - \lambda_2 r^{TS})(S(r^{TS}) + z_r) \tag{4-66}$$

闭环供应链的整体利润函数为

$$(\pi^{\mathrm{II}})^{TS} = (\pi_O^{\mathrm{II}})^{TS} + (\pi_R^{\mathrm{II}})^{TS} + (\pi_T^{\mathrm{II}})^{TS} \tag{4-67}$$

欲使协调契约有效，则必有协调后供应链各节点企业的定价策略与集中决策时的定价策略一致，且只有保证制造商、零售商和第三方分享的利润均大于协调前的利润时，各方才有积极性去执行该契约，即保证制造商、零售商和第三方的利润达到 Pareto 改进。因此，协调问题可描述为

$$\mathrm{Max}\pi_O^{\mathrm{II}\ TS} = D_n(\omega_{on}^{\mathrm{II}\ TS} - c_n) + (\omega_{or}^{\mathrm{II}\ TS} - c_r)S_{(r)} + \int_{-\infty}^{z_r}(\omega_{or}^{\mathrm{II}\ TS} - c_r)xf_r(x)\mathrm{d}x +$$

$$\int_{z_r}^{+\infty}[(\omega_{or}^{\mathrm{II}\ TS} - c_r)z_r + v(x - z_r)]f_r(x)\mathrm{d}x - [b + (1 - \lambda_2)r](S_r + z_r) +$$

$$(1 - \lambda_1)\left\{\begin{aligned}&D_n(p_{on}^{\mathrm{II}\ TS} - \omega_{on}^{\mathrm{II}\ TS}) + (p_{or}^{\mathrm{II}\ TS} - \omega_{or}^{\mathrm{II}\ TS})S_{(r)} + \\ &\int_{-\infty}^{z_r}(p_{or}^{\mathrm{II}\ TS} - \omega_{or}^{\mathrm{II}\ TS})x - h_r(z_r - x)f_r(x)\mathrm{d}x + \\ &\int_{z_r}^{+\infty}(p_{or}^{\mathrm{II}\ TS} - \omega_{or}^{\mathrm{II}\ TS})z_rf_r(x)\mathrm{d}x\end{aligned}\right\}$$

$$\text{s. t.}\quad\begin{cases}p_{on}^{\mathrm{II}*TS} = \mathrm{argmax}\ \pi_R^{*TS}\\ p_{or}^{\mathrm{II}*TS} = \mathrm{argmax}\ \pi_R^{*TS}\\ z_r^{*TS} = \mathrm{argmax}\ \pi_R^{*TS}\\ r^{*TS} = \mathrm{argmax}\ \pi_O^{*TS}\\ (\pi_O^{\mathrm{II}})^{TS} \geqslant (\pi_O^{\mathrm{II}})^{TD}\\ (\pi_R^{\mathrm{II}})^{TS} \geqslant (\pi_R^{\mathrm{II}})^{TD}\\ (\pi_O^{\mathrm{II}})^{TS} + (\pi_R^{\mathrm{II}})^{TS} = (\pi^{\mathrm{II}})^{TS}\\ p_{on}^{\mathrm{II}*TS} > c_n > \omega_{on}^{\mathrm{II}*TS};p_{or}^{\mathrm{II}*TS} > c_r > \omega_{or}^{\mathrm{II}*TS};r > 0\end{cases} \tag{4-68}$$

求解即可得到该模式契约协调模型的决策变量的最优解并代入 (4-65)~式 (4-67) 中即可得到契约模型中零售商、第三方和整体供应链的利润。

9. 算例分析

本节协调问题同样也是非线性优化的问题，因此同 4.5.1 节解法，参考郭军华 (2012)、郭军华等 (2015)、孙浩和达庆利等 (2009)、邵小伟 (2015)，选取 $0.25 \leqslant \lambda_1,\lambda_2 \leqslant 0.50$，通过仿真计算，得到制造商负责回

收模式下契约协调的计算结果，并与分散决策和集中决策两种模型的计算结果进行对比，见表4－9。

**表4－9　第三方回收模式下分散、集中和协调决策最优解**

| 变量 | Model TD | Model TC | Model TS |
| --- | --- | --- | --- |
| $\omega_{on}^{II*}$ | 20.2143 | — | 5.8419 |
| $\omega_{or}^{II*}$ | 7.7453 | — | 2.9849 |
| $p_{on}^{II*}$ | 23.9285 | 21.8791 | 21.8791 |
| $p_{or}^{II*}$ | 10.1428 | 9.2647 | 9.2647 |
| $r^*$ | 2.1167 | 2.5748 | 2.5748 |
| $Q_n^*$ | 34.8214 | 44.3531 | 44.3531 |
| $Q_r^*$ | 12.9642 | 15.6256 | 15.6256 |
| $z_r^*$ | 1.4921 | 0.7298 | 0.7298 |
| $\pi_O^{II*}$ | 394.2314 | — | 394.2314 |
| $\pi_R^{II*}$ | 151.7221 | — | 225.0126 |
| $\pi_T^{II*}$ | 8.6934 | — | 9.9997 |
| $\pi^{II*}$ | 554.6469 | 629.2437 | 629.2437 |

分析表4－9可以得到以下结论。

结论4.11：第三方负责回收模式下，引入收益共享契约以后，分散决策情形下再制造闭环供应链中新产品和再制造产品的定价均下降到集中决策时后的定价水平，同时新产品和再制造产品的需求量也上升到集中决策水平，废旧品的回收价格上升到集中决策水平，闭环供应链的整体利润也达到集中决策水平。

由结论4.11可知，在零售商负责回收模式下，收益共享契约可以有效协调分散决策时闭环供应链的低效率，使其达到集中决策时的最优水平。

### 4.5.4　不同回收模式下闭环供应链协调比较

本书研究了制造商、零售商及第三方分别负责回收废旧品模式下再制造闭环供应链模型的定价和契约协调，主要考虑了回收废旧产品过程中存在的不确定性，导致求解的模型中存在随机项，使得三种回收模式下的求解模型是非线性优化的问题，难以得到显性解，因此，通过数值仿真的方法来对模型进行分析。

1. 不同回收模式下分散、集中和协调决策模型比较

首先在选取相同参数情况下对三种不同回收模式下的分散、集中和协调决策模型进行分析对比。为了简便起见，参数选取同4.5.1节，即假设回收随机项 $\varepsilon$ 服从（0，2）上的均与分布，其余参数如下：$Q = 60, a = 2, \alpha = 3, c_n = 10, c_r = 0.3, v_r = 2, h_r = 2, \beta = 0.6, b = 3$。经检验，各参数在一定的范围内变化时，所得的规律依然成立。通过Lingo软件进行仿真计算，三种不同回收模式下集中、分散和协调决策模型的仿真计算结果见表4－10。

**表4－10　三种回收模式下集中、分散和协调决策最优解**

| 变量 | Model OC, RC, TC | Model OD | Model RD | Model TD | Model OS | Model RS | Model TS |
|---|---|---|---|---|---|---|---|
| $\omega_{on}^{II*}$ | — | 21.2366 | 20.2143 | 20.2143 | 5.8419 | 5.4226 | 5.4116 |
| $\omega_{or}^{II*}$ | — | 7.1004 | 7.7453 | 7.7453 | 2.9849 | 2.6773 | 2.6115 |
| $p_{on}^{II*}$ | 21.8791 | 23.5878 | 23.9285 | 23.9285 | 21.8791 | 21.8791 | 21.8791 |
| $p_{or}^{II*}$ | 9.2647 | 10.8244 | 10.1428 | 10.1428 | 9.2647 | 9.2647 | 9.2647 |
| $r^*$ | 1.5119 | 2.6661 | 2.1167 | 2.1167 | 1.5119 | 1.5119 | 1.5119 |
| $z_r^*$ | 0.7298 | 1.3012 | 1.4921 | 1.4921 | 0.7298 | 0.7298 | 0.7298 |
| $D_n^*$ | 44.3531 | 33.9694 | 34.8214 | 34.8214 | 44.3531 | 44.3531 | 44.3531 |
| $D_r^*$ | 15.6256 | 13.5344 | 12.9642 | 12.9642 | 8.6256 | 8.6256 | 8.6256 |
| $\pi_O^*$ | — | 403.6626 | 394.2314 | 394.2314 | 403.6626 | 394.2314 | 394.2314 |
| $\pi_R^*$ | — | 130.2709 | 160.4115 | 151.7221 | 225.5811 | 235.0123 | 225.0126 |
| $\pi_T^*$ | — | — | — | 8.6934 | — | — | 9.9997 |
| $\pi^*$ | 629.2437 | 533.9335 | 554.6415 | 554.6415 | 629.2437 | 629.2437 | 629.2437 |

（1）分析对比集中决策模型下三种不同回收模式的最优决策。分析表4－10数据，再结合式（4－34）、式（4－48）和式（4－63），在回收不确定、新产品与再制造存在WTP差异的情形下，比较三种不同回收模式下集中决策的计算结果可得出如下结论。

结论4.12：制造商负责回收、零售商负责回收和第三方负责回收三种不同回收模式下的集中决策模型的相关计算结果均相同，集中决策时的产品定价、产品需求、废旧品回收价格及闭环供应链的整体利润也都相同。

依据结论4.12可知，虽然三种不同回收模式时的闭环供应链组成成员有所差异，且各成员的利润函数表达式也不相同，但是在集中决策情形下

闭环供应链的整体利润函数表达式相同，所求的决策变量也相同，在选取相同参数时，集中决策下三种回收模式的闭环供应链求解结果相同。因此，虽然三种不同回收模式的回收主体不同，但当闭环供应链所有成员作为一个整体进行集中决策时，三种回收模式所面临的外部环境和决策变量都一样，从而使三种回收模式下的集中决策模型相同，不同的只是供应链各成员之间的利润分配。

（2）分析对比分散决策模型下三种不同回收模式的最优决策。分析表4－10中的数据，在回收不确定、新产品与再制造存在WTP差异的情形下，比较三种不同回收模式下分散决策的各决策变量计算结果可得出如下结论。

结论4.13：新产品的最优批发价格 $\omega_{on}^{\mathrm{II}\,*OD} > \omega_{on}^{\mathrm{II}\,*RD} = \omega_{on}^{\mathrm{II}\,*TD}$ ，再制造产品的最优批价 $\omega_{or}^{\mathrm{II}\,*OD} < \omega_{or}^{\mathrm{II}\,*RD} = \omega_{or}^{\mathrm{II}\,*TD}$ ；新产品的最优零售价格 $p_{on}^{\mathrm{II}\,*RD} = p_{on}^{\mathrm{II}\,*TD} > p_{on}^{\mathrm{II}\,*OD}$ ，再制造产品的最优零售价格 $p_{or}^{\mathrm{II}\,*RD} = p_{or}^{\mathrm{II}\,*TD} < p_{or}^{\mathrm{II}\,*OD}$ ；废旧品的最优回收价格 $r^{*OD} > r^{*RD} = r^{*TD}$ ；新产品的最优需求量 $D_n^{\ *OD} < D_n^{\ *RD} = D_n^{\ *TD}$ ，再制造产品的最优需求量 $D_r^{\ *OD} > D_r^{\ *RD} = D_r^{\ *TD}$ ；制造商的最优期望收益 $\pi_O^{\ *OD} > \pi_O^{\ *RD} = \pi_O^{\ *TD}$ ，零售商的最优期望收益 $\pi_R^{\ *RD} > \pi_R^{\ *TD} > \pi_R^{\ *OD}$ ，闭环供应链整体利润 $\pi^{*RD} = \pi^{*TD} > \pi^{*OD}$ 。

依据结论4.13可知，在制造商作为Stackelberg博弈领导者的情形下，零售商负责回收和第三方负责回收时两种决策模型相同，所求的决策变量最优解也相同，唯一不同的是闭环供应链成员的利润分配；在零售商或第三方负责回收时新产品的需求量最大，废旧品的回收价格最低，再制造产品的批发价高；而在制造商回收时，再制造产品需求大，新产品批发价较高，回收价格较高。对于制造商而言，制造商的最优决策是选择自己回收，此时获利较大；对于零售商而言，最优决策也是自己负责回收，此时获利最大；对于第三方而言，要想获利则必须参与回收才能获利，因此只能在第三方回收模式下获利，否则无利可图。从节约资源保护环境的角度，减少废旧品的浪费，提高再制造产品的生产和消费，有利于经济的可持续发展，考虑自身利益最大化，在此三种回收模式下可以选择零售商回收模式。

（3）分析对比协调决策模型下三种不同回收模式的最优决策。分析表4－10中的数据，在回收不确定、新产品与再制造存在WTP差异的情形下，比较三种不同回收模式下协调决策的各决策变量计算结果可得出如下结论。

结论4.14：在制造商负责回收时，引入收益共享契约以后，分散决策下新产品和再制造产品的价格均下降到集中决策时的价格水平，同时新产品和再制造产品的需求量也增加到集中决策时的水平，分散决策下闭环供应链的效益损失得以弥补，整体利润上升到集中决策时的最优水平。在零售商或第三方负责回收时，引入改进的收益共享—费用共担契约后，同样使得分散决策下的闭环供应链整体利润达到集中决策最优水平。

依据结论4.14可知，引入的收益共享契约和改进后的收益共享—费用共担契约能够对分散决策情形下三种不同回收模式的闭环供应链进行有效的协调，使得新产品和再制造产品的定价下降，新产品和再制造产品的需求量增加，闭环供应链的整体利润也增加到集中决策时的最优水平。这说明设计的契约能够消除分散决策时闭环供应链整体效益的损失，提高供应链成员的利润，使得整条供应链的整体利润得到提高。

2. WTP变化对不同回收模式下再制造闭环供应链的影响

上一节讨论了在参数相同的情况下，三种不同回收模式下再制造闭环供应链集中、分散和协调决策模型的对比分析，并得到了一些结论。下面仍用数值仿真的方法来分析新产品与再制品WTP值的变化对再制造闭环供应链决策的影响。根据假设，再制造产品的WTP值$0<\beta<1$，参考郭军华(2012)；郭军华等(2015)；孙浩和达庆利等(2009)；邵小伟(2015)，分别取$\beta$为0.35、0.40、0.45、0.50、0.55、0.60、0.65、0.70、0.75，其余参数取值同4.5.1节不变，分别代入不同回收模式下的集中和分散决策模型中进行求解，为更加直观地反映产品定价、产品需求量及供应链各成员利润等变量随参数$\beta$变化的影响，计算结果见表4-11～表4-14。

**表4-11　再制造产品WTP变化对产品批发价的影响**

| 回收模式 | | 再制造产品WTP值$\beta$ | | | | | | | | |
|---|---|---|---|---|---|---|---|---|---|---|
| | | 0.35 | 0.40 | 0.45 | 0.50 | 0.55 | 0.60 | 0.65 | 0.70 | 0.75 |
| 新产品 | MODELOD | 31.3378 | 29.3148 | 27.2926 | 25.2715 | 23.2523 | 21.2366 | 19.2279 | 17.2359 | 15.2878 |
| | MODELRD | 26.9375 | 25.7227 | 24.4486 | 23.1108 | 21.7011 | 20.2143 | 18.6391 | 16.9621 | 15.1743 |
| | MODELTD | 26.9375 | 25.7227 | 24.4486 | 23.1108 | 21.7011 | 20.2143 | 18.6391 | 16.9621 | 15.1743 |
| | MODELOC，RC，TC | — | — | — | — | — | — | — | — | — |

续表

| 回收模式 | | 再制造产品 WTP 值 β | | | | | | | | |
|---|---|---|---|---|---|---|---|---|---|---|
| | | 0.35 | 0.40 | 0.45 | 0.50 | 0.55 | 0.60 | 0.65 | 0.70 | 0.75 |
| 再制造产品 | MODELOD | 7.22252 | 7.2120 | 7.1953 | 7.1734 | 7.1435 | 7.1004 | 7.0338 | 6.9213 | 6.7121 |
| | MODELRD | 8.4472 | 8.3357 | 8.2150 | 8.0815 | 7.9292 | 7.7453 | 7.5023 | 7.1445 | 6.7829 |
| | MODELTD | 8.4472 | 8.3357 | 8.2150 | 8.0815 | 7.9292 | 7.7453 | 7.5023 | 7.1445 | 6.7829 |
| | MODELOC, RC, TC | — | — | — | — | — | — | — | — | — |

据表4－11可知，随着再制造产品 WTP 值的逐渐增大，结论4.13中关于产品批发价的结论仍然成立，通过分析，在 WTP 值$\beta$变化时三种不同回收模式下再制造闭环可得如下结论。

结论4.15：随着再制造产品 WTP 值$\beta$的逐渐增加，三种不同回收模式下新产品和再制造产品的批发价均呈一定的下降趋势。

**表4－12　再制造产品 WTP 变化对产品零售价的影响**

| 回收模式 | | 再制造产品 WTP 值 β | | | | | | | | |
|---|---|---|---|---|---|---|---|---|---|---|
| | | 0.35 | 0.40 | 0.45 | 0.50 | 0.55 | 0.60 | 0.65 | 0.70 | 0.75 |
| 新产品 | MODEL OD | 35.2207 | 32.5084 | 30.5691 | 28.2428 | 25.9158 | 23.5878 | 21.2573 | 18.9213 | 16.5707 |
| | MODEL RD | 36.6875 | 34.0924 | 31.5171 | 28.9633 | 26.4329 | 23.9285 | 21.4536 | 19.0126 | 16.6085 |
| | MODEL TD | 36.6875 | 34.0924 | 31.5171 | 28.9633 | 26.4329 | 23.9285 | 21.4536 | 19.0126 | 16.6085 |
| | MODELOC, RC, TC | 24.9553 | 24.6558 | 24.0271 | 23.4135 | 22.6926 | 21.8791 | 19.7887 | 16.4862 | 14.8664 |
| 再制造产品 | MODEL OD | 17.5585 | 16.2099 | 14.8617 | 13.5143 | 12.1682 | 10.8244 | 9.4853 | 8.1573 | 6.8585 |
| | MODEL RD | 14.6249 | 13.8151 | 12.9657 | 12.0733 | 11.1341 | 10.1428 | 9.0927 | 7.9747 | 6.8459 |
| | MODEL TD | 14.6249 | 13.8151 | 12.9657 | 12.0733 | 11.1341 | 10.1428 | 9.0927 | 7.9747 | 6.8459 |
| | MODELOC, RC, TC | 12.7495 | 12.2097 | 11.6714 | 11.0178 | 10.2715 | 9.2647 | 7.8104 | 6.6477 | 5.1091 |

根据表4－12可知，随着再制造产品 WTP 值的逐渐增大，结论4.13中关于产品零售价的结论仍然成立，通过分析，在 WTP 值$\beta$变化时三种不同回收模式下再制造闭环可得如下结论。

结论4.16：随着再制造产品WTP值$\beta$的逐渐增加，三种不同回收模式在集中和分散决策情形下新产品和再制造产品的批发价均呈一定的下降趋势，而且在集中决策情形下，产品的零售价定价最低。

**表4-13 再制造产品WTP变化对废旧品回收价格的影响**

| 回收模式 | 再制造产品WTP值$\beta$ | | | | | | | | |
|---|---|---|---|---|---|---|---|---|---|
| | 0.35 | 0.40 | 0.45 | 0.50 | 0.55 | 0.60 | 0.65 | 0.70 | 0.75 |
| MODELOD | 4.7675 | 4.3908 | 3.9941 | 3.5757 | 3.1339 | 2.6661 | 2.1762 | 1.6462 | 1.0877 |
| MODEL RD | — | 2.9658 | 2.8599 | 2.7368 | 2.5339 | 2.1167 | 1.6928 | 1.2815 | 0.9127 |
| MODEL TD | — | 2.9658 | 2.8599 | 2.7368 | 2.5339 | 2.1167 | 1.6928 | 1.2815 | 0.9127 |
| MODELOC，RC，TC | — | 4.2562 | 3.8666 | 3.4571 | 3.02677 | 2.5748 | 2.1021 | 1.6133 | — |

根据表4-13可知，结论4.13中关于废旧品回收价的结论依然成立，通过分析在WTP值$\beta$变化时三种不同回收模式下再制造闭环可得如下结论。

结论4.17：随着再制造产品WTP值$\beta$的逐渐增加，三种不同回收模式在集中和分散决策情形下废旧品回收价均呈一定的下降趋势。

**表4-14 再制造产品WTP变化对产品需求量的影响**

| 回收模式 | | 再制造产品WTP值$\beta$ | | | | | | | | |
|---|---|---|---|---|---|---|---|---|---|---|
| | | 0.35 | 0.40 | 0.45 | 0.50 | 0.55 | 0.60 | 0.65 | 0.70 | 0.75 |
| 新产品 | MODEL OD | 26.4237 | 29.3793 | 34.1781 | 35.3636 | 34.73936 | 33.9694 | 32.8430 | 30.0680 | 26.3157 |
| | MODEL RD | 26.5362 | 30.0722 | 34.3557 | 36.3916 | 35.5176 | 34.8214 | 32.7246 | 30.0421 | 26.0342 |
| | MODEL TD | 26.5362 | 30.0722 | 34.3557 | 36.3916 | 35.5176 | 34.8214 | 32.7246 | 30.0421 | 26.0342 |
| 再制造产品 | MODEL OD | 0.6352 | 3.4532 | 7.4691 | 9.0314 | 11.8587 | 13.5344 | 15.6421 | 16.9932 | 18.4120 |
| | MODEL RD | 0.0000 | 2.6658 | 7.1433 | 8.4966 | 10.7812 | 12.9643 | 15.6362 | 169558 | 18.3915 |
| | MODEL TD | 0.0000 | 2.6658 | 7.1433 | 8.4966 | 10.7812 | 12.9643 | 15.6362 | 169558 | 18.3915 |

根据表4-14可知，随着再制造产品WTP值的逐渐增大，结论4.13中关于产品需求量的结论仍然成立，通过分析，在WTP值$\beta$变化时三种不同回收模式下再制造闭环供应链可得如下结论。

结论4.18：随着再制造产品WTP值$\beta$的逐渐增加，三种不同回收模式在分散决策下新产品的需求量是随着WTP增大而呈现先逐渐增大后逐渐减小的趋势；而再制造产品的需求随着 WTP 增大而逐渐增大。

**表 4－15　分散决策下再制造产品 WTP 变化对供应链成员利润的影响**

| 回收模式 | | 再制造产品 WTP 值 $\beta$ | | | | | | | | |
|---|---|---|---|---|---|---|---|---|---|---|
| | | 0.35 | 0.40 | 0.45 | 0.50 | 0.55 | 0.60 | 0.65 | 0.70 | 0.75 |
| 制造商 | MODEL OD | 545.7916 | 558.5469 | 594.8942 | 548.7155 | 478.6534 | 403.6626 | 338.5269 | 259.2113 | 189.0873 |
| | MODEL RD | 449.4568 | 474.3743 | 516.5007 | 497.8018 | 447.9564 | 394.2314 | 327.4737 | 251.4736 | 178.8904 |
| | MODEL TD | 449.4568 | 474.3743 | 516.5007 | 497.8018 | 447.9564 | 394.2314 | 327.4737 | 251.4736 | 178.8904 |
| 零售商 | MODEL OD | 109.1661 | 124.8972 | 169.2457 | 161.4167 | 152.1145 | 130.2709 | 104.9982 | 71.6802 | 36.4559 |
| | MODEL RD | 258.7182 | 266.3023 | 247.5939 | 216.9736 | 201.6148 | 160.4155 | 117.9712 | 85.1694 | 48.3382 |
| | MODEL TD | 258.7182 | 260.7687 | 241.4492 | 210.0592 | 194.0828 | 150.7221 | 106.6087 | 72.0309 | 34.1073 |
| 第三方 | MODEL TD | 0.0000 | 5.5336 | 6.1447 | 6.9544 | 7.5320 | 8.6934 | 11.3625 | 13.1385 | 14.2309 |

根据表 4－15，在 WTP 值 $\beta$ 变化时，通过分析，三种不同回收模式下再制造闭环供应链可得如下结论。

结论 4.19：随着再制造产品 WTP 值 $\beta$ 的逐渐增加，三种不同回收模式在分散决策下，制造商和零售商的利润均随着 WTP 增大而呈现先逐渐增大，后逐渐减小的趋势，而第三方的利润只在第三方回收时随着 WTP 增大而逐渐增大；且制造商在自己负责回收时利润最大，零售商选择自己回收为最优决策。

为更直观地反映结论 4.15～4.18，画出产品批发价、零售价及废旧品回收价随 WTP 值变化的趋势图如图 4－13～图 4－17 所示。

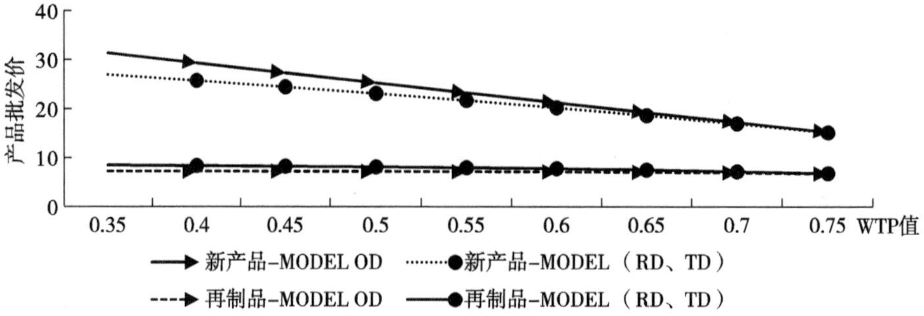


**图 4－13　WTP 变化对产品批发价的影响**

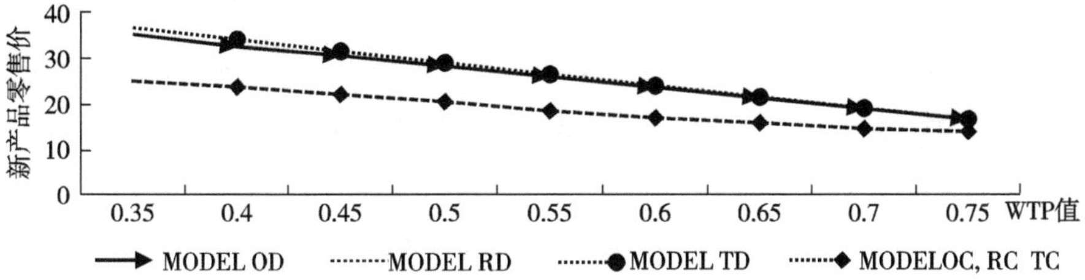


图 4-14 WTP 变化对新产品零售价的影响

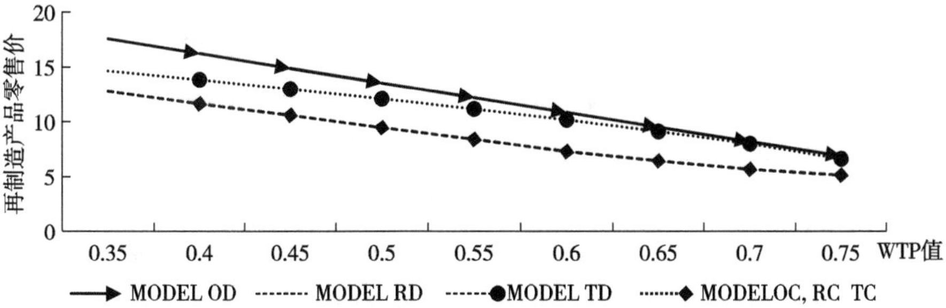


图 4-15 WTP 变化对再制造产品零售价的影响

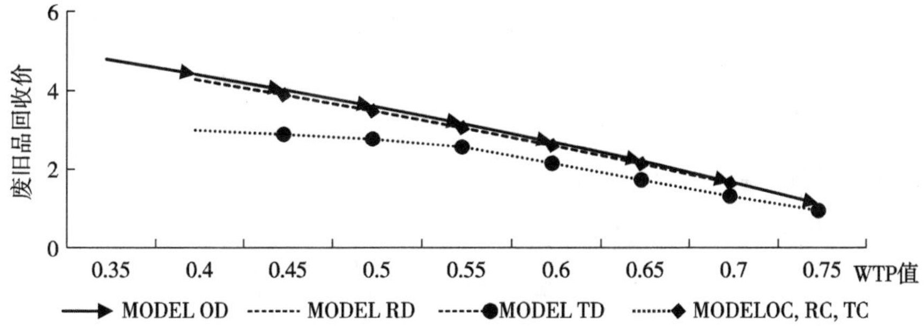


图 4-16 WTP 变化对废旧品回收价格的影响

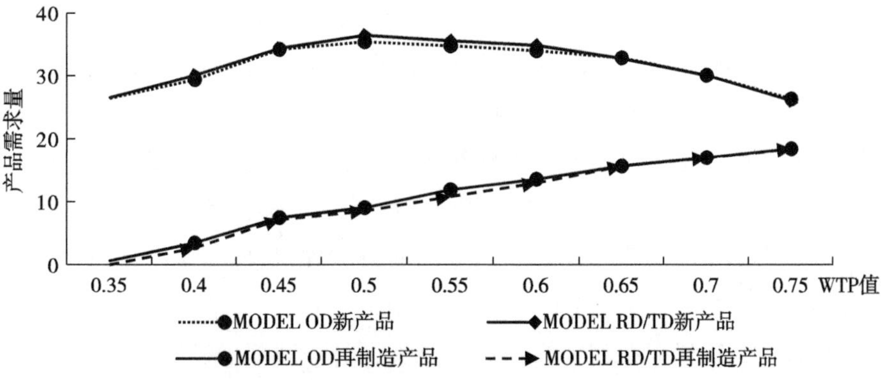


图 4-17 WTP 变化对产品需求量的影响

根据结论4.15～4.19，并结合图4－13～图4－17可知，随着再制造产品WTP值的增加，三种不同回收模式下新产品和再制造产品的批发价都在下降，但是新产品批发价下降的幅度比再制造产品要大；而且在制造商回收模式下，新产品的批发价和零售价定价最高，新产品和再制造产品的需求量最大。新产品和再制造产品的零售价虽然也都在下降，但是新产品的需求随着WTP增大先增长后减少，再制造产品的需求逐渐增大，这说明，再制造产品WTP较小时，可以刺激新产品的需求，增加新产品的需求量，但随着WTP的逐渐增大，再制造产品对于新产品的替代性增强，两者互为竞争的结果导致新产品需求逐渐减少，而再制造产品因为零售价低于新产品获得较大需求，需求量逐渐上升，最终新产品和再制造产品的需求量逐渐接近。在分散决策下，在制造商回收时，废旧品的回收价格最大，回收价格虽然随着WTP的增大而减小，但是作为影响回收的不确定因素之一的再制造产品的需求在增大，必然增加对废旧品的需求，因此回收量逐渐增大。另外，随着WTP的增大，制造商和零售商的利润均先增大后减小，第三方参与回收后利润一直增长，但是利润份额较小，由于整条闭环供应链利润为制造商和零售商及第三方之和，因此总利润也随着WTP的增大先增加后减少。对于制造商而言，选择自己回收时利润最大，而零售商的最优决策也是选择参与回收，第三方则必须参加回收才能获利。

随着我国倡导发展循环经济以及《废弃电器电子产品处理基金征收使用管理办法》的实施，国内一些企业开始从事废旧产品的回收处理和再制造生产，长虹、海尔等制造商已经从事废旧产品的回收再制造，并取得了较好的发展成果，长虹公司成立长虹格润子公司专门从事废旧产品的回收利用，海尔联合高校成立国家级废旧家电回收处理示范基地。大型零售商国美电器与具有家电拆解再生产资质的企业合作，承担回收角色，推出了线上家电回收服务，主动上门回收废旧家电交于合作公司。TCL奥博公司则专门从事废旧家电及电子产品的回收，为一些再制造企业提供再生产资源。这些企业都是从事回收再制造的典型代表，并分属不同类型，有的是制造商、有的是零售商、也有的是专门的第三方回收商。根据结论分析，对于长虹、海尔等大型制造商，有自己的回收再制造中心，应该选择自己回收的模式，这样对公司而言，获利最大；对于国美这样的零售商而言，应积极参与回收，并与合作企业达成有效契约，使双方都能获得较大利润；对于TCL奥博这样的专业从事回收的第三方企业则应积极参与回收，与合作企业达成有效契约，从而使企业获得更多利润。

## 4.6 本章小结

本章分别在确定需求环境、新产品与再制造产品的需求均为不确定及回收量不确定下的情形下，考虑了两种产品之间消费者支付意愿的差异性，分别建立了制造商回收、零售商回收及第三方回收三种不同回收模式下的再制造闭环供应链模型，并给出求解的优化条件；然后利用数值仿真对三种回收模型进行了求解和比较分析。

在确定需求环境下，从回收率最优的角度出发，制造商应选择直接回收；而按对消费者最有利及制造商利润最高的角度，制造商应选择委托零售商回收。

在不确定需求环境下，制造商主导的再制造闭环供应链中，第三方回收模式下制造商利润最高，制造商回收模式下新产品及再制造产品的零售价均最低；制造商利润、零售商利润及渠道总利润随再制造产品的消费者支付意愿的增加先减少后增加。

设计契约进行协调后，可以减少分散决策模型下闭环供应链的利润损失，同时使产品的定价降低，增加了产品需求量，使得闭环供应链整体和成员利润都得到增加，另外制造商选择进入再制造生产时，应该考虑到消费者对再制造产品的WTP值的大小，从而保证自身利益。

CHAPTER
第5章

# 不确定需求和 WTP 差异下的再制造定价决策

产品的定价方式直接影响着市场需求，企业通常通过定价的方式来实现产品的竞争；另外，再制造的企业运作形式为闭环供应链，而闭环供应链的定价直接影响着供应链系统的运作效率，因此定价是企业界和学术界所关注的焦点。对于再制造产品，有些企业将其与新产品同样水平进行定价，而有的企业按照新产品价格的某一比例来进行定价。这两种定价方式均有经验主义的因素，不能保证供应链利润的最优。随着再制造产业的发展，人们对再制造的认识越来越清晰，与此同时，许多国家要求制造商销售的再制造产品有明确的标识，因此再制造产品的定价与新产品应当存在一定的差异，此时如何对再制造产品及新产品进行定价值得深入研究。此外，闭环供应链由于参与人目标的不一致导致失调，因此需要通过设置合理的协调机制，使得供应链成员决策目标与供应链整体决策目标达成一致，从而实现供应链成员利益与供应链整体利益同时实现最优。

再制造较传统制造系统的复杂之处在于产品需求的不确定性和由于再制造产品与新产品的 WTP 差异所导致的替代效应（Guide 等，2010）。因此，本章首先同时考虑需求不确定性和 WTP 差异，对再制造产品与新产品进行联合定价决策；然后基于单一制造商和零售商所构成的简单再制造闭环供应链，对其协调定价方式进行了研究。本章的结构安排如图 5－1 所示。

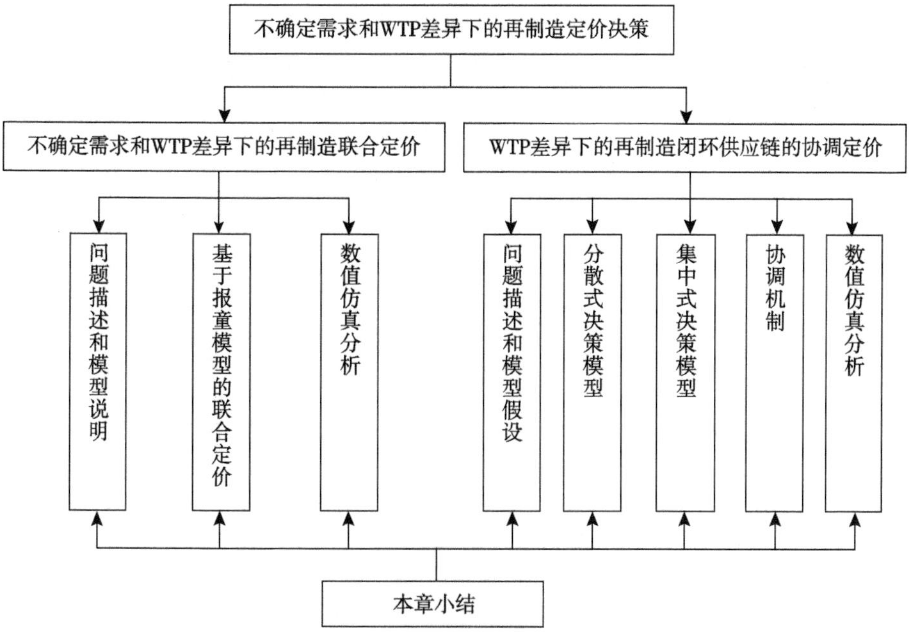


图5-1 第5章的结构安排

# 5.1 报童模型概述

经典报童问题（newsboy problem）是供应链管理在随机需求下的一种单周期库存问题，是运筹学中典型的随机规划模型，其主要解决不确定需求下，如何确定订货量使得期望收益最大化的问题。由于产品的生产需要一定的备运期，在销售期内，短生命周期产品的分销商通常没有机会进行再订货及对库存进行补充，为获取最大利润，分销商必须对最优定购量进行决策。在不确定需求环境下，往往出现订购量与实际需求不一致的情形，适当的订购量能满足顾客需求进而获利；然而过量的订购量在销售期结束时价值将会发生大幅下降，其残值远低于正常销售价值，因此会造成一定的损失；而订购量不够会造成缺货损失。传统的报童问题描述的是报童的困惑：报童每天早晨购入报纸进行零售，晚上未销完的报纸可退回，但每份报纸要赔偿，如果订购过少则不能获取最大收益，报童的问题是每天订购多少份报纸使得收益最大化。报童模型是供应链管理研究的基础之一，由于其在经济生活中的重要价值，学者们将它应用至各个生产、管理、金融等不同的领域，并进行了多方面的扩展。Khouja（1999）对报童问题进行了系统的分类，包括对目标函数和效用函数的扩展、对于供应商和分销商定价策略的扩展、扩展到随机产量问题、对于需求信息类型、具有约束条件的多产品问题、具有替代的多产品问题、多层次系统、多地点问题、多周期问题以及一些其他方面等。由于再制造系统处于不确定需求环境，并且再制造产品与新产品之间存在着替代性，因此本章将替代性的多产品报童问题引入产品的定价决策，是对现在文献的一种有益扩展。

### 5.1.1 问题描述

假定独立制造商迫于环境法规的压力进行废旧产品的回收，并将其实施再制造以获取利润或降低成本。设废旧产品的回收率为 $\rho$（$0<\rho<1$），$\rho$ 的大小反映了再制造的资源约束，这是再制造系统区别于一般制造系统的根本特征之一。由于新产品与再制造产品之间存在替代性，产品的定价将会影响另一产品的销量及收益，因而制造商必须对其定价进行联合决策。所以，制造商的问题是，在需求不确定以及新产品与再制造产品相互替代的情形下，如何进行两种产品的联合定价以实现利益最大化。

### 5.1.2 模型假设

为更清楚地对模型进行解释，本节做如下相应假设。

假设 1：假定新产品单位可变成本为 $c_n$，再制造产品单位可变成本为 $c_r$，并假定 $c_n > c_r > 0$（Savaskan 等，2004；Atasu 等，2008），这反映了再制造的成本节约优势；$\Delta = c_n - c_r$ 表示回收再制造产品比新产品节约的单位成本。

假设 2：假定市场对新产品及再制造产品的需求均具有不确定性。本节利用线性加性不确定性来描述随机市场需求，新产品市场需求表示为 $D_n = d_n(p_n, p_r) + \varepsilon_n$，再制造产品市场需求表示为 $D_r = d_r(p_n, p_r) + \varepsilon_r$。其中，$\varepsilon_n$ 和 $\varepsilon_r$ 分别为独立于新产品零售价格 $p_n$ 和再制造产品零售价格 $p_r$ 的随机变量，且 $\varepsilon_n$ 与 $\varepsilon_r$ 相互独立，其概率密度函数分别为 $f_n(\cdot)$ 及 $f_r(\cdot)$，分布函数相应表示为 $F_n(\cdot)$ 及 $F_r(\cdot)$；$d_n(p_n, p_r)$ 及 $d_r(p_n, p_r)$ 是与市场价格相关的部分需求，按照 Ferguson 等（2006）的结论，消费者对新产品与再制造产品的认知存在差异时，假定市场容量为 $Q$，若新产品与再制造产品的 WTP 分别为 1 和 $\beta$，$d_n(p_n, p_r)$ 及 $d_r(p_n,p_r)$ 满足如下替代公式：$d_n(p_n,p_r)=Q-\frac{p_n-p_r}{1-\beta}$，$d_r(p_n,p_r)=$；其中 $0<\beta<1$，即消费者对新产品的认知价值不低于再制造产品，本节沿用此替代规律进行分析。

假设3：制造商根据零售商的订购策略进行新产品及再制造产品生产，订购量分别为 $Q_n$ 及 $Q_r$。零售商的订购量由其对市场需求的预测所决定，由于需求的不确定性，新产品及再制造产品销售可能发生产品缺货或产量过多的现象，将单位缺货成本分别用 $h_n(h_n>0)$ 及 $h_r(h_r>0)$ 表示；未销售完的单位产品残值分别用 $s_n$ 及 $s_r$ 表示，一般而言，$0<s_n<p_n$ 及 $0<s_r<p_r$，即未销售完的产品单位残值为正，且小于市场销售价格。

假设4：假定一个消费者最多购买一单位新产品或再制造产品或维修产品（Savaskan 等，2004）。

假设5：假定回收的废旧产品数量足以满足制造商生产再制造产品的需求（Savaskan 等，2004；王文宾等，2010）。

## 5.2 基于替代性两产品报童模型的联合定价模型

### 5.2.1 模型的建立

Whitin（1955）最早将价格因素引入报童模型并得出最优定价策略，Petruzzi 等（1999）对报童模型下的定价模型进行了综述；Barun 等（2007）对替代性两产品报童模型进行了研究，但未考虑价格因素；本节的模型以这三篇文献为基础，对不确定需求下的替代性两产品的联合定价策略展开研究。

在进行定价决策时，由于新产品及再制造产品的市场需求的随机性，使得制造商无法准确预测新产品及再制造产品的产量，因此会导致产量与实际需求量不符的情况，从而需要承担缺货成本或剩余产品的处理成本。根据前述假设，新产品的期望利润可表示为

$$\pi_n=\begin{cases}p_nD_n-c_nQ_n+(Q_n-D_n)s_n & D_n\leqslant Q_n\\ p_nQ_n-c_nQ_n-(D_n-Q_n)h_n & D_n>Q_n\end{cases} \tag{5-1}$$

同理，再制造产品的期望利润为

$$\pi_r=\begin{cases}p_rD_r-c_rQ_r+(Q_r-D_r)s_r & D_r\leqslant Q_r\\ p_rQ_r-c_rQ_r-(D_r-Q_r)h_r & D_r>Q_r\end{cases} \tag{5-2}$$

令 $z_n=Q_n-d_n(p_n,p_r)$ 及 $z_r=Q_r-d_r(p_n,p_r)$，可得制造商的决策问题为

$$\begin{aligned}\underset{p_n,p_r,z_n,z_r}{\text{Max}}\ \pi=&\int_{-\infty}^{z_n}\{(p_n-c_n)[d_n(p_n,p_r)+x]+s_n(z_n-x)\}f_n(x)\mathrm{d}x+\\&\int_{z_n}^{\infty}\{(p_n-c_n)[d_n(p_n,p_r)+z_n]-h_n(x-z_n)\}f_n(x)\mathrm{d}x+\\&\int_{-\infty}^{z_r}\{(p_r-c_r)[d_r(p_n,p_r)+y]+s_r(z_r-y)\}f_r(y)\mathrm{d}y+\\&\int_{z_r}^{\infty}\{(p_r-c_r)[d_r(p_n,p_r)+z_r]-h_r(y-z_r)\}f_r(y)\mathrm{d}y\end{aligned} \tag{5-3}$$

$$\text{s.t.}\qquad d_r(p_n,p_r)+z_r\leqslant\rho[d_n(p_n,p_r),+z_n] \tag{5-4}$$

$$p_n,p_r\geqslant 0 \tag{5-5}$$

### 5.2.2 模型的求解

结论 5.1：式（5－1）～式（5－3）所表达的模型存在最优解的必要条件是 $[1-F(z_n)]^2<2(p_n+h_n-s_n-c_n)f_n(z_n)$，$\frac{2(p_n+h_n-s_n-c_n)f_n(z_n)}{(1-\beta)[1-F_n(z_n)]^2}+\frac{2(p_r+h_r-s_r-c_r)f_r(z_r)}{\beta(1-\beta)[1-F_r(z_r)]^2}<1+\frac{4(p_n+h_n-s_n-c_n)f_n(z_n)}{\beta(1-\beta)[1-F_n(z_n)]^2[1-F_r(z_r)]^2}$。

证明：将 $d_n(p_n,p_r)=Q-\frac{p_n-p_r}{1-\beta}$ 及 $d_r(p_n,p_r)=\frac{\beta p_n-p_r}{\beta(1-\beta)}$ 代入式（5－3），目标函数变形为

$$\begin{aligned}\underset{p_n,p_r,z_n,z_r}{\text{Max}}\ \pi=&\int_{-\infty}^{z_n}[(p_n-c_n)(Q-\frac{p_n-p_r}{1-\beta}+x)+s_n(z_n-x)]f_n(x)\mathrm{d}x+\\&\int_{z_n}^{\infty}[(p_n-c_n)(Q-\frac{p_n-p_r}{1-\beta}+z_n)-h_n(x-z_n)]f_n(x)\mathrm{d}x+\\&\int_{-\infty}^{z_r}\{(p_r-c_r)[\frac{\beta p_n-p_r}{\beta(1-\beta)}+y]+s_r(z_r-y)\}f_r(y)\mathrm{d}y+\\&\int_{z_r}^{\infty}\{(p_r-c_r)[\frac{\beta p_n-p_r}{\beta(1-\beta)}+z_r]-h_r(y-z_r)\}f_r(y)\mathrm{d}y\end{aligned} \tag{5-6}$$

其海赛矩阵为

$$H=\begin{bmatrix} -\frac{2}{1-\beta} & \frac{2}{1-\beta} & 1-F_n(z_n) & 0 \\ \frac{2}{1-\beta} & -\frac{2}{\beta(1-\beta)} & 0 & 1-F_r(z_r) \\ 1-F_n(z_n) & 0 & -(p_n+h_n-s_n-c_n)f_n(z_n) & 0 \\ 0 & 1-F_r(z_r) & 0 & -(p_r+h_r-s_r-c_r)f_r(z_r) \end{bmatrix}$$

由于一阶顺序主子式 $|H_1|=-\frac{2}{1-\beta}<0$，二阶顺序主子式 $|H_2|=\frac{4}{\beta(1-\beta)}>0$，三阶顺序主子式 $|H_3|=\frac{2[1-F(z_n)]^2}{\beta(1-\beta)}-\frac{4(p_n+h_n-s_n-c_n)f_n(z_n)}{\beta(1-\beta)}$，四阶顺序主子式 $|H_4|=-(p_r+h_r-s_r-c_r)f_r(z_r)|H_3|-[1-F_r(z_r)]^2\{\frac{2(p_n+h_n-s_n-c_n)f_n(z_n)}{1-\beta}-[1-F_n(z_n)]^2\}$。要使模型（5-4）存在最优解，只需其海赛矩阵为负定，因 $|H_1|<0$ 及 $|H_2|>0$ 已成立，故只需满足条件 $|H_3|<0$ 及 $|H_4|>0$，即 $[1-F(z_n)]^2<2(p_n+h_n-s_n-c_n)f_n(z_n)$，$\frac{2(p_n+h_n-s_n-c_n)f_n(z_n)}{(1-\beta)[1-F_n(z_n)]^2}+\frac{2(p_r+h_r-s_r-c_r)f_r(z_r)}{\beta(1-\beta)[1-F_r(z_r)]^2}<1+\frac{4(p_n+h_n-s_n-c_n)f_n(z_n)}{\beta(1-\beta)[1-F_n(z_n)]^2[1-F_r(z_r)]^2}$。结论5.1得证。

由于模型（5-6）中的目标函数的凹函数，且约束条件均为关于 $p_n$、$p_r$ 的线性函数，所以该问题为凸规划问题，可利用卡罗需-库恩-塔克（Karush-Kuhn-Tucker）优化条件加以求解。构造其拉格朗日（Lagrangean）函数为

$$\begin{aligned} L(p_n,p_r,z_n,z_r)=&\int_{-\infty}^{z_n}[(p_n-c_n)(Q-\frac{p_n-p_r}{1-\beta}+x)+s_n(z_n-x)]f_n(x)\mathrm{d}x+\\ &\int_{z_n}^{\infty}[(p_n-c_n)(Q-\frac{p_n-p_r}{1-\beta}+z_n)-h_n(x-z_n)]f_n(x)\mathrm{d}x+\\ &\int_{-\infty}^{z_r}\{(p_r-c_r)[\frac{\beta p_n-p_r}{\beta(1-\beta)}+y]+s_r(z_r-y)\}f_r(y)\mathrm{d}y+\\ &\int_{z_r}^{\infty}\{(p_r-c_r)[\frac{\beta p_n-p_r}{\beta(1-\beta)}+z_r]-h_r(y-z_r)\}f_r(y)\mathrm{d}y+\\ &\lambda\{\rho(Q-\frac{p_n-p_r}{1-\beta}+z_n)-[\frac{\beta p_n-p_r}{\beta(1-\beta)}+z_r]\}+u_np_n+u_rp_r \end{aligned} \tag{5-7}$$

Karush-Kuhn-Tucker 优化条件如下：

$$\frac{\partial L}{\partial p_n}=Q-\frac{2(p_n-p_r)-(c_n-c_r)+\lambda(1+\rho)}{1-\beta}+\int_{-\infty}^{z_n}xf_n(x)\mathrm{d}x+\int_{z_n}^{\infty}z_nf_n(x)\mathrm{d}x+u_n=0 \tag{5-8}$$

$$\frac{\partial L}{\partial p_r}=\frac{2(\beta p_n-p_r)-(\beta c_n-c_r)+\lambda(1+\beta\rho)}{\beta(1-\beta)}+\int_{-\infty}^{z_r}yf_r(y)\mathrm{d}y+\int_{z_r}^{\infty}z_rf_r(y)\mathrm{d}y+u_r=0 \tag{5-9}$$

$$\frac{\partial L}{\partial z_n}=-(p_n+h_n-s_n-c_n)F_n(z_n)+(p_n+h_n-c_n)+\lambda\rho=0 \tag{5-10}$$

$$\frac{\partial L}{\partial z_r}=-(p_r+h_r-s_r-c_r)F_r(z_r)+(p_r+h_r-c_r)-\lambda=0 \tag{5-11}$$

$$\lambda\{\rho(Q-\frac{p_n-p_r}{1-\beta}+z_n)-[\frac{\beta p_n-p_r}{\beta(1-\beta)}+z_r]\}=0 \tag{5-12}$$

$$u_np_n=0 \tag{5-13}$$

$$u_rp_r=0 \tag{5-14}$$

$$\lambda,u_n,u_r\geqslant 0 \tag{5-15}$$

联立式（5-7）~式（5-15），即可得到各决策变量的最优解，但由于该模型属于非线性优化问题，难以得出其显性解，因此下面通过对模型中的各参数赋值进行仿真，以得出模型的最优解并进行分析。

### 5.2.3 数值仿真分析

本节利用数值仿真对模型进行求解，首先固定消费者对再制造产品的WTP值$\beta$得出模型的最优解，然后分析定价及收益随$\beta$变动而相应变化的规律。为简便起见，假定$\varepsilon_n$与$\varepsilon_r$均服从$U(0,2)$的均匀分布，其余各参数分别赋值如下：$Q=60$，$\beta=0.7$，$c_n=10$，$c_r=4$，$\rho=0.6$，$h_n=s_n=6$，$h_r=s_r=2$。把各参数值代入模型式（5-4），并利用MATIAB进行求解可得最优解为$p_n^*=36.0741$，$p_r^*=23.2535$，$z_n^*=2.4213$，$z_r^*=2.2957$，$\pi^*=688.2469$；进一步可得新产品最优生产量为$Q_n^*=Q-\frac{p_n^*-p_r^*}{1-\beta}+z_n^*=19.6860$，再制造产品最优生产量为$Q_r^*=\frac{\beta p_n^*-p_r^*}{\beta(1-\beta)}+z_r^*=11.8116$。

下面通过改变参数的取值来进一步对模型进行分析，限于篇幅，仅分析$\beta$的变化对新产品及再制造产品的定价、产量及制造商利润的影响。由

于 $0<\beta<1$，分别取 $\beta$ 为0.1、0.2、0.3、0.4、0.5、0.6、0.7、0.8、0.9，其余参数取值不变，代入模型式（5-4）进行求解，结果见表5-1；为更直观地显示定价、产量及制造商利润随参数 $\beta$ 的变动规律，将表5-1绘制成平滑散点图进行分析，其中定价随参数 $\beta$ 的变化规律图如图5-2所示，产量随参数 $\beta$ 的变化规律图如图5-3所示，制造商利润价随参数 $\beta$ 的变化规律图如图5-4所示。

**表5-1　参数 $\beta$ 变化时模型的最优解**

| $\beta$ | 0.1 | 0.2 | 0.3 | 0.4 | 0.5 | 0.6 | 0.7 | 0.8 | 0.9 |
|---|---|---|---|---|---|---|---|---|---|
| $p_n^*$ | 36.4978 | 33.5997 | 36.6457 | 36.7415 | 36.6336 | 36.3878 | 36.0741 | 35.7009 | 35.2798 |
| $p_r^*$ | 1.9235 | 2.9242 | 9.0426 | 12.3871 | 15.8968 | 19.5284 | 23.2535 | 27.0527 | 30.9112 |
| $Q_n^*$ | 23.8033 | 23.9553 | 22.8338 | 21.6865 | 20.8594 | 20.2116 | 19.6860 | 19.2514 | 18.8883 |
| $Q_r^*$ | 14.2820 | 14.3732 | 13.7003 | 13.0119 | 12.5156 | 12.1270 | 11.8116 | 11.5509 | 11.3330 |
| $\pi^*$ | 576.4304 | 529.2844 | 633.1888 | 642.7538 | 655.9752 | 671.3523 | 688.2469 | 706.3065 | 725.3088 |

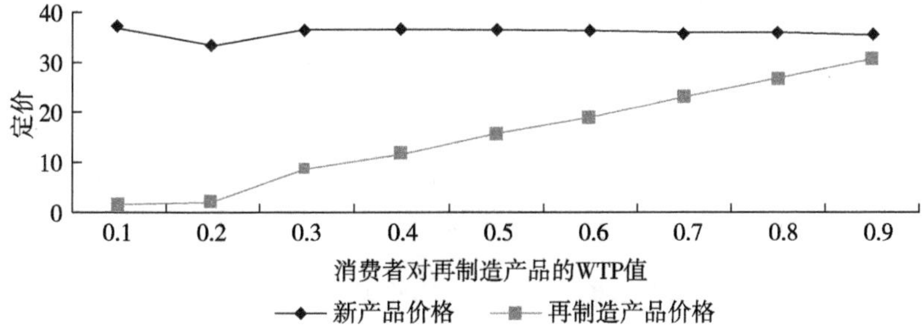


**图5-2　参数 $\beta$ 对定价的影响**

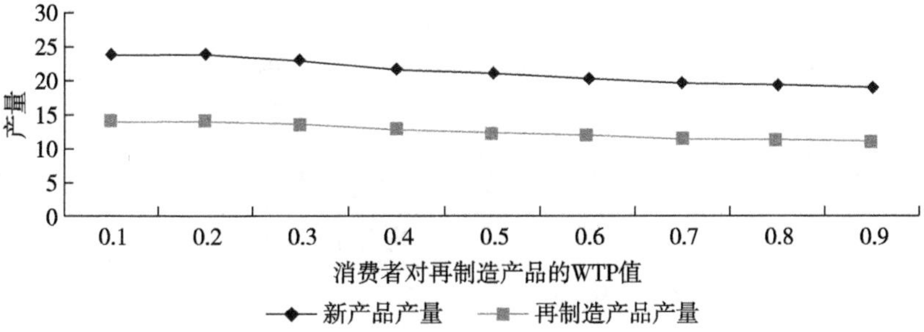


**图5-3　参数 $\beta$ 对产量的影响**

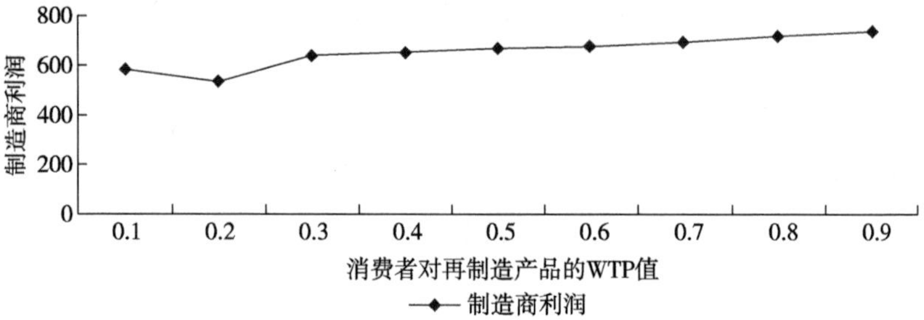


**图 5－4　参数 $\beta$ 对制造商利润的影响**

对表 5－1 及图 5－2～图 5－4 进行分析，可以得出如下几个结论：

（1）由图 5－2 及表 5－1 的第二、三行可以看出，随着消费者对再制造产品的 WTP 值 $\beta$ 的增加，意味着消费者对再制造产品的认知程度提高，再制造产品的价格呈相应增长的趋势，并逐渐接近新产品价格；新产品的价格有所起伏，但整体上呈下降的态势，且新产品价格均高于再制造产品价格。当 $\beta=0.9$ 时，再制造产品的定价最高，且趋近新产品价格，这说明随着消费者对再制造产品认知程度的增加，再制造产品能以接近新产品的价格出售；而当 $\beta=0.1$ 时，也就是说消费者对再制造产品的支付意愿较低时，再制造产品只能以极低的价格在市场上出售。

（2）由图 5－3 及表 5－1 的第四、五行可以看出，随着 $\beta$ 值的变大，新产品及再制造产品的产量仅在 $\beta=0.2$ 时有所增加，而随后随之逐渐减少。$\beta$ 值的变大促使再制造产品的市场销售价格增加，从而导致市场的需求量减少；而由于再制造产品的低成本及获利性，制造商趋向于再制造产品的生产，使得新产品的产量相应下降。

（3）由图 5－4 及表 5－1 的第六行可以看出，制造商的利润仅在 $\beta=0.2$ 时减少，此后随 $\beta$ 值的增加而增加。由于再制造产品的低成本优势，随着消费者对再制造产品的支付意愿提高，再制造产品的获利性使得制造商能以较低的产量，较高的市场价格而获得更高的利润。这说明制造商应该对再制造进行大力宣传，提高消费者对再制造产品的认知，一方面使制造商获取更高的利润，另一方面通过再制造减少资源的耗费和废弃物的排放，从而促进经济可持续发展。

# 5.3 WTP 差异下再制造闭环供应链的协调定价决策

## 5.3.1 问题描述和模型假设

1. 问题描述

本节讨论基于单一制造商和单一零售商构成的闭环供应链系统，Savaskan 等（2004）和 Bakal 等（2006）的研究结果均表明，当零售商负责回收时的闭环供应链结构效率最高，本节也沿用此结构进行分析。在正向供应链中，制造商分别以批发价 $w_n$、$w_r$ 将新产品（new product，文中记为 n）和再制造产品（remanufactured product，文中记为 r）销售给零售商，零售商相应以零售价 $p_n$、$p_r$ 将其销售给消费者。逆向供应链中，零售商以单位回收价 $A$ 从消费者处回收废旧产品，制造商以单位回购价 $b$ 从零售商处回购废旧产品（假定 $b>A$），并进行再制造。本节的研究问题模型如图 5-5 所示。

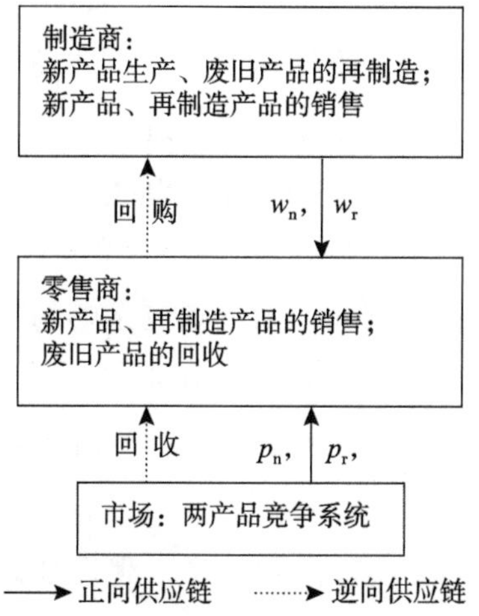


**图 5-5 WTP 差异下的再制造闭环供应链模型**

2. 模型假设

为更清楚地对模型进行解释，本节做如下相应假设。

假设1：假定新产品单位可变成本为 $c_n$，再制造产品单位可变成本为 $c_r$，并假定 $c_n > c_r > 0$（Savaskan 等，2004；Atasu 等，2008），这反映了再制造的成本节约优势；$\Delta = c_n - c_r$ 表示回收再制造产品比新产品节约的单位成本。

假设2：假定消费者新产品与再制造产品的认知存在差异，即消费者对新产品与再制造产品的 WTP 不同（Ferguson 等，2006；Ferrer 等，2010）。按照 Ferguson 等（2006）的结论，假定市场容量为 $Q$，当新产品与再制造产品的 WTP 分别为 1 和 $\beta$ 时，新产品及再制造产品的需求函数分别为 $p_n = Q - q_n - \beta q_r$，$p_r = \beta(Q - q_n - q_r)$；其中 $0 < \beta < 1$，即消费者对新产品的认知价值不低于再制造产品（Ferguson 等，2006），本节沿用此替代规律进行分析。

假设3：假定 EOL 产品的回收率为 $\tau$，$0 \leqslant \tau \leqslant 1$；回收的 EOL 产品全部实施再制造（Savaskan 等，2004）。回收商回收 EOL 产品的固定投资为 $I(\tau) = c_l \tau^2$（Zhao 等，2000），其中 $c_l > 0$ 为规模参数；给定回收率 $\tau$，参数 $c_l$ 越大，回收商投入的固定投资越大。回收商回收总成本可以表示为 $C(\tau) = I(\tau) + A\tau(Q_n + Q_r)$，$A$ 表示回收 EOL 产品的单位成本（Savaskan 等，2004；王文宾等，2010）。为使分析有意义，假定 $A < b < c_n - c_r$，即制造商对 EOL 产品付给回收商的单位转移支付大于回收商的单位回收成本，否则回收商将失去回收的动力；且小于制造商进行再制造的成本节约，否则制造商将选择不进行再制造（Savaskan 等，2004；王文宾等，2010）。

假设4：本节仅研究单一制造商及单一零售商所构成的闭环供应链，其中制造商为 Stackelberg 领导者，对渠道有足够的影响力；且参与人均为风险中性以及完全信息（Savaskan 等，2004）。

假设5：假定一个消费者最多购买一单位新产品或再制造产品或维修产品（Savaskan 等，2004）。

假设6：假定回收的废旧产品数量足以满足制造商生产再制造产品的需求（Savaskan 等，2004；王文宾等，2010）。

假设7：为使分析有意义，假定 $\Delta < (1-\beta)Q$，$A < \dfrac{\beta c_n - c_r}{(1-\beta)\tau}$。其中条件 $\Delta < (1-\beta)Q$ 是为了满足新产品需求的正性，这说明 $\Delta$ 值不可能太大，否则

制造商将不进行新产品的生产；条件 $A<\dfrac{\beta c_n-c_r}{(1-\beta)\tau}$ 是为了满足再制造产品需求的正性，这表示废旧产品的回收价不能太高，否则制造商将不会进行回收再制造，这一假设与实际是吻合的。（后面第5.3.2节中将对此假设做出说明。）

### 5.3.2 分散式决策

在分散式决策模型（模型D）下，制造商及零售商以各自利润最大化为决策目标。制造商为Stackelberg领导者，决策顺序为制造商先确定新产品与再制造产品的批发价 $w_n$、$w_r$；零售商根据制造商的决策，确定零售价 $p_n$、$p_r$。利用逆向归纳法，首先考虑零售商的决策问题为

$$\underset{p_n,p_r}{\mathrm{Max}}\,\Pi_{\mathrm{R}}^{\mathrm{D}}=(p_n-w_n)q_n+(p_r-w_r)q_r-c_l\tau^2+(b-A)\tau(Q-\frac{p_r}{\beta}) \qquad (5-16)$$

由假设3有 $q_n=Q-\dfrac{p_n-p_r}{1-\beta}$，$q_r=\dfrac{\beta p_n-p_r}{\beta(1-\beta)}$，考虑式（5－7）的一阶条件可得零售商的反应函数为 $p_n=\dfrac{Q-\tau(b-A)+w_n}{2}$，$p_r=\dfrac{\beta Q-\tau(b-A)+w_r}{2}$。

制造商的利润为新产品及再制造产品的利润之和减去废旧产品的转移支付，其利润函数为

$$\underset{w_n,w_r}{\mathrm{Max}}\,\Pi_{\mathrm{M}}^{\mathrm{D}}=(w_n-c_n)q_n+(w_r-c_r)q_r-b\tau(Q-\frac{p_r}{\beta}) \qquad (5-17)$$

将上述零售商反应函数代入式（5－8），由其一阶条件可得制造商新产品及再制造品的最优批发价为 $w_n^{*\mathrm{D}}=\dfrac{Q+c_n+\tau(2b-A)}{2}$，$w_r^{*\mathrm{D}}=\dfrac{\beta Q+c_r+\tau(2b-A)}{2}$。将制造商的最优批发价代入零售商反应函数，可得零售商新产品和再制造产品的最优零售价为 $p_n^{*\mathrm{D}}=\dfrac{3Q+c_n+A\tau}{4}$，$p_r^{*\mathrm{D}}=\dfrac{3\beta Q+c_r+A\tau}{4}$。进一步可分别得出制造商及零售商的最优利润为 $\Pi_{\mathrm{M}}^{*\mathrm{D}}=\dfrac{Q^2-2(c_n+A\tau)Q}{8}+\dfrac{(1-\beta)(c_r+A\tau)^2+\beta(c_n-c_r)^2}{8\beta(1-\beta)}$，$\Pi_{\mathrm{R}}^{*\mathrm{D}}=\dfrac{Q^2-2(c_n+A\tau)Q}{16}+\dfrac{(1-\beta)(c_r+A\tau)^2+\beta(c_n-c_r)^2}{16\beta(1-\beta)}-c_l\tau^2$。此时闭环供应链系统总利润为 $\Pi_{\mathrm{T}}^{*\mathrm{D}}=\Pi_{\mathrm{M}}^{*\mathrm{D}}+\Pi_{\mathrm{R}}^{*\mathrm{D}}=\dfrac{3Q^2-6(c_n+A\tau)Q}{16}+\dfrac{3(1-\beta)(c_r+A\tau)^2+3\beta(c_n-c_r)^2}{16\beta(1-\beta)}-c_l\tau^2$。

首先对假设 7 进行说明。由于 $q_n = Q - \frac{p_n - p_r}{1-\beta}$，$q_r = \frac{\beta p_n - p_r}{\beta(1-\beta)}$，将 $p_n^{*D}$ 及 $p_r^{*D}$ 代入有 $q_n^{*D} = \frac{(1-\beta)Q - \Delta}{4(1-\beta)}$，$q_r^{*D} = \frac{(\beta c_n - c_r) - (1-\beta)A\tau}{4\beta(1-\beta)}$，由 $q_n^{*D} > 0$ 和 $q_r^{*D} > 0$ 即可得假设 4。

对上述均衡结果进行分析，可得如下结论。

结论 5.2：在分散式决策下，新产品的批发价 $w_n^{*D}$ 及零售价 $p_n^{*D}$ 均与消费者对再制造产品的 WTP 值 $\beta$ 无关；再制造产品的批发价 $w_r^{*D}$ 及零售价 $p_r^{*D}$ 随消费者对再制造产品的 WTP 值 $\beta$ 的增加而增加。

证明：由 $w_n^{*D}$ 及 $p_n^{*D}$ 的表达式可看出 $w_n^{*D}$ 及 $p_n^{*D}$ 均与 $\beta$ 无关；而 $\frac{\partial w_r^{*D}}{\partial \beta} = \frac{Q}{2} > 0$，$\frac{\partial p_r^{*D}}{\partial \beta} = \frac{3Q}{4} > 0$，所以 $w_r^{*D}$ 及 $p_r^{*D}$ 均随 $\beta$ 的增加而增加。证毕。

结论 5.2 说明，当消费者对再制造产品的支付意愿增加时，再制造产品能以更高的价格在市场上销售。特别地，当 $\beta = 1$ 时，即消费者对再制造产品与新产品的认知程度一致时，有 $w_n^{*D} = w_r^{*D}$ 及 $p_n^{*D} = p_r^{*D}$，即再制造产品能以与新产品相同的价格进行销售。

结论 5.3：在分散式决策下，新产品的批发价 $w_n^{*D}$ 及零售价 $p_n^{*D}$，再制造产品的批发价 $w_r^{*D}$ 及零售价 $p_r^{*D}$ 均随回收率 $\tau$ 的增加而增加。

证明：$\frac{\partial w_n^{*D}}{\partial \tau} = \frac{\partial w_r^{*D}}{\partial \tau} = \frac{2b - A}{2} > 0$，$\frac{\partial p_n^{*D}}{\partial \tau} = \frac{\partial p_r^{*D}}{\partial \tau} = \frac{A}{4} > 0$，即 $w_n^{*D}$、$p_n^{*D}$、$w_r^{*D}$ 及 $p_r^{*D}$ 均随回收率 $\tau$ 的增加而增加。证毕。

结论 5.4：在分散式决策下，制造商利润、零售商利润、供应链系统总利润均随消费者对再制造产品的 WTP 值 $\beta$ 的增加而增加。

证明：$\frac{\partial \Pi_M^{*D}}{\partial \beta} = \frac{[\beta\Delta + (1-\beta)(c_r + A\tau)][\beta\Delta - (1-\beta)(c_r + A\tau)]}{8\beta^2(1-\beta)^2}$。由假设 4，$\Delta < (1-\beta)Q$，$A < \frac{\beta c_n - c_r}{(1-\beta)\tau}$，因此 $\beta\Delta - (1-\beta)(c_r + A\tau) = \beta\Delta - (1-\beta)c_r - (1-\beta)A\tau > \beta\Delta - (1-\beta)c_r - (\beta c_n - c_r) = 0$，又 $\beta\Delta + (1-\beta)(c_r + A\tau) > 0$，所以有 $\frac{\partial \Pi_M^{*D}}{\partial \beta} > 0$。同理有 $\frac{\partial \Pi_R^{*D}}{\partial \beta} > 0$，$\frac{\partial \Pi_T^{*D}}{\partial \beta} > 0$。即 $\Pi_M^{*D}$、$\Pi_R^{*D}$、$\Pi_T^{*D}$ 均随 $\beta$ 的增加而增加。证毕。

结论 5.4 表明，消费者对再制造产品的支付意愿对供应链系统有着重要的影响，消费者对再制造产品的认知程度越高，制造商、零售商及供应链系统利润越高。

### 5.3.3 集中式决策

在集中式决策模型（模型C）下，制造商和零售商作为一个整体统一决策，以利润总和最大化为决策目标。此时的决策问题为

$$\underset{p_n,p_r}{\text{Max}}\,\Pi^{C}=(p_n-c_n)q_n+(p_r-c_r)q_r-c_l\tau^2-A\tau(Q-\frac{p_r}{\beta}) \tag{5-18}$$

其中 $q_n=Q-\frac{p_n-p_r}{1-\beta}$，$q_r=\frac{\beta p_n-p_r}{\beta(1-\beta)}$。考虑式（5－18）的一阶条件可得 $p_n^{*C}=\frac{Q+c_n+A\tau}{2}$，$p_r^{*C}=\frac{\beta Q+c_r+A\tau}{2}$。进一步可得整个系统的最大利润为 $\Pi_{\mathrm{T}}^{*\mathrm{C}}=\frac{Q^2-2(c_n+A\tau)Q}{4}+\frac{(1-\beta)(c_r+A\tau)^2+\beta(c_n-c_r)^2}{4\beta(1-\beta)}-c_l\tau^2$。

将集中式决策下的均衡结果与分散式决策的均衡结果进行对比，可以得到结论5.5：（1）$p_n^{*C}<p_n^{*D}$，$p_r^{*C}<p_r^{*D}$；（2）$q_n^{*C}>q_n^{*D}$，$q_r^{*C}>q_r^{*D}$；（3）$\Pi_{\mathrm{T}}^{*\mathrm{C}}>\Pi_{\mathrm{T}}^{*\mathrm{D}}$。

证明：（1）因为 $\Delta<(1-\beta)Q$，$A<\frac{\beta c_n-c_r}{(1-\beta)\tau}$，所以 $p_n^{*C}-p_n^{*D}=\frac{-Q+c_n+A\tau}{4}<\frac{-(c_n-c_r)}{4(1-\beta)}+\frac{c_n}{4}+\frac{\beta c_n-c_r}{4(1-\beta)}=0$，即 $p_n^{*C}<p_n^{*D}$。同理，$p_r^{*C}-p_r^{*D}=\frac{-\beta Q+c_r+A\tau}{4}<\frac{-\beta(c_n-c_r)}{4(1-\beta)}+\frac{c_r}{4}+\frac{\beta c_n-c_r}{4(1-\beta)}=0$，即 $p_r^{*C}<p_r^{*D}$。

（2）将 $p_n^{*C}$，$p_r^{*C}$，$p_n^{*D}$，$p_r^{*D}$ 代入替代公式有 $q_n^{*D}=\frac{(1-\beta)Q-\Delta}{4(1-\beta)}$，$q_n^{*C}=\frac{(1-\beta)Q-\Delta}{2(1-\beta)}$，$q_r^{*D}=\frac{(\beta c_n-c_r)-(1-\beta)A\tau}{4\beta(1-\beta)}$，$q_r^{*C}=\frac{(\beta c_n-c_r)-(1-\beta)A\tau}{4\beta(1-\beta)}$，显然有 $q_n^{*C}>q_n^{*D}$，$q_r^{*C}>q_r^{*D}$ 成立。

（3）$\Pi_{\mathrm{T}}^{*\mathrm{C}}-\Pi_{\mathrm{T}}^{*\mathrm{D}}=\frac{Q^2-2(c_n+A\tau)Q}{16}+\frac{(1-\beta)(c_r+A\tau)^2+\beta(c_n-c_r)^2}{16\beta(1-\beta)}=\frac{1}{4}(\Pi_{\mathrm{T}}^{*\mathrm{C}}+c_l\tau^2)>0$，即 $\Pi_{\mathrm{T}}^{*\mathrm{C}}>\Pi_{\mathrm{T}}^{*\mathrm{D}}$。证毕。

结论5.5表明集中式决策相对分散式决策而言，新产品及再制造产品的零售价更低，而市场需求更高，且供应链系统利润更高。这说明集中式决策相对分散式决策更有效率，分散式决策下制造商、零售商及闭环供应

链系统利润均未达到最优，存在进一步优化的空间。因此，需要设计有效的协调机制来提高闭环供应链系统及各成员的利润。

### 5.3.4 协调机制

上述分析表明，分散式决策下存在着系统效率损失，下面引入收益共享契约，使闭环供应链系统利润达到集中式决策下的水平。记此时模型为RS，收益共享契约可表示为 $(w_n^{RS}, w_r^{RS}, \phi)$，即制造商以低于成本的批发价 $w_n^{RS}$ 及 $w_r^{RS}$ 分别将新产品及再制造产品转让给零售商，销售期结束后零售商和制造商以 $\phi$ $(0<\phi<1)$ 与 $1-\phi$ 的比例将销售收益进行分配。此时零售商的决策问题为

$$\underset{p_n,p_r}{\mathrm{Max}}\,\Pi_{\mathrm{R}}^{\mathrm{RS}} = \phi(p_nq_n + p_rq_r) - w_nq_n - w_rq_r - c_l\tau^2 + (b-A)\tau\left(Q - \frac{p_r}{\beta}\right) \tag{5-19}$$

制造商的利润函数为

$$\underset{w_n,w_r}{\mathrm{Max}}\,\Pi_{\mathrm{M}}^{\mathrm{RS}} = (w_n - c_n)q_n + (w_r - c_r)q_r - b\tau\left(Q - \frac{p_r}{\beta}\right) + (1-\phi)(p_nq_n + p_rq_r) \tag{5-20}$$

其中 $q_n = Q - \frac{p_n - p_r}{1-\beta}$，$q_r = \frac{\beta p_n - p_r}{\beta(1-\beta)}$。此时为协调再制造闭环供应链，有

结论5.6：收益共享契约下使得分散式决策达到集中式决策下闭环供应链系统利润批发价定价为 $w_n^{*\mathrm{RS}} = \phi(c_n + A\tau) + \tau(b-A)$，$w_r^{*\mathrm{RS}} = \phi(c_r + A\tau) + \tau(b-A)$。

证明：考虑式（5-10）的一阶条件可知收益共享契约下的零售价为 $p_n^{*\mathrm{RS}} = \frac{\phi Q - \tau(b-A) + w_n}{2\phi}$，$p_r^{\mathrm{RS}} = \frac{\phi\beta Q - \tau(b-A) + w_r}{2\phi}$。为使收益共享契约下闭环供应链系统利润水平与集中式决策时一致，需满足 $p_n^{*\mathrm{RS}} = p_n^{*\mathrm{C}}$ 和 $p_r^{*\mathrm{RS}} = p_r^{*\mathrm{C}}$，比较即可得，$w_n^{*\mathrm{RS}} = \phi(c_n + A\tau) + \tau(b-A)$，$w_r^{*\mathrm{RS}} = \phi(c_r + A\tau) + \tau(b-A)$。证毕。

将 $w_n^{*\mathrm{RS}}$、$w_r^{*\mathrm{RS}}$、$p_n^{*\mathrm{RS}}$、$p_r^{*\mathrm{RS}}$ 代入式（5-10）和式（5-11），即可得收益共享契约下制造商及零售商的利润分别为

$$\Pi_{\mathrm{M}}^{*\mathrm{RS}} = \frac{(1-\phi)[Q^2 - 2(c_n + A\tau)Q]}{4} + \frac{(1-\phi)[(1-\beta)(c_r + A\tau)^2 + \beta(c_n - c_r)^2]}{4\beta(1-\beta)},$$

$$\Pi_{\mathrm{R}}^{*\mathrm{RS}} = \frac{\phi[Q^2 - 2(c_n + A\tau)Q]}{4} + \frac{\phi[(1-\beta)(c_r + A\tau)^2 + \beta(c_n - c_r)^2]}{4\beta(1-\beta)} - c_l\tau^2$$

。显然有 $\Pi_{\mathrm{T}}^{*\mathrm{RS}} = \Pi_{\mathrm{M}}^{*\mathrm{RS}} + \Pi_{\mathrm{R}}^{*\mathrm{RS}} = \Pi_{\mathrm{T}}^{*\mathrm{C}}$，这说明该收益共享契约能协调再制造闭环供应链。

结论 5.7：收益共享受契约中契约参数 $\phi$ 需满足 $\frac{1}{4} \leqslant \phi \leqslant \frac{1}{2}$。

证明：要使得该收益共享契约得以顺利实施，必须满足双方的个体理性约束条件，即需满足 $\Pi_{M}^{*RS} \geqslant \Pi_{M}^{*D}$ 及 $\Pi_{R}^{*RS} \geqslant \Pi_{R}^{*D}$，将 $\Pi_{M}^{*RS}$、$\Pi_{M}^{*D}$、$\Pi_{R}^{*RS}$、$\Pi_{R}^{*D}$ 表达式代入即可得 $\frac{1}{4} \leqslant \phi \leqslant \frac{1}{2}$。证毕。

结论 5.7 说明，只要契约参数 $\phi$ 满足 $\frac{1}{4} \leqslant \phi \leqslant \frac{1}{2}$，零售商就会接受该收益共享契约，而收契约参数 $\phi$ 的具体取值依赖于制造商与销售商的谈判结果。

### 5.3.5 数值仿真分析

为了进一步对模型进行说明，下面给出具体的数值算例进行分析。本节首先对模型中的各参数进行赋值求得三种模型的最优解；然后通过改变参数的取值来对模型进行敏感性分析，本节仅以再制造产品的 WTP 值 $\beta$ 为例来说明参数对模型的影响。取参数值初始值 $Q=30$，$\beta=0.7$，$c_n=10$，$c_r=2$，$B=14$，$\tau=0.8$，$b=2$，$A=1$，该初始值已满足假设 7；分别取 $\phi=0.25,0.30,0.35,0.40,0.45,0.50$，最优解见表 5-2。

**表 5-2 三种模型下的最优解**

| 变量 | 分散决策模型 D | 集中式决策模型 C | 共享契约模型 RS | | | | | |
|---|---|---|---|---|---|---|---|---|
| | | | $\phi=0.25$ | $\phi=0.30$ | $\phi=0.35$ | $\phi=0.40$ | $\phi=0.45$ | $\phi=0.50$ |
| $w_n$ | 21.2000 | — | 3.5000 | 4.0400 | 4.5800 | 5.1200 | 5.6600 | 6.2000 |
| $w_r$ | 12.7000 | — | 1.5000 | 1.6400 | 1.7800 | 1.9200 | 2.0600 | 2.2000 |
| $p_n$ | 25.2000 | 20.4000 | 20.4000 | 20.4000 | 20.4000 | 20.4000 | 20.4000 | 20.4000 |
| $p_r$ | 16.4500 | 11.9000 | 11.9000 | 11.9000 | 11.9000 | 11.9000 | 11.9000 | 11.9000 |
| $q_n$ | 0.8333 | 1.6667 | 1.6667 | 1.6667 | 1.6667 | 1.6667 | 1.6667 | 1.6667 |
| $q_r$ | 5.6667 | 11.3333 | 11.3333 | 11.3333 | 11.3333 | 11.3333 | 11.3333 | 11.3333 |
| $\Pi_M$ | 59.5667 | — | 89.3500 | 89.3933 | 77.4367 | 71.4800 | 65.5233 | 59.5667 |
| $\Pi_R$ | 20.8233 | — | 20.8233 | 26.7800 | 32.7367 | 38.6933 | 44.6500 | 50.6067 |
| $\Pi_T$ | 80.3900 | 110.1733 | 110.1733 | 110.1733 | 110.1733 | 110.1733 | 110.1733 | 110.1733 |

从表5-2可以看出，集中式决策下新产品及再制造产品的零售价均低于分散式决策时，且市场需求均高于分散式决策时的情形；并且，集中式决策下，系统总利润为110.1733，高于分散式决策时的闭环供应链系统总利润，这进一步验证了结论5.5的正确性。由表5-2还可以看出，当$\phi$在[1/4，1/2]取值时，闭环供应链系统总利润和集中式决策下系统总利润完全相等，且制造商及零售商利润均不小于分散式决策时，这说明收益共享契约能提高闭环供应链的运行效率，从而实现闭环供应链的协调，这说明了结论5.6和结论5.7的正确性。此外，随着$\phi$取值的增大，制造商利润逐渐减少而零售商利润随之增加，但系统总利润不变；这说明收益共享契约中契约参数能在保证供应链渠道协调的基础上对系统利润进行不同的分配，这使得闭环供应链渠道协调时制造商及零售商的利润具有一定的柔性，契约参数的大小由则制造商及零售商的谈判协商能力所决定。

下面分析参数$\beta$对三种模型的影响，固定$Q=30$，$c_n=10$，$c_r=2$，$B=14$，$\tau=0.8$，$b=2$，$A=1$，$\phi=0.35$。由条件$\Delta<(1-\beta)Q$及$A<\frac{\beta c_n-c_r}{(1-\beta)\tau}$，有$\frac{7}{27}<\beta<\frac{11}{15}$。因此可让参数$\beta$在区间[0.26，0.73]内变化，计算三种模型定价及利润的变化规律，分散式决策下的变动趋势如图5-6所示，集中式决策下的变动趋势如图5-7所示，收益共享契约模型下的变动趋势如图5-8所示。由图5-6（a）可看出，分散式决策下，当$\beta$增加时，新产品批发价及零售价均不变，而再制造产品的批发价与零售价均随之增长，这验证了结论5.2的正确性；图5-6（b）则表明制造商与零售商利润均随$\beta$的增加而增长，这验证了结论5.4的正确性。图5-7表明集中式决策下，新产品价格与$\beta$值无关，再制造产品价格与$\beta$值正相关；闭环供应链系统总利润随$\beta$值的增加而增加。由图5-8（a）可以看出，收益共享契约下，新产品批发价及零售价、再制造产品批发价均与$\beta$值无关，而再制造产品零售价随$\beta$值的增加而增加；由图5-8（b）可以看出，制造商利润及零售商利润均随$\beta$值的增加而增长。三个图均表明，在三种不同模型下，随着$\beta$值的增加，再制造闭环供应链系统利润将出现增长，再制造产品零售价也随之增加；这说明增强消费者对再制造产品的认知程度，无论是对制造商与零售商，还是对供应链系统而言都是有利的。

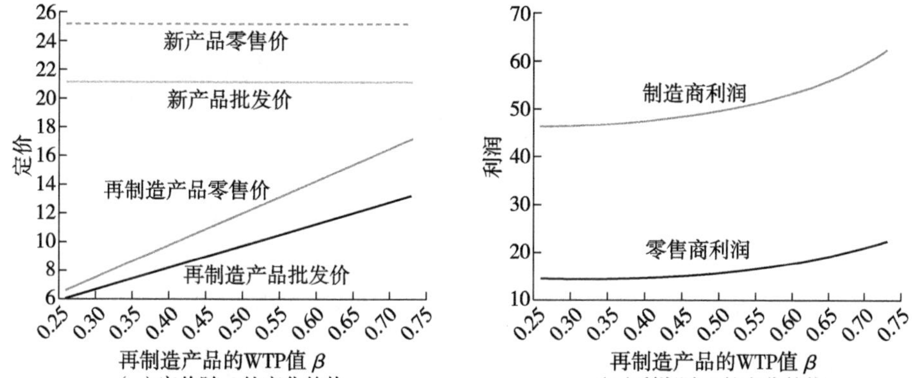


（a）定价随β的变化趋势　（b）利润随β的变化趋势

**图5-6　分散式决策下β对定价和利润的影响**

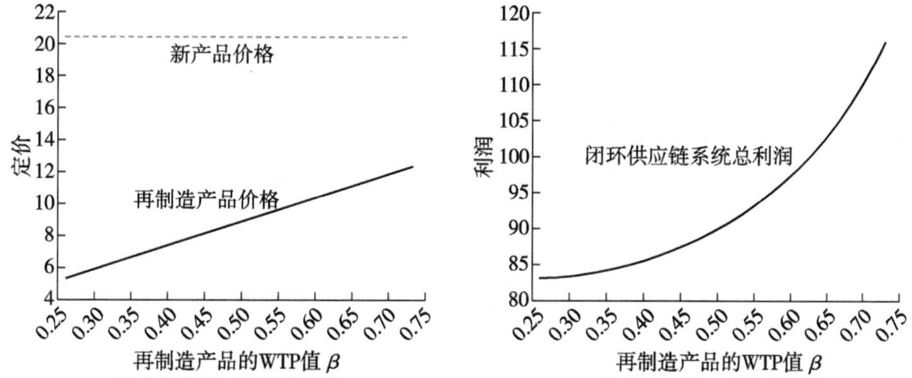


（a）定价随β的变化趋势　（b）利润随β的变化趋势

**图5-7　集中式决策下β对定价和利润的影响**

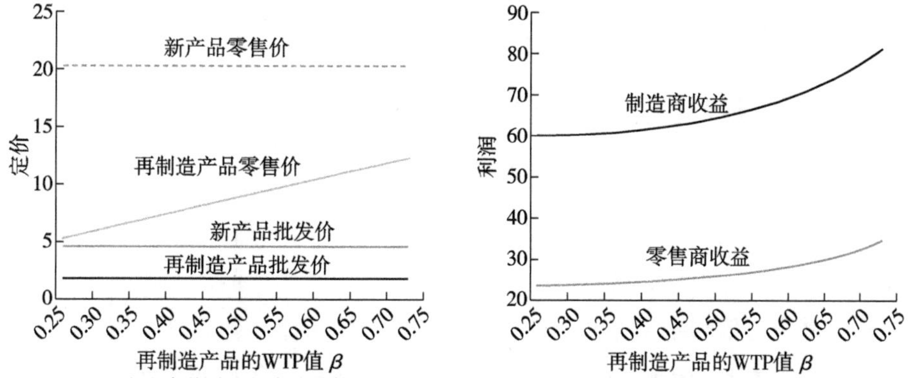


（a）定价随β的变化趋势　（b）利润随β的变化趋势

**图5-8　收益共享契约下β对定价和利润的影响**

# 5.4 不确定需求及 WTP 差异下的再制造延伸责任分担机制

作为一项新的环保制度，生产者责任延伸（王干，2006；吴怡和诸大建，2008）成为企业界和学术界所关注的热点。生产者责任延伸（王文宾等，2009；王文宾和达庆利，2010）是指通过将制造商的责任延伸至产品生命周期的各个环节，特别是产品消费后的回收、价值恢复和最终处理，以促进产品整个生命周期过程的环境保护，实现节能减排、可持续发展的目标。当前 EPR 制度在 OECD 国家已得到广泛实施，但仍处于完善与尝试的阶段（李军和魏洁，2010）。再制造闭环供应链通过回收承担了产品延伸责任，通过再制造进行回收产品的价值恢复，是 EPR 行之有效的实施形式。

虽然 EPR 的实施主体是制造商，但这并不意味着制造商一定要完全承担这种责任，制造商可以利用其主导优势，通过供应链中的分工与合作，将产品延伸责任进行分解，由供应链的所有参与人共同承担延伸责任（OECD，2004；王兆华，2006）。OECD（2004）指出：确定 EPR 的承担主体和确定责任的分担机制是 EPR 成功实施的关键。本章基于再制造产品与新产品的 WTP 差异，分别在确定需求和不确定需求下建立了基于延伸责任分担的定价模型，为 EPR 的实施提供理论参考。

本节的结构安排如图 5－9 所示。

## 5.4.1 问题描述和模型假设

1. 问题描述

本节讨论基于单一制造商和单一零售商构成的闭环供应链系统，假定制造商承担延伸责任，进行回收系统的投资 $I$ 及废旧产品的回收和实施再制造，并通过依赖于 $I$ 的再制造产品的批发价定价将延伸责任传导至零售商，使得零售商分担延伸责任；此时制造商承担所有的回收费用，并对回收品有控制权（包晓英和蒲云，2008）。因此，制造商的决策问题为新产品的批发价定价及构成延伸责任分担机制的再制造产品的批发价定价，目

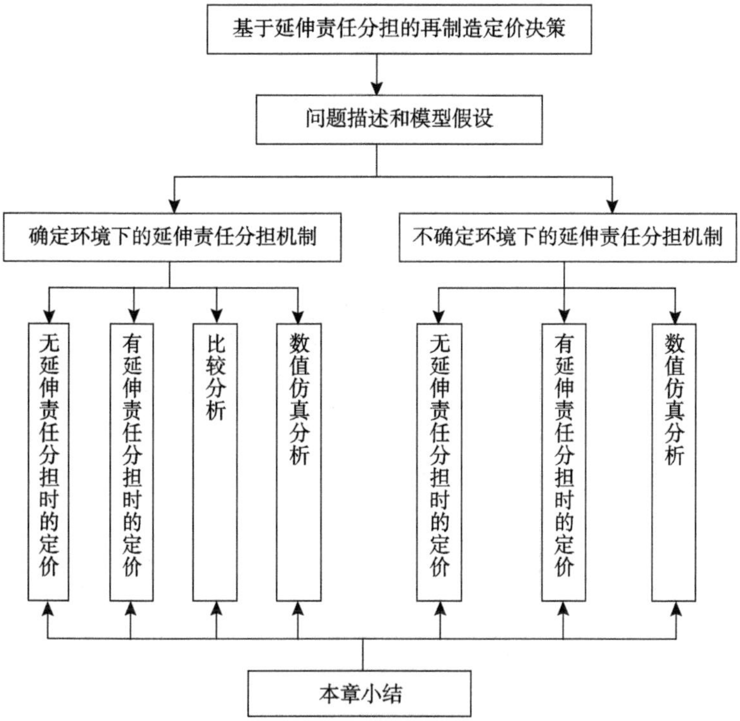


图5-9 第5.4节的结构安排

标为收益的最大化；相应地，零售商的决策问题为新产品及再制造产品零售价的定价，实现零售商的收益最优。

在正向供应链中，制造商分别以新材料和回收的EOL产品生产新产品和再制造产品，并分别以批发价 $w_n$和 $w_r$批发给零售商；零售商则以零售价格 $p_n$和 $p_r$销售给消费者；其中延伸责任的分担机制由依赖于 $I$ 的 $w_r$构成。在逆向供应链中，制造商以单位价格 $A$ 向消费者回购EOL产品，同时对回购的EOL产品进行再制造。确定环境下，在正向供应链中，制造商分别以新材料和回收的EOL产品生产新产品和再制造产品。在不确定环境下，制造商根据零售商的订购策略进行新产品及再制造产品生产，其中零售商的订购量由其对市场需求的预测所决定，订购量分别为 $Q_n$ 及 $Q_r$；由于需求的不确定性，新产品及再制造产品销售可能发生产品缺货或产量过多的现象，将单位缺货成本分别用 $h_n(h_n>0)$ 及 $h_r(h_r>0)$ 表示；未销售完的单位产品残值分别用 $s_n$ 及 $s_r$ 表示，一般而言，$0<s_n<p_n$ 及 $0<s_r<p_r$，即未销售

完的产品单位残值为正，且小于市场销售价格。

2. 模型假设

为更清楚地对模型进行解释，本节做如下相应假设。

假设1：假定新产品单位可变成本为 $c_n$，再制造产品单位可变成本为 $c_r$，并假定 $c_n > c_r > 0$（Savaskan 等，2004；Atasu 等，2008），这反映了再制造的成本节约优势；$\Delta = c_n - c_r$ 表示回收再制造产品比新产品节约的单位成本。

假设2：在确定需求环境下，假定消费者新产品与再制造产品的认知存在差异，即消费者对新产品与再制造产品的 WTP 不同（Ferguson 等，2006；Ferrer 等，2010）。按照 Ferguson 等（2006）的结论，假定市场容量为 $Q$，当新产品与再制造产品的 WTP 分别为 1 和 $\beta$ 时，新产品及再制造产品的需求函数分别为 $p_n = Q - q_n - \beta q_r$，$p_r = \beta(Q - q_n - q_r)$；其中 $0 < \beta < 1$，即消费者对新产品的认知价值不低于再制造产品（Ferguson 等，2006），本节沿用此替代规律进行分析。

在不确定需求环境下，假定市场对新产品及再制造产品的需求均具有不确定性。本节利用线性加性不确定性来描述随机市场需求，新产品市场需求表示为 $D_n = d_n(p_n, p_r) + \varepsilon_n$，再制造产品市场需求表示为 $D_r = d_r(p_n, p_r) + \varepsilon_r$。其中，$\varepsilon_n$ 和 $\varepsilon_r$ 分别为独立于新产品零售价格 $p_n$ 和再制造产品零售价格 $p_r$ 的随机变量，且 $\varepsilon_n$ 与 $\varepsilon_r$ 相互独立，其概率密度函数分别为 $f_n(\cdot)$ 及 $f_r(\cdot)$，分布函数相应表示为 $F_n(\cdot)$ 及 $F_r(\cdot)$；$d_n(p_n, p_r)$ 及 $d_r(p_n, p_r)$ 是与市场价格相关的部分需求，按照 Ferguson 等（2006）的结论，消费者对新产品与再制造产品的认知存在差异时，假定市场容量为 $Q$，若新产品与再制造产品的 WTP 分别为 1 和 $\beta$，$d_n(p_n, p_r)$ 及 $d_r(p_n, p_r)$ 满足如下替代公式：$d_n(p_n, p_r) = Q - \dfrac{p_n - p_r}{1-\beta}$，$d_r(p_n, p_r) = \dfrac{\beta p_n - p_r}{\beta(1-\beta)}$；其中 $0 < \beta < 1$，即消费者对新产品的认知价值不低于再制造产品，本文沿用此替代规律进行分析。

假设3：假定 EOL 产品的回收率为 $\tau$，$0 \leq \tau \leq 1$；回收的 EOL 产品全部实施再制造（Savaskan 等，2004）。回收商回收 EOL 产品的固定投资为 $I(\tau) = c_l \tau^2$（Zhao 等，2000），其中 $c_l > 0$ 为规模参数；给定回收率 $\tau$，参数 $c_l$ 越大，回收商投入的固定投资越大。回收商回收总成本可以表示为

$C(\tau)=I(\tau)+A\tau(Q_n+Q_r)$，$A$ 表示回收 EOL 产品的单位成本（Savaskan 等，2004；王文宾等，2010）。为使分析有意义，假定 $A<b<c_n-c_r$，即制造商对 EOL 产品付给回收商的单位转移支付大于回收商的单位回收成本，否则回收商将失去回收的动力；且小于制造商进行再制造的成本节约，否则制造商将选择不进行再制造（Savaskan 等，2004；王文宾等，2010）。

假设 4：本节仅研究单一制造商及单一零售商所构成的闭环供应链，其中制造商为 Stackelberg 领导者，对渠道有足够的影响力；且参与人均为风险中性以及完全信息（Savaskan 等，2004）。

假设 5：假定一个消费者最多购买一单位新产品或再制造产品或维修产品（Savaskan 等，2004）。

假设 6：假定回收的废旧产品数量足以满足制造商生产再制造产品的需求（Savaskan 等，2004；王文宾等，2010）。

假设 7：为使分析有意义，假定 $\Delta<(1-\beta)Q$，$A<\frac{\beta c_n-c_r}{(1-\beta)\tau}$。其中条件 $\Delta<(1-\beta)Q$ 是为了满足新产品需求的正性，这说明 $\Delta$ 值不可能太大，否则制造商将不进行新产品的生产；条件 $A<\frac{\beta c_n-c_r}{(1-\beta)\tau}$ 是为了满足再制造产品需求的正性，这表示 EOL 产品的回收价不能太高，否则制造商将不会进行回收再制造，这一假设与实际是吻合的。

假设 8：假定延伸责任的分担机制仅由再制造产品的批发价来实现，这是因为新产品的生产过程并不体现生产者责任的延伸，而再制造产品的生产过程包括了 EOL 产品的回收和价值恢复，体现了生产者责任延伸制的内涵。Debing Ni 等（2010）研究了供应链中社会责任（Social Responsibility，SR）的投资与合作机制问题，通过制造商向分销商设定的批发价协议来实现社会责任的传导机制，其设定的批发价定价形式为 $w(I)=w+k\sqrt{I}$，即 $w(I)=w+k\tau\sqrt{c_l}$，其中 $w$ 是不考虑延伸责任传导时的批发价格，$k$ 反映了延伸责任的分担机制；本节也用该式进行分析，即假定再制造产品的批发价为 $w_r(I)=w_r+k\sqrt{I}$，$w_r$ 是不考虑延伸责任传导时再制造产品的批发价格。Debing Ni 等（2010）并未考虑供应链系统的回收及再制造，也未涉及需求的不确定性，本节与其区别之处主要在此。

## 5.4.2 确定环境下的延伸责任分担机制

为分析生产者延伸责任分担下闭环供应链的特征，下面分别计算是否考虑延伸责任分担时的定价策略并进行比较。将不考虑延伸责任分担时制造商及零售商利润分别表示为 $\Pi_M^{NE}$ 及 $\Pi_R^{NE}$；考虑延伸责任分担时制造商及零售商利润分别表示为 $\Pi_M^E$ 及 $\Pi_R^E$。

1. 不考虑延伸责任分担时的定价策略

此时制造商负责回收 EOL 产品并进行再制造，制造商为 Stackelberg 领导者，先进行新产品及再制造产品批发价的决策；然后由零售商进行新产品和再制造产品零售价的决策。由逆向归纳法，先考虑零售商的最优决策：

$$\underset{p_n,p_r}{\mathrm{Max}}\,\Pi_R^{NE}=(p_n-w_n)(Q-\frac{p_n-p_r}{1-\beta})+(p_r-w_r)\frac{\beta p_n-p_r}{\beta(1-\beta)} \qquad (5-21)$$

考虑式（5－21）的一阶条件可得零售商的反应函数为 $p_n=\frac{Q+w_n}{2}$，$p_r=\frac{\beta Q+w_r}{2}$。

制造商的利润为新产品及再制造产品的利润之和减去回收总成本，其决策问题为

$$\underset{w_n,w_r}{\mathrm{Max}}\,\Pi_M^{NE}=(w_n-c_n)(Q-\frac{p_n-p_r}{1-\beta})+(w_r-c_r)\frac{\beta p_n-p_r}{\beta(1-\beta)}-B\tau^2-A\tau(Q-\frac{p_r}{\beta}) \qquad (5-22)$$

将零售商的反应函数代入制造商利润函数，并考虑式（5－22）的一阶条件可得 $w_n^{*NE}=\frac{Q+c_n+A\tau}{2}$，$w_r^{*NE}=\frac{\beta Q+c_r+A\tau}{2}$。代入零售商的反应函数有 $p_n^{*NE}=\frac{3Q+c_n+A\tau}{4}$，$p_r^{*NE}=\frac{3\beta Q+c_r+A\tau}{4}$。

下面对假设 7 进行说明。由于 $q_n=Q-\frac{p_n-p_r}{1-\beta}$，$q_r=\frac{\beta p_n-p_r}{\beta(1-\beta)}$，将 $p_n^{*NE}$ 及 $p_r^{*NE}$ 代入有 $q_n^{*NE}=\frac{(1-\beta)Q-\Delta}{4(1-\beta)}$，$q_r^{*NE}=\frac{(\beta c_n-c_r)-(1-\beta)A\tau}{4\beta(1-\beta)}$，由 $q_n^{*NE}>0$ 和 $q_r^{*NE}>0$ 即可得假设 7。

2. 考虑延伸责任分担时的定价策略

考虑延伸责任分担时博弈结构与 1. 并无区别，零售商的决策问题与式（5－21）完全相同，对于制造商，由于此时再制造产品的批发价 $w_r$ 依赖

于回收系统的固定投资 $I$ ，此时需要解决的问题是确定 $w_r$ 的最优表达形式。易知零售商反应函数 $p_n=\frac{Q+w_n}{2}$，$p_r=\frac{\beta Q+w_r(\tau)}{2}$。制造商的决策问题为

$$\underset{w_n}{\mathrm{Max}}\,\Pi_{\mathrm{M}}^{\mathrm{E}}=(w_n-c_n)(Q-\frac{p_n-p_r}{1-\beta})+[w_r(\tau)-c_r]\frac{\beta p_n-p_r}{\beta(1-\beta)}-B\tau^2-A\tau(Q-\frac{p_r}{\beta}) \tag{5-23}$$

考虑其一阶条件有 $w_n=\frac{(1-\beta)Q+c_n-c_r}{2}+w_r(\tau)$。将 $w_n$ 代入式（5-23）并考虑其一阶条件可得再制造产品的定价机制为 $w_r^{*E}(\tau)=\frac{3\beta(1-\beta)Q+2(1-\beta)A\tau-\beta c_n+(2-\beta)c_r}{4(1-\beta)}$。因而可得 $w_n^{*E}=\frac{(2-\beta-\beta^2)Q+2(1-\beta)A\tau+(2-3\beta)c_n+\beta c_r}{4(1-\beta)}$，$p_n^{*E}=\frac{(6-5\beta-\beta^2)Q+2(1-\beta)A\tau+(2-3\beta)c_n+\beta c_r}{8(1-\beta)}$，$p_r^{*E}=\frac{7\beta(1-\beta)Q+2(1-\beta)A\tau-\beta c_n+(2-\beta)c_r}{8(1-\beta)}$。

3. 比较分析

将上述是否考虑延伸责任分担时的定价策略并进行比较，可得如下结论：

结论 5.8：（1）对于新产品和再制造产品的批发价与零售价，有 $w_n^{*E}>w_n^{*NE}$，$w_r^{*E}>w_r^{*NE}$，$p_n^{*E}>p_n^{*NE}$，$p_r^{*E}>p_r^{*NE}$。（2）对于收益函数有，$\Pi_{\mathrm{M}}^{*\mathrm{E}}>\Pi_{\mathrm{M}}^{*\mathrm{NE}}$，$\Pi_{\mathrm{R}}^{*\mathrm{E}}>\Pi_{\mathrm{R}}^{*\mathrm{NE}}$。

证明：(1) $w_n^{*E}-w_n^{*NE}=w_r^{*E}-w_n^{*NE}=\frac{\beta[(1-\beta)Q-\Delta]}{4(1-\beta)}$，由假设4有 $\Delta<(1-\beta)Q$，而 $0<\beta<1$，因此 $w_n^{*E}-w_n^{*NE}=w_r^{*E}-w_n^{*NE}>0$，即 $w_n^{*E}>w_n^{*NE}$，$w_r^{*E}>w_r^{*NE}$。又因为 $p_n=\frac{Q+w_n}{2}$，$p_r=\frac{\beta Q+w_r}{2}$，所以有 $p_n^{*E}>p_n^{*NE}$，$p_r^{*E}>p_r^{*NE}$。

（2）由于 $\Pi_{\mathrm{M}}^{*\mathrm{E}}-\Pi_{\mathrm{M}}^{*\mathrm{NE}}=\frac{\beta[(1-\beta)Q-\Delta]^2}{32(1-\beta)^2}>0$，所以 $\Pi_{\mathrm{M}}^{*\mathrm{E}}>\Pi_{\mathrm{M}}^{*\mathrm{NE}}$。另外，$\Pi_{\mathrm{R}}^{*\mathrm{E}}-\Pi_{\mathrm{R}}^{*\mathrm{NE}}=-\frac{[(1-\beta)Q-\Delta][3\beta(1-\beta)Q-3(1-\beta)c_r-4(1-\beta)A\tau+(\beta c_n-c_r)]}{64(1-\beta)^2}$，根据假设7有 $(1-\beta)A\tau<\beta c_n-c_r$ 及 $(1-\beta)Q>\Delta$，因此 $(1-\beta)Q-\Delta>0$，且 $3\beta(1-\beta)Q-3(1-\beta)c_r-4(1-\beta)A\tau+(\beta c_n-c_r)\ >3\beta(c_n-c_r)-3(1-\beta)c_r-4(\beta c_n-c_r)+(\beta c_n-c_r)=0$，所以 $\Pi_{\mathrm{R}}^{*\mathrm{E}}-\Pi_{\mathrm{R}}^{*\mathrm{NE}}>0$，即 $\Pi_{\mathrm{R}}^{*\mathrm{E}}>\Pi_{\mathrm{R}}^{*\mathrm{NE}}$。证毕。

上述结论说明，在制造商实施延伸责任分担的批发价定价机制下，新产品和再制造产品的批发价和零售价均高于不实施延伸责任分担时；这一

结果表明，当制造商将延伸责任转移至零售商时，零售商也会相应提高新产品和再制造产品的零售价，从而将延伸责任分担至消费者。从这一角度而言，该定价机制体现了 EPR 的内涵，从生产者到消费者环节，均分担了社会责任；欧洲国家一般采用这种延伸责任分担模式，如德国、法国包装废弃物的处理和欧盟废弃电子电气设备指令等（鲍健强等，2007）。实施延伸责任分担机制后，制造商和零售商的收益均增加；这是因为分担机制将部分回收责任传导至消费者，从而使得供应链系统回收成本降低而增加了收益，这也说明了该定价机制的合理性。

4. 数值仿真分析

本节首先给出回收率 $\tau$ 及再制造产品的 WTP 值 $\beta$ 为定值时的最优解，以验证上述结论的正确性，然后通过仿真分别分析考虑延伸责任分担时的定价及利润随参数 $\tau$ 和 $\beta$ 的变化规律。取参数值初始值 $Q=30$，$\beta=0.7$，$c_n=10$，$c_r=2$，$B=14$，$\tau=0.8$，$A=2$，该初始值已满足假设 7，最优解见表 5 - 3。由表 5 - 3 可以看出，在考虑延伸责任分担时，新产品及再制造产品的批发价和零售价均高于不考虑延伸责任分担时，并且制造商和零售商的利润均比不考虑延伸责任分担时有所增加，这进一步验证了结论的正确性。

**表 5 - 3　两种批发价定价机制下的最优解**

| 变量 | 不考虑延伸责任分担 | 考虑延伸责任分担 |
|---|---|---|
| $w_n$ | 20.8000 | 21.3833 |
| $w_r$ | 12.3000 | 12.8833 |
| $p_n$ | 25.4000 | 25.6917 |
| $p_r$ | 16.6500 | 16.9417 |
| $\Pi_{\mathrm{M}}$ | 45.2779 | 45.5210 |
| $\Pi_{\mathrm{R}}$ | 23.7370 | 27.2405 |

（1）回收率 $\tau$ 对定价及利润的影响。为得到参数 $\tau$ 对定价及利润的影响，首先固定 $Q=30$，$\beta=0.7$，$c_n=10$，$c_r=2$，$B=14$，$A=2$。由于此时条件 $\Delta<(1-\beta)Q$ 及 $A<\dfrac{\beta c_n-c_r}{(1-\beta)\tau}$ 已满足，故可让参数 $\tau$ 在区间［0，1］内变化，

分别计算延伸责任分担时定价和利润的变化，如图5－10所示。由图5－10（a）可看出，随着回收率$\tau$的增加，新产品及再制造产品的批发价和零售价均在增长。事实上，随着回收率的提高，制造商投资回收系统的成本增加，因此需通过提高批发价实现延伸责任对零售商的传导；同样，零售商也通过提高零售价促使消费者分担延伸责任。图5－10（b）说明，随着回收率$\tau$的增加，制造商和零售商利润都出现了下降。这表明承担延伸责任是需要付出成本的，回收率越高，付出成本越高，从而侵蚀了制造商的利润；虽然实施再制造能实现价值恢复，但再制造产品对新产品也存在侵蚀效应，从而使得供应链系统利润的下降（Guide，2010）。这也解释了为什么当前众多的制造商不愿意主动承担延伸责任，而需要通过立法的手段来强制EPR的实施。

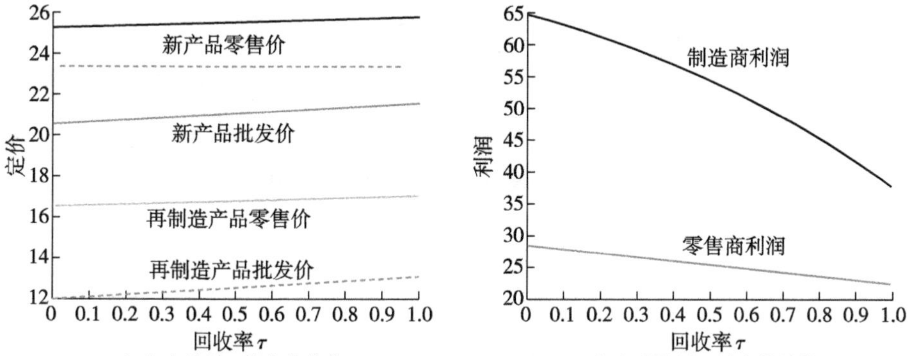

（a）定价随$\tau$的变化趋势　（b）利润随$\tau$的变化趋势

**图5－10　回收率对定价和利润的影响**

（2）再制造产品的WTP值$\beta$对定价及利润的影响。固定$Q=30$，$c_n=10$，$c_r=2$，$B=14$，$\tau=0.8$，$A=2$。由条件$\Delta<(1-\beta)Q$及$A<\dfrac{\beta c_n-c_r}{(1-\beta)\tau}$，有$\dfrac{9}{29}<\beta<\dfrac{11}{15}$。因此可让参数$\beta$在区间［0.32，0.73］内变化，分别计算延伸责任分担时定价和利润的变化，如图5－11所示。由图5－11（a）可看出，随着$\beta$值的增加，新产品批发价和零售价先增加后减少，而再制造产品批发价和零售价均呈增加态势。由于$\beta$值代表了消费者对再制造产品的认知程度，这说明随着消费者对再制造产品认知程度的增加，新产品的价

格先增长，在达到阈值后再减少；而再制造产品随消费者对其认知程度的提高，均能以更高的价格进行销售。由图 5－11（b）则可以看出，制造商利润随着 $\beta$ 值的增长而增加，而零售商利润则随 $\beta$ 值的增加出现先下降后增加的趋势。这说明，消费者对再制造产品的认知程度越高，制造商能获取更高的利润；而零售商的利润则对 $\beta$ 值存在阈值，只有在高于该阈值时才随 $\beta$ 值的增加而增长。

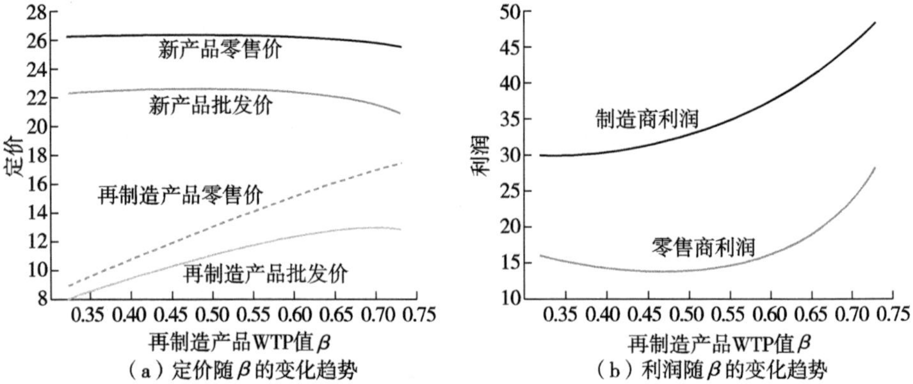


**图 5－11　再制造产品的 WTP 值 $\beta$ 对定价和利润的影响**

## 5.4.3　不确定需求下的延伸责任分担机制

下面首先求出无延伸责任分担时再制造产品的批发价格，然后在此基础上得到有延伸责任分担的再制造产品批发价格，从而得出不确定需求下的延伸责任分担机制。文中规定，符号下标中分别用 M 和 R 表示制造商及零售商，符号上标中用 NE 表示不考虑延伸责任分担时的情形，用 E 表示考虑延伸责任分担时的情形；因此，不考虑延伸责任分担时制造商及零售商利润可分别表示为 $\Pi_{M}^{NE}$ 及 $\Pi_{R}^{NE}$；考虑延伸责任分担时制造商及零售商利润可分别表示为 $\Pi_{M}^{E}$ 及 $\Pi_{R}^{E}$，其余符号与此类似。

1. 无延伸责任分担时的定价

决策顺序如下：制造商为 Stackelberg 博弈的领导者，先进行新产品及再制造产品批发价 $w_n$ 及 $w_r$ 的决策；然后由零售商进行新产品和再制造产品的零售价 $p_n$ 和 $p_r$ 及最优订购量 $Q_n$ 及 $Q_r$ 的决策。由逆向归纳法，先考虑零售商的决策，由于新产品及再制造产品的市场需求的随机性，使得零售商无法准确预测新产品及再制造产品的需求，因此会导致订购量与实际需求量不符的情况，从而需要承担缺货成本或剩余产品的处理成本。根据前述假设，新产品给零售商带来的利润函数可表示为

$$\pi_{Rn}^{NE}=\begin{cases}p_nD_n-w_nQ_n+(Q_n-D_n)s_n & D_n\leqslant Q_n\\(p_n-w_n)Q_n-(D_n-Q_n)h_n & D_n>Q_n\end{cases}\tag{5-24}$$

同理，零售商由再制造产品产生的利润为

$$\pi_{Rr}^{NE}=\begin{cases}p_rD_r-w_rQ_r+(Q_r-D_r)s_r & D_r\leqslant Q_r\\(p_r-w_r)Q_r-(D_r-Q_r)h_r & D_r>Q_r\end{cases}\tag{5-25}$$

令 $z_n=Q_n-d_n(p_n,p_r)$ 及 $z_r=Q_r-d_r(p_n,p_r)$，可得零售商的决策问题为

$$\begin{aligned}\underset{p_n,p_r,z_n,z_r}{\mathrm{Max}}\ \pi_R^{NE}=&p_nd_n(p_n,p_r)-w_n[d_n(p_n,p_r)+z_n]+\int_{-\infty}^{z_n}[p_nx+s_n(z_n-x)]f_n(x)\mathrm{d}x+\\&\int_{z_n}^{+\infty}[p_nz_n-h_n(x-z_n)]f_n(x)\mathrm{d}x+\\&p_rd_r(p_n,p_r)-w_r[d_r(p_n,p_r)+z_r]+\int_{-\infty}^{z_r}[p_ry+s_r(z_r-y)]f_r(y)\mathrm{d}y+\\&\int_{z_r}^{+\infty}[p_rz_r-h_r(y-z_r)]f_r(y)\mathrm{d}y\end{aligned}\tag{5-26}$$

零售商是该 Stackelberg 博弈的追随者，从利润最大化的角度来制定其反应函数。将 $d_n(p_n,p_r)=Q-\frac{p_n-p_r}{1-\beta}$、$d_r(p_n,p_r)=\frac{\beta p_n-p_r}{\beta(1-\beta)}$ 代入 $\pi_R^{NE}$，并分别求 $p_n$、$p_r$、$z_n$ 及 $z_r$ 的偏导数且令其为零，联立求解即可得到零售商对 $w_n$ 和 $w_r$ 的反应函数，联立方程组如下：

$$\frac{\partial\pi_R^{NE}}{\partial p_n}=Q-\frac{2(p_n-p_r)-(w_n-w_r)}{1-\beta}+\int_{-\infty}^{z_n}xf_n(x)\mathrm{d}x+\int_{z_n}^{+\infty}z_nf_n(x)\mathrm{d}x=0\tag{5-27}$$

$$\frac{\partial\pi_R^{NE}}{\partial p_r}=\frac{2(\beta p_n-p_r)-(\beta w_n-w_r)}{\beta(1-\beta)}+\int_{-\infty}^{z_r}yf_y(y)\mathrm{d}y+\int_{z_r}^{+\infty}z_rf_r(y)\mathrm{d}y=0\tag{5-28}$$

$$\frac{\partial\pi_R^{NE}}{\partial z_n}=-w_n+p_n+h_n-(p_n+h_n-s_n)F_n(z_n)=0\tag{5-29}$$

$$\frac{\partial\pi_R^{NE}}{\partial z_r}=-w_r+p_r+h_r-(p_r+h_r-s_r)F_r(z_r)=0\tag{5-30}$$

制造商根据零售商的订购量进行废旧产品的回收、新产品及再制造产品的生产，其收益为新产品及再制造产品的批发收益减去生产成本及回收总成本，其利润函数为

$$\begin{aligned}\pi_M^{NE}=&(w_n-c_n)[d_n(p_n,p_r)+z_n]+(w_r-c_r)[d_r(p_n,p_r)+z_r]-\\&\{c_l\tau^2+A\tau[d_n(p_n,p_r)+z_n+d_r(p_n,p_r)+z_r]\}\end{aligned}\tag{5-31}$$

制造商作为Stackelberg博弈的领导者，由式（5－27）～式（5－30）所决定的零售商反应函数$(p_n^*, p_r^*, z_n^*, z_r^*)$来制定批发价$(w_n^*, w_r^*)$使得式（5－31）最大化，制造商的优化问题可描述为

$$\begin{aligned}
\underset{w_n,w_r}{\text{Max}}\ \pi_M^{NE} = & (w_n - c_n)[d_n(p_n, p_r) + z_n] + (w_r - c_r)[d_r(p_n, p_r) + z_r] \\
& -\{c_l\tau^2 + A\tau[d_n(p_n, p_r) + z_n + d_r(p_n, p_r) + z_r]\} \\
\text{s.t.} \quad & Q - \frac{2(p_n - p_r) - (w_n - w_r)}{1-\beta} + \int_{-\infty}^{z_n} x f_n(x)\mathrm{d}x + \int_{z_n}^{+\infty} z_n f_n(x)\mathrm{d}x = 0 \\
& \frac{2(\beta p_n - p_r) - (\beta w_n - w_r)}{\beta(1-\beta)} + \int_{-\infty}^{z_r} y f_y(y)\mathrm{d}y + \int_{z_r}^{+\infty} z_r f_r(y)\mathrm{d}y = 0 \\
& -w_n + p_n + h_n - (p_n + h_n - s_n)F_n(z_n) = 0 \\
& -w_r + p_r + h_r - (p_r + h_r - s_r)F_r(z_r) = 0 \\
& p_n > w_n > c_n; p_r > w_r > c_r
\end{aligned} \tag{5-32}$$

对式（5－32）进行求解，可得各决策变量的最优解及制造商与零售商的最优利润，令此时再制造产品的批发价为$w_{r0}$，可进一步求出有延伸责任分担机制的定价。

2. 有延伸责任分担时的定价

在考虑延伸责任分担时，决策顺序与上节完全相同。易知此时零售商的优化问题为

$$\begin{aligned}
\underset{p_n,p_r,z_n,z_r}{\text{Max}}\ \pi_R^E = & p_n d_n(p_n, p_r) - w_n[d_n(p_n, p_r) + z_n] + \int_{-\infty}^{z_n}[p_n x + s_n(z_n - x)]f_n(x)\mathrm{d}x + \\
& \int_{z_n}^{+\infty}[p_n z_n - h_n(x - z_n)]f_n(x)\mathrm{d}x + \\
& p_r d_r(p_n, p_r) - (w_{r0} + k\tau\sqrt{c_l})[d_r(p_n, p_r) + z_r] + \int_{-\infty}^{z_r}[p_r y + s_r(z_r - y)]f_r(y)\mathrm{d}y + \\
& \int_{z_r}^{+\infty}[p_r z_r - h_r(y - z_r)]f_r(y)\mathrm{d}y
\end{aligned} \tag{5-33}$$

可得零售商反应函数联立方程组为

$$\frac{\partial \pi_R^E}{\partial p_n} = Q - \frac{2(p_n - p_r) - (w_n - w_{r0} - k\tau\sqrt{c_l})}{1-\beta} + \int_{-\infty}^{z_n} x f_n(x)\mathrm{d}x + \int_{z_n}^{+\infty} z_n f_n(x)\mathrm{d}x = 0 \tag{5-34}$$

$$\frac{\partial \pi_R^E}{\partial p_r} = \frac{2(\beta p_n - p_r) - (\beta w_n - w_{r0} - k\tau\sqrt{c_l})}{\beta(1-\beta)} + \int_{-\infty}^{z_r} y f_y(y)\mathrm{d}y + \int_{z_r}^{+\infty} z_r f_r(y)\mathrm{d}y = 0 \tag{5-35}$$

$$\frac{\partial \pi_R^E}{\partial z_n} = -w_n + p_n + h_n - (p_n + h_n - s_n)F_n(z_n) = 0 \tag{5-36}$$

$$\frac{\partial \pi_R^E}{\partial z_r} = -w_{r0} - k\tau\sqrt{c_l} + p_r + h_r - (p_r + h_r - s_r)F_r(z_r) = 0 \qquad (5-37)$$

此时制造商的利润函数为

$$\pi_M^E = (w_n - c_n)[d_n(p_n, p_r) + z_n] + (w_{r0} + k\tau\sqrt{c_l} - c_r)(d_r(p_n, p_r) + z_r] \\ -\{c_l\tau^2 + A\tau[d_n(p_n, p_r) + z_n + d_r(p_n, p_r) + z_r]\} \qquad (5-38)$$

作为 Stackelberg 博弈领导者的制造商，由式（5－37）所决定的零售商反应函数 $(p_n^*, p_r^*, z_n^*, z_r^*)$ 来制定决策组合 $(w_n^*, k^*)$ 使得式（5－38）最大化，由此可得制造商的优化问题为

$$\begin{aligned} \operatorname*{Max}_{w_n,k} \pi_M^E =& (w_n - c_n)[d_n(p_n, p_r) + z_n] + (w_{r0} + k\tau\sqrt{c_l} - c_r)[d_r(p_n, p_r) + z_r] \\ & -\{c_l\tau^2 + A\tau[d_n(p_n, p_r) + z_n + d_r(p_n, p_r) + z_r]\} \\ \text{s.t.} \quad & Q - \frac{2(p_n - p_r) - (w_n - w_{r0} - k\tau\sqrt{c_l})}{1-\beta} + \int_{-\infty}^{z_n} xf_n(x)\mathrm{d}x + \int_{z_n}^{+\infty} z_n f_n(x)\mathrm{d}x = 0 \\ & \frac{2(\beta p_n - p_r) - (\beta w_n - w_{r0} - k\tau\sqrt{c_l})}{\beta(1-\beta)} + \int_{-\infty}^{z_r} yf_y(y)\mathrm{d}y + \int_{z_r}^{+\infty} z_r f_r(y)\mathrm{d}y = 0 \\ & -w_n + p_n + h_n - (p_n + h_n - s_n)F_n(z_n) = 0 \\ & -w_{r0} - k\tau\sqrt{c_l} + p_r + h_r - (p_r + h_r - s_r)F_r(z_r) = 0 \\ & p_n > w_n > c_n; p_r > w_{r0} + k\tau\sqrt{c_l} > c_r \end{aligned} \qquad (5-39)$$

对式（5－39）进行求解，即可得各决策变量的最优解及制造商与零售商的最优利润，此时的定价即为有延伸责任分担的定价机制。由于上述模型属于非线性优化问题，难以得出其显性解，因此下面通过对模型中的各参数赋值进行仿真，以得出模型的最优解并进行分析。

3. 数值仿真分析

本节首先利用数值仿真求出上述两模型的最优解，然后分析制造商及零售商利润与各决策变量随 $\beta$ 变动而相应变化的规律。为简便起见，假定 $\varepsilon_n$ 与 $\varepsilon_r$ 均服从 $U(0,2)$ 的均匀分布，其余各参数分别赋值如下：$Q=60$，$\beta=0.7$，$c_n=10$，$c_r=4$，$\tau=0.7$，$h_n=s_n=6$，$h_r=s_r=2$，$A=1$，$c_l=5$。把各参数值分别代入模型式（5－32）和式（5－38），并利用 MATLAB 进行求解可得最优解见表 5－4。

表 5-4 两种模型下各变量最优解

| 变量 | 无延伸责任模型 | 有延伸责任模型 |
|---|---|---|
| $w_n^*$ | 36.5129 | 36.8295 |
| $w_r^*$ | 24.3225 | 22.5727 |
| $p_n^*$ | 48.9241 | 49.1637 |
| $p_r^*$ | 33.7154 | 32.9040 |
| $Q_n^*$ | 10.3173 | 5.8010 |
| $Q_r^*$ | 3.6988 | 7.1932 |
| $z_n^*$ | 1.0127 | 1.2937 |
| $z_r^*$ | 1.1683 | 1.3354 |
| $\pi_M^*$ | 329.0985 | 362.1248 |
| $\pi_R^*$ | 139.1566 | 142.8130 |
| $k^*$ | - | -0.5589 |
| $\pi_{TOTAL}^*$ | 468.2551 | 504.9379 |

由表 5-4 可以看出，在有无延伸责任分担机制的两种模型中，制造商与零售商的期望收益及最优决策满足。

结论 5.9：制造商期望收益满足 $\pi_M^{*E} > \pi_M^{*NE}$，零售商期望收益满足 $\pi_R^{*E} > \pi_R^{*NE}$，渠道总收益满足 $\pi_{TOTAL}^{*E} > \pi_{TOTAL}^{*NE}$；新产品最优批发价满足 $w_n^{*E} > w_n^{*NE}$，再制造产品最优批发价满足 $w_r^{*E} < w_r^{*NE}$；新产品最优零售价满足 $p_n^{*E} > p_n^{*NE}$，再制造产品最优零售价满足 $p_r^{*E} < p_r^{*NE}$；新产品最优订购量满足 $Q_n^{*E} < Q_n^{*NE}$，再制造产品最优订购量满足 $Q_n^{*E} > Q_n^{*NE}$。

结论 5.9 说明，在实施延伸责任分担机制后，制造商利润及零售商利润均有一定程度的增加，该定价方式使得制造商及零售商对 EPR 制度有较强的参与积极性。$k^* = -0.558\,9 < 0$ 说明，在实施延伸责任分担机制后，由于回收成本得到分担，因此制造商将以更低的批发价向零售商批发再制造产品；进一步，零售商相应以较低的零售价在市场进行销售，从而使再制造产品获得更多的市场需求，这使得延伸责任由制造商、零售商、消费者

共同承担。此外，由于延伸责任分担机制的实施，新产品的批发价及零售价均出现上涨，而订购量相应减少；再制造产品的批发价与零售价则小幅下降，但订购量大幅增加，这说明该延伸责任分担机制促进了产品再制造，有效地保证了 EPR 的实施。

本节与现有文献的区别之处在于同时考虑了需求的不确定性及新产品与再制造产品之间的 WTP 差异，上面通过建模及数值仿真给出了有无延伸责任分担时的最优利润及决策，为 EPR 的实施提供理论基础；那么，新产品与再制造产品之间的 WTP 差异对有无延伸责任分担时的定价、产量及利润有何影响呢，下面仍通过数值模拟对此进行回答。由于 $0<\beta<1$，分别取 $\beta$ 为0.1、0.2、0.3、0.4、0.5、0.6、0.7、0.8、0.9，其余参数取值不变，分别代入模型式（5－33）和式（5－39）进行求解，为直观地显示定价、产量及制造商利润随参数 $\beta$ 的变动规律，将计算结果绘制成平滑散点图进行分析，如图5－12～图5－19所示。由图5－12～图5－19可以看出，随着 $\beta$ 的变化，结论5.9仍然成立。

结论5.10：在有无延伸责任分担情形下，新产品批发价及零售价均随 $\beta$ 的增加而小幅增加，再制造产品批发价及零售价均随 $\beta$ 的增加而大幅度增加；新产品产量随 $\beta$ 的增加而减少，再制造产品产量随 $\beta$ 的增加而增加；制造商利润、零售商利润及渠道总利润随着 $\beta$ 的增加呈现出先减少后增加的态势。

结论5.10说明，随着 $\beta$ 的增加，意味着消费者对再制造产品的认知程度提高，再制造产品的定价出现大幅度的上涨，最终将与新产品价格持平；特殊地，当 $\beta=1$ 时，表明消费者对新产品与再制造产品的认知无差异，此时两种产品将以相同的价格进行销售。新产品产量随着 $\beta$ 的增加逐渐减少并趋于0；而再制造产品刚好相反，产量由 $\beta=0.1$ 时的不生产逐渐上升，至 $\beta=0.9$ 时其产量与新产品 $\beta=0.1$ 时的产量大致相等，这表明当消费者对再制造产品的认知度较高时，由于再制造的低成本优势，导致制造商有更大的意愿进行再制造生产，甚至退出新产品制造。最后，制造商利润、零售商利润及渠道总利润均随 $\beta$ 的增加先减少后增加，且 $\beta=0.9$ 时制造商利润及渠道总利润均远高于 $\beta=0.1$ 时，从此角度而言，$\beta$ 值越趋近于1，对制造商及供应链系统越有利；因此制造商应该大力对再制造进行宣传，促使消费者对再制造产品认知程度的提高，一方面使得制造商获取更高的利润，另一方面通过再制造减少资源的耗费和废弃物的排放，进一步促进经济可持续发展。

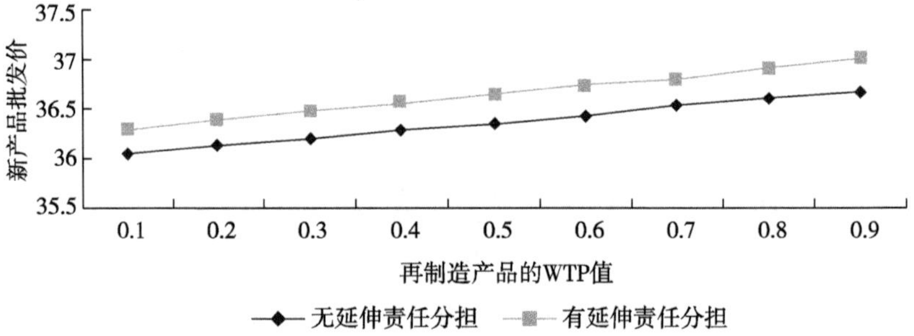


**图 5-12 参数 $\beta$ 对新产品批发价的影响**

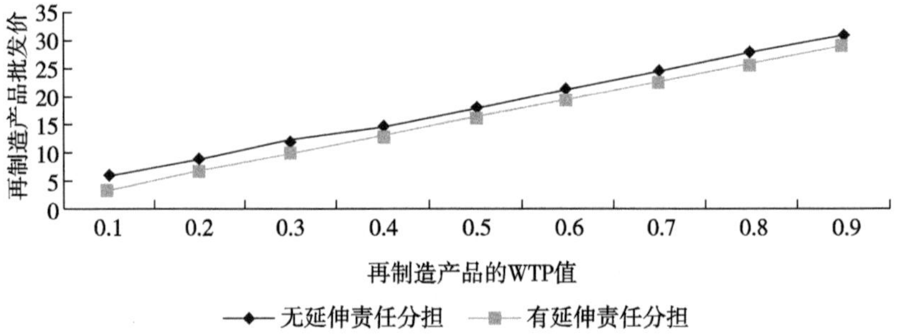


**图 5-13 参数 $\beta$ 对再制造产品批发价的影响**

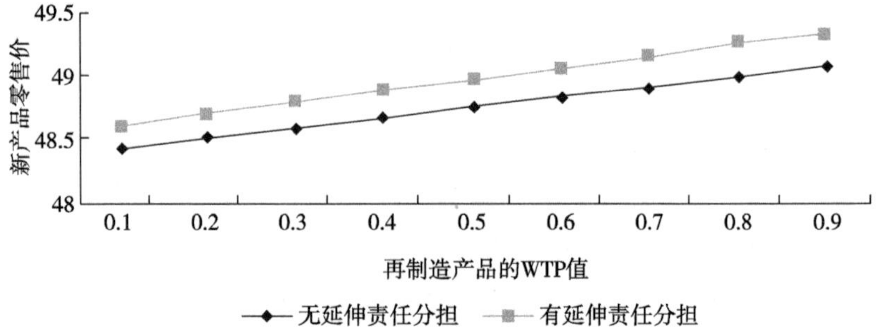


**图 5-14 参数 $\beta$ 对新产品零售价的影响**

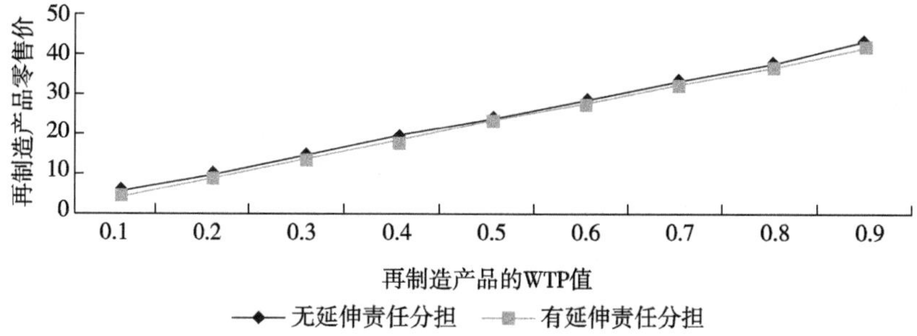


图5-15 参数$\beta$对再制造产品零售价的影响

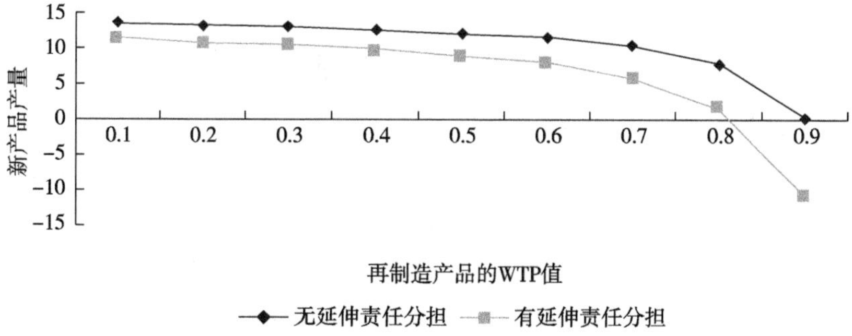


图5-16 参数$\beta$对新产品产量的影响

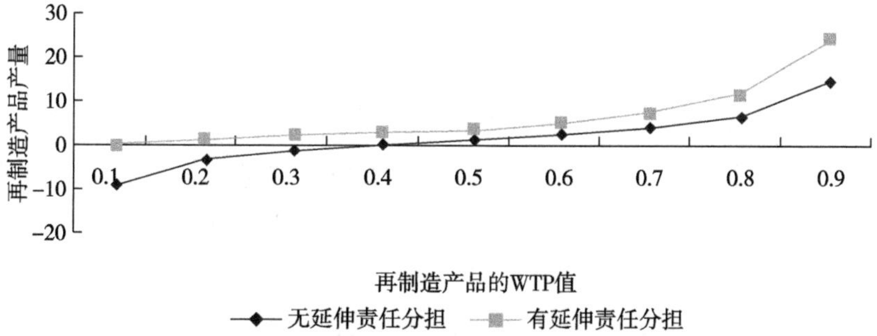


图5-17 参数$\beta$对再制造产品产量的影响

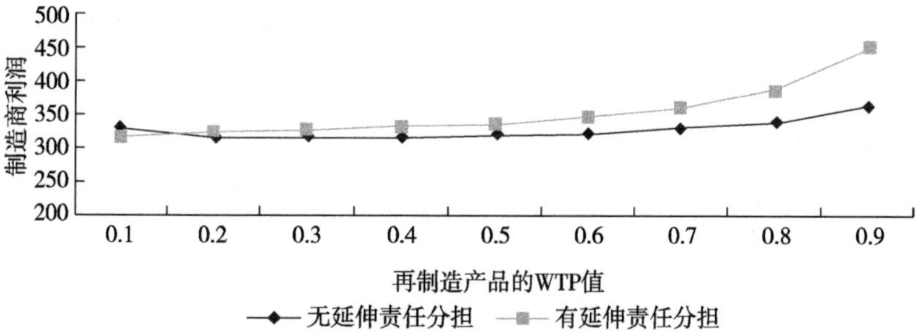


图5-18 参数$\beta$对制造商利润的影响

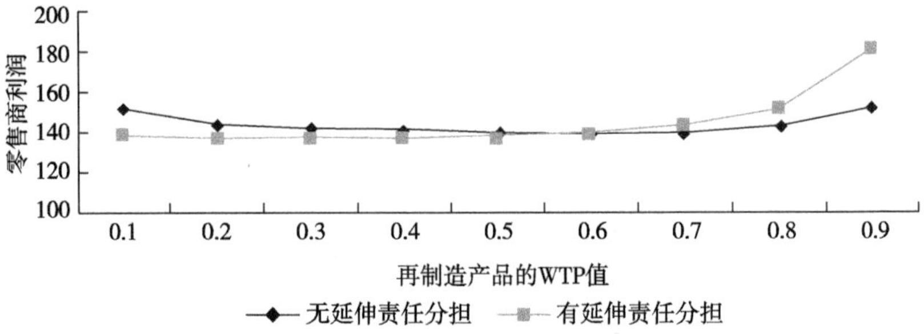


**图 5-19　参数 $\beta$ 对零售商利润的影响**

# 5.5　本章小结

本章在不确定需求及 WTP 差异下对再制造产品与新产品的联合定价决策进行了研究，然后以研究了再制造闭环供应链的协调定价方式，并分析了再制造产品的 WTP 值对决策的影响。

第一，以单一制造商为研究对象，在需求不确定环境下，基于替代性两产品报童模型研究了新产品及再制造产品的联合定价决策。通过构建了基于利润最大化的两产品定价模型，在证明目标函数凹性的基础上，给出求解的 Karush - Kuhn - Tucker 优化条件；进一步通过数值仿真对模型进行求解，并分析了再制造产品的消费者支付意愿对制造商定价、产量决策及利润的影响。结果表明，随着再制造产品消费者支付意愿的增加，新产品价格有所下降，再制造产品价格逐渐增加，新产品及再制造产品产量均有所下降，制造商利润随之增长。

第二，基于消费者对新产品及再制造产品支付意愿的不一致，考虑两种产品的替代性，研究了再制造闭环供应链的定价策略及协调机制。结果表明，集中式决策相对分散式决策而言，新产品及再制造产品的零售价更低，而市场需求更高，且供应链系统利润更高；为此，设计了收益共享契约对再制造闭环供应链进行协调。

第三，通过数值仿真分析了消费者对再制造产品的 WTP 对定价及供应链系统利润的影响。

CHAPTER
第6章

# "以旧换再"闭环供应链定价决策研究

虽然政府"以旧换再"补贴有效地促进了我国再制造产业发展，但是，与发达国家相比，我国的再制造产业整体发展水平仍然较低。企业运营面临的一个主要问题是废旧品回收处理问题。废旧产品中的资源丰富，如果回收处理方式得当，能够带来丰厚的再利用、再生产等经济价值（计国君和黄位旺，2012）。美国阿贡（Argonne）国家重点实验室统计资料显示，通过废旧品再制造生产出来的汽车所消耗的资源是利用原材料生产一辆新汽车的六分之一。其中，再制造一台汽车发电机所需能耗是全新发电机的七分之一，再制造的一台汽车发动机所耗资源仅是新发动机的十一分之一。中国济南复强再制造公司，是我国在再制造领域发展的第一家再制造示范试点企业，通过对其数据的整理统计，结果显示如果企业每年选择通过再制造方式生产200万台斯泰尔发动机，相比利用原材料生产全新发动机，企业共可以省下153万吨金属材料，节约电量约29亿千瓦时；通过自主回收再利用获得附加值646亿元，企业全年创利税58亿元，减少二氧化碳排放12万吨（徐滨士，2015）。然而，废旧电子电器产品中还包含大量有毒有害物质，如果回收处理方式不合规则会给环境带来巨大风险。而对废旧产品进行污染较低的拆解处理需要较高的技术水平并投入较高的成本。在我国，大量的企业认为废旧品回收是一种额外的负担，并没有承担环境保护责任，主动参与再制造活动，造成回收处理市场上大量的废弃电器电子产品被小商贩高价回收。但这些小商贩都是没有拆解资质的不合格回收商，其简单的拆解处理过程可能造成严重的环境污染和安全隐患，而正规拆解企业因回收处理数量严重不足而难以为继。为规范废旧品的回收和处理，并扶持正规拆解企业，国务院于2009年发布了《废弃电器电子产品回收处理管理条例》（以下简称《条例》），并在2012年推出了《废旧电器电子产品处理基金征收使用管理办法》（以下简称《办法》）（王玉燕和申亮，2018；李新然和陈蓉，2015）。《条例》和《办法》的出台对我国生产回收企业的决策产生了重大影响。

综上所述，本章在以上背景下，研究政府“以旧换再”补贴下考虑不同消费者对再制造产品有着不同接受度的新产品与再制造产品差异化定价的闭环供应链定量定价问题，针对零售商与制造商双边垄断情形，分析市场中存在绿色消费者和普通消费者对再制造产品接受度高低及政府补贴对供应链及其成员的决策影响；针对制造商与再制造商相互竞争时，消费者对制造商的接受度及企业偏好对各制造商的决策影响；以及市场回收渠道关于合格回收商与不合格商竞争的“以旧换再”闭环供应链的决策问题。期望这些研究能够为政府管理实践及企业决策提供一定的参考。

## 6.1 考虑绿色消费者规模的“以旧换再”闭环供应链定价与协调

随着政府对制造产业的重视支持以及全社会环保意识的提升，出现了越来越多关注生态环境，对绿色产品和服务有购买意愿的绿色消费者。而再制造是绿色生产的有效途径之一，因此，对再制造产品的支付意愿较高。且“以旧换再”情形下考虑绿色消费者存在的闭环供应链决策有待进一步研究，对此本章在政府“以旧换再”补贴背景下，考虑市场上存在绿色消费者，且普通消费者对再制造产品的接受度低于新产品，构建了“以旧换再”闭环供应链模型，分析“以旧换再”策略下存在绿色消费者对零售商和制造商的最优定价、市场需求及利润的影响，并进一步分析普通消费者对再制造产品的接受度和政府“以旧换再”补贴对闭环供应链系统及其成员的影响。

### 6.1.1 问题描述和基本假设

1. 问题描述

考虑由制造商—零售商—普通/绿色消费者构成的“以旧换再”闭环供应链模型，在该模型中，制造商为Stackelberg领导者，零售商为追随者。

制造商分别利用原材料和废旧品生产新产品和再制造产品，其中，废旧品是由制造商以一定价格从消费者手中回收得来，制造商生产的新/再制造产品则通过零售商销售给消费者。政府为促进废旧品回收再利用，给予参与“以旧换再”行为的消费者政府补贴，该闭环供应链模型如图 6 - 1 所示。

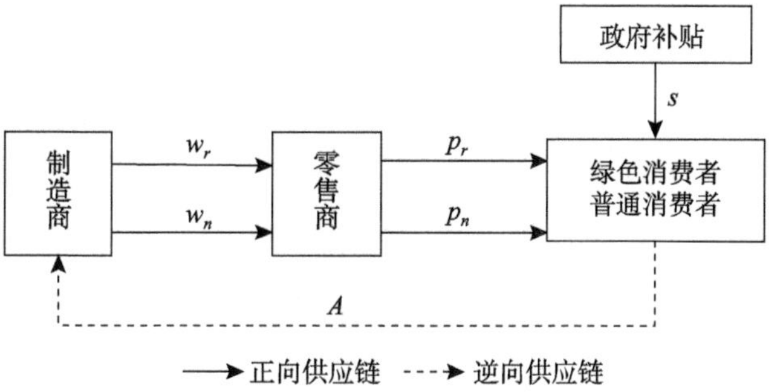


**图 6 - 1　存在绿色消费者的再制造闭环供应链模型**

2. 符号说明

本文的主要参数和变量说明见表 6 - 1。

**表 6 - 1　主要参数和变量一览表**

| 符号 | 变量解释 |
|---|---|
| $c_n / c_r$ | 新/再制造产品的生产成本 |
| $w_n / w_r$ | 新/再制造产品的批发价格 |
| $\alpha$ | 绿色消费者比例 |
| $1-\alpha$ | 普通消费者比例 |
| $\theta$ | 消费者对新产品的支付意愿 |
| $\beta$ | 普通消费者对再制造产品的接受度 |
| $s$ | 政府给予“以旧换再”消费者单位再制造产品现金补贴 |
| $A$ | 制造商从消费者手中回收废旧品的单位回收价格 |
| $p_r$ | 再制造产品价格 |
| $q_{1r} / q_{2r}$ | 绿色/普通消费者对再制造产品的需求 |
| $p_n$ | 新产品价格 |
| $q_n$ | 普通消费者对新产品的需求 |

续表

| 符号 | 变量解释 |
|---|---|
| $U_n^{NG}/U_n^{NP}$ | 绿色/普通消费者购买新产品的效用 |
| $U_r^{YG}/U_r^{YP}$ | 绿色/普通消费者购买再制造产品的效用 |
| $\pi_i$ | 供应链系统、零售商、制造商的利润，$i=T$、$R$、$M$ |

3. 基本假设

假设1：再制造产品具有生产节约的优点（聂佳佳和钟玲，2018）。制造商分别利用原材料和废旧品生产新产品和再制造产品的成本为 $c_n/c_r$，且 $0<c_r<c_n<1$。此外，每单位再制造产品的批发价及售价也均低于新产品，有 $w_r<w_n, p_r<p_n$。

假设2：参与“以旧换再”的消费者在购买再制造产品前拥有废旧品，废旧品的唯一用途是回收处理；且制造商回收的废旧产品全部用于再制造（李新然和吴义彪，2015）。

假设3：再制造产品与新产品在功能、质量和效用上基本一致，但两类消费者对不同产品偏好不同（孙春燕，2015）。假设消费者对新产品的支付意愿为 $\theta$，且服从 $[0,1]$ 均匀分布。绿色消费者认为再制造产品与新产品在价值上不存在差异，对再制造产品的支付意愿也为 $\theta$，且出于环保考虑，他们会优先选择购买旧件回收再制造的产品。而普通消费者认为旧件回收再制造产品具有较低价值，对其支付意愿为 $\beta\theta$。$\beta(0<\beta<1)$ 表示普通消费者对再制造产品的接受度；特别地，当 $\beta=1$ 时，普通消费者转变为绿色消费者。

假设4：市场由两类消费者构成：绿色消费者和普通消费者（孙春燕，2015）。绿色消费者的比例为 $\alpha,\alpha\in[0,1]$，普通消费者的比例为 $1-\alpha$。

假设5：政府实施“以旧换再”补贴政策，即政府将给予参与“以旧换再”行为的消费者单位再制造产品现金补贴 $s$。

假设6：制造商从消费者手中回收废旧品的单位回收价格为 $A$（李新然，2015），则参与“以旧换再”的绿色消费者的净效用为 $U_r^G=\theta-p_r+A+s$；参与“以旧换再”的普通消费者的净效用为 $U_r^P=\beta\theta-p_r+A+s$。

在上述假设基础上，政府补贴消费者“以旧换再”行为的效用见表6-2。

**表 6－2 存在政府补贴的消费者效用表**

| 消费者细分 \ 产品分类 | 绿色消费者效用 | 普通消费者效用 |
|---|---|---|
| 新产品 | $U_n^{NG}=\theta-p_n$ | $U_n^{NP}=\theta-p_n$ |
| “以旧换再”产品 | $U_r^{YG}=\theta-p_r+s+A$ | $U_r^{YP}=\beta\theta-p_r+s+A$ |

对于绿色消费者，$U_n^G<U_r^G$（$p_r<p_n$），因此在新产品和再制造产品共存的市场上，绿色消费者只会购买再制造产品而不会购买新产品，当“以旧换再”市场存在时，绿色消费者对再制造产品的需求 $q_{1r}$ 为

$$q_{1r}=\alpha\int_{p_r-s-A}^{1}\mathrm{d}\theta=\alpha\left(1-p_r+s+A\right) \tag{6-1}$$

对于普通消费者，其仅考虑短期利益，当 $U_n^P>U_r^P$，且 $U_n^P>0$ 时，普通消费者选择购买新产品；当 $U_r^P>U_n^P$，且 $U_r^P>0$ 时，普通消费者选择“以旧换再”。

当 $\theta-p_n>\beta\theta-p_r+s+A$ 且 $\theta-p_n>0$ 时，即 $\theta>\mathrm{Max}\left\{p_n,\dfrac{p_n-p_r+s+A}{1-\beta}\right\}$ 时，普通消费者购买新产品；当 $\theta-p_n\leqslant\beta\theta-p_r+s+A$ 且 $\beta\theta-p_r>0$ 时，即 $\dfrac{p_r-s-A}{\beta}<\theta\leqslant\dfrac{p_n-p_r+s+A}{1-\beta}$ 时，普通消费者参与“以旧换再”。因此，普通消费者对新产品和“以旧换再”产品需求分别为

$$q_n=(1-\alpha)\int_{\mathrm{Max}\left\{p_n,\frac{p_n-p_r+s+A}{1-\beta}\right\}}^{1}\mathrm{d}\theta=(1-\alpha)\left[1-\mathrm{Max}\left(p_n,\frac{p_n-p_r+s+A}{1-\beta}\right)\right] \tag{6-2}$$

$$q_{2r}=\mathrm{Max}\left[0,(1-\alpha)\int_{\frac{p_r-s-A}{\beta}}^{\frac{p_n-p_r+s+A}{1-\beta}}\mathrm{d}\theta\right]=\mathrm{Max}\left[0,\frac{(1-\alpha)(\beta p_n-p_r+s+A)}{\beta(1-\beta)}\right] \tag{6-3}$$

由以上基本假设与模型描述，可得闭环供应链系统和零售商、制造商的利润函数分别如下。

闭环供应链系统利润：

$$\begin{aligned}\pi_T(p_n,p_r)=&(p_n-c_n)(1-\alpha)\left[1-\mathrm{Max}\left(p_n,\frac{p_n-p_r+s+A}{1-\beta}\right)\right]+\\&(p_r-c_r-A)\left\{\alpha(1-p_r+s)+\mathrm{Max}\left[0,\frac{(1-\alpha)(\beta p_n-p_r+s+A)}{\beta(1-\beta)}\right]\right\}\end{aligned} \tag{6-4}$$

零售商、制造商利润：

$$\pi_R(p_n,p_r)=(p_n-w_n)(1-\alpha)\left[1-\mathrm{Max}\left(p_n,\frac{p_n-p_r}{1-\beta}\right)\right]+ (p_r-w_r)\left\{\alpha(1-p_r+s+A)+\mathrm{Max}\left[0,\frac{(1-\alpha)(\beta p_n-p_r+s+A)}{\beta(1-\beta)}\right]\right\} \tag{6-5}$$

$$\pi_{\mathrm{M}}(w_n,w_r)=(w_n-c_n)(1-\alpha)\left[1-\mathrm{Max}\left(p_n,\frac{p_n-p_r+s+A}{1-\beta}\right)\right]+ (w_r-c_r-A)\left\{\alpha(1-p_r+s+A)+\mathrm{Max}\left[0,\frac{(1-\alpha)(\beta p_n-p_r+s+A)}{\beta(1-\beta)}\right]\right\} \tag{6-6}$$

下文中，上述变量加上标“LC”和“LD”分别表示消费者对再制造产品接受度水平较低的集中化决策和分散化决策的“以旧换再”闭环供应链情况；加上标“HC”和“HD”分别表示消费者对再制造产品接受度水平较高的集中化决策和分散化决策的“以旧换再”闭环供应链情况；加上标“ * ”表示最优决策结果。

## 6.1.2 不同模式闭环供应链的决策模型

1. “以旧换再”补贴下的集中化决策模型

在集中决策下，最优决策目标为闭环供应链系统整体利益最大化，此时将制造商与零售商作为一个整体，决策目的与供应链目的一致，其模型构建如下。

$$\pi_{\mathrm{T}}^{C}(p_n,p_r)=(p_n-c_n)(1-\alpha)\left[1-\mathrm{Max}\left(p_n,\frac{p_n-p_r+s+A}{1-\beta}\right)\right]+ (p_r-c_r-A)\left\{\alpha(1-p_r+s+A)+\mathrm{Max}\left[0,\frac{(1-\alpha)(\beta p_n-p_r+s+A)}{\beta(1-\beta)}\right]\right\} \tag{6-7}$$

为了便于分析，分两种情况进行讨论，

（1）当普通消费者对再制造产品的接受度处于较低水平，即$\beta p_n+s+A<p_r$，$0<\beta<\dfrac{p_r-s-A}{p_n}$，此时 $q_n=(1-\alpha)(1-p_n),q_{1r}=\alpha(1-p_r+s+A),q_{2r}=0$；

则 $\pi_{\mathrm{T}}^{LC}(p_n,p_r)=(p_n-c_n)(1-\alpha)(1-p_n)+\alpha(p_r-c_r-A)(1-p_r+s+A)$。此时，$\pi_{\mathrm{T}}^{LC}(p_n,p_r)$ 是关于 $p_n$和$p_r$ 的严格凹函数，存在唯一最优解，此时“以旧换再”闭环供应链的最优决策如下。

新产品、再制造产品的最优销售价格为

$$p_n^{LC*}=\frac{1}{2}(1+c_n),\ p_r^{LC*}=\frac{1}{2}(1+s+c_r)+A \tag{6-8}$$

新产品的市场需求为

$$q_n^{LC*}=\frac{1}{2}(1-\alpha)(1-c_n) \tag{6-9}$$

再制造产品的市场需求为

$$q_{1r}^{LC*}=\frac{1}{2}\alpha(1-c_r+s) \tag{6-10}$$

最优利润为

$$\pi_{\mathrm{T}}^{LC*}=\frac{1}{4}[(1-c_n)^2(1-\alpha)+(1+s-c_r)^2\alpha] \tag{6-11}$$

（2）当普通消费者对再制造产品的接受度处于较高水平，即 $p_r<\beta p_n+s+A$，$\frac{p_r-s-A}{p_n}<\beta<1$，此时 $q_n=(1-\alpha)\left(1-\frac{p_n-p_r+s+A}{1-\beta}\right)$，$q_{1r}=\alpha(1-p_r+s+A)$，$q_{2r}=\frac{(1-\alpha)(\beta p_n-p_r+s+A)}{\beta(1-\beta)}$。则 $\pi_{\mathrm{T}}^{HC}(p_n,p_r)=(p_n-c_n)(1-\alpha)\left(1-\frac{p_n-p_r+s+A}{1-\beta}\right)+(p_r-c_r-A)\left[\alpha(1-p_r+s+A)+\frac{(1-\alpha)(\beta p_n-p_r+s+A)}{\beta(1-\beta)}\right]$。此时集中决策下“以旧换再”闭环供应链的最优决策如下：

新产品、再制造产品的最优销售价格为

$$p_n^{HC*}=\frac{1+c_n}{2}+\frac{\alpha\beta(1-\beta)}{2(1-\alpha+\alpha\beta)} \tag{6-12}$$

$$p_r^{HC*}=\frac{c_r+s+2A}{2}+\frac{\beta}{2(1-\alpha+\alpha\beta)} \tag{6-13}$$

新产品的市场需求为

$$q_n^{HC*}=\frac{(1-\alpha)(1+c_r-c_n-s-\beta)}{2(1-\beta)} \tag{6-14}$$

再制造产品的市场需求为

$$q_{1r}^{HC*}=\frac{\alpha(2+s-c_r)}{2}-\frac{\alpha\beta}{2(1-\alpha+\alpha\beta)} \tag{6-15}$$

$$q_{2r}^{HC*}=\frac{(1-\alpha)(\beta c_n-c_r+s)}{2\beta(1-\beta)}+\frac{\alpha(\beta-1)}{2(1-\alpha+\alpha\beta)} \tag{6-16}$$

最优利润为

$$\pi_T^{HC*}=\frac{2\alpha(s-c_r)+2c_n(\alpha-1)+1}{4}+\frac{(c_n^2+2c_ns-2c_nc_r)(\alpha-1)}{4(\beta-1)}+\frac{(c_r^2+s^2-2c_rs)(\alpha\beta^3-\alpha\beta+\alpha-1)}{4\beta(\beta-1)}+\frac{\alpha\beta(1-\beta)}{4(1-\alpha+\alpha\beta)} \tag{6-17}$$

2. “以旧换再”补贴下的分散化决策模型

在分散化决策下，零售商和制造商各自追求自身利润最大化。制造商为市场主导者，零售商是追随者，根据逆向归纳法可得决策模型如下。

$$\pi_R^D(p_n,p_r)=(p_n-w_n)(1-\alpha)\left[1-\mathrm{Max}\left(p_n,\frac{p_n-p_r+s+A}{1-\beta}\right)\right]+(p_r-w_r)\left\{\alpha(1-p_r+s+A)+\mathrm{Max}\left[0,\frac{(1-\alpha)(\beta p_n-p_r+s+A)}{\beta(1-\beta)}\right]\right\} \tag{6-18}$$

（1）当普通消费者对再制造产品的接受度处于较低水平，即 $p_r>\beta p_n+s+A$，$0<\beta<\frac{p_r-s-A}{p_n}$，此时，$q_n=(1-\alpha)(1-p_n),q_{1r}=\alpha(1-p_r+s+A),q_{2r}=0$；

则 $\begin{matrix}\pi_R^{ID}(p_n,p_r)=(p_n-w_n)(1-\alpha)(1-p_n)+\alpha(p_r-w_r)(1-p_r+s+A)\\ \pi_M^{ID}(w_n,w_r)=(w_n-c_n)(1-\alpha)(1-p_n)+\alpha(w_r-c_r-A)(1-p_r+s+A)\end{matrix}$。此时“以旧换再”闭环供应链的最优决策如下。

最优批发价格为

$$w_n^{ID*}=\frac{1}{2}(1+c_n)\quad w_r^{ID*}=\frac{1}{2}(1+c_r+s)+A \tag{6-19}$$

最优销售价格为

$$p_n^{ID*}=\frac{1}{4}(3+c_n)\quad p_r^{ID*}=\frac{1}{4}(3+c_r+3s)+A \tag{6-20}$$

新产品的市场需求为

$$q_n^{ID*}=\frac{1}{4}(1-\alpha)(1-c_n) \tag{6-21}$$

再制造产品的市场需求为

$$q_{1r}^{ID*}=\frac{1}{4}\alpha(1+s-c_r) \tag{6-22}$$

最优利润为

$$\pi_R^{ID*}=\frac{1}{16}[(1-c_n)^2(1-\alpha)+(1+s-c_r)^2\alpha] \tag{6-23}$$

$$\pi_M^{ID*}=\frac{1}{8}[(1-c_n)^2(1-\alpha)+(1+s-c_r)^2\alpha] \tag{6-24}$$

（2）当普通消费者对再制造产品的接受度处于较高水平，即 $p_r < \beta p_n + s + A$，$\frac{p_r - s - A}{p_n} < \beta < 1$ 时，$q_n = (1-\alpha)\left(1 - \frac{p_n - p_r + s + A}{1-\beta}\right)$，$q_{1r} = \alpha(1 - p_r + s + A)$，$q_{2r} = \frac{(1-\alpha)(\beta p_n - p_r + s + A)}{\beta(1-\beta)}$

则

$$\pi_R^{HD}(p_n, p_r) = (p_n - w_n)(1-\alpha)\left(1 - \frac{p_n - p_r + s + A}{1-\beta}\right) + (p_r - w_r)\left[\alpha(1 - p_r + s + A) + \frac{(1-\alpha)(\beta p_n - p_r + s + A)}{\beta(1-\beta)}\right]$$

$$\pi_M^{HD}(w_n, w_r) = (w_n - c_n)(1-\alpha)\left(1 - \frac{p_n - p_r + s + A}{1-\beta}\right) + (w_r - c_r - A)\left[\alpha(1 - p_r + s + A) + \frac{(1-\alpha)(\beta p_n - p_r + s + A)}{\beta(1-\beta)}\right]。$$

此时“以旧换再”闭环供应链的最优决策如下。

最优批发价格为

$$w_n^{HD*} = \frac{c_n + 1}{2} + \frac{\alpha\beta(1-\beta)}{2(1-\alpha+\alpha\beta)} \quad w_r^{HD*} = \frac{c_r + s + 2A}{2} + \frac{\beta}{2(1-\alpha+\alpha\beta)} \tag{6-25}$$

最优销售价格为

$$p_n^{HD*} = \frac{c_n + 3}{4} + \frac{3\alpha\beta(1-\beta)}{4(1-\alpha+\alpha\beta)} \quad p_r^{HD*} = \frac{c_n + 3s + 4A}{4} + \frac{3\beta}{4(1-\alpha+\alpha\beta)} \tag{6-26}$$

新产品的市场需求为

$$q_n^{HD*} = \frac{(1-\alpha)(1-\beta-c_n-s+c_r)}{4(1-\beta)} \tag{6-27}$$

再制造产品的市场需求为

$$q_{1r}^{HD*} = \frac{\alpha(4+s-cr)}{4} - \frac{3\beta}{4(1-\alpha+\alpha\beta)} \tag{6-28}$$

$$q_{2r}^{HD*} = \frac{3\alpha\beta(1-\alpha)(2-\beta)}{4(1-\alpha+\alpha\beta)(1-\beta)} - \frac{(1-\alpha)(c_r - s - \beta c_n)}{4\beta(1-\beta)} \tag{6-29}$$

最优利润为

$$\pi_R^{HD*} = \frac{2\alpha(s-c_r) + 2c_n(\alpha-1) + 1}{16} + \frac{(c_n^2 + 2c_n s - 2c_n c_r)(\alpha-1)}{16(\beta-1)} + \frac{(c_r^2 + s^2 - 2c_r s)(\alpha\beta^3 - \alpha\beta + \alpha - 1)}{16\beta(\beta-1)} + \frac{\alpha\beta(1-\beta)}{16(1-\alpha+\alpha\beta)} \tag{6-30}$$

$$\pi_M^{HD*} = \frac{2\alpha(s-c_r) + 2c_n(\alpha-1) + 1}{8} + \frac{(c_n^2 + 2c_n s - 2c_n c_r)(\alpha-1)}{8(\beta-1)} + \frac{(c_r^2 + s^2 - 2c_r s)(\alpha\beta^3 - \alpha\beta + \alpha - 1)}{8\beta(\beta-1)} + \frac{\alpha\beta(1-\beta)}{8(1-\alpha+\alpha\beta)} \tag{6-31}$$

3. 不同因素对"以旧换再"闭环供应链的影响分析

（1）绿色消费者规模对"以旧换再"闭环供应链的影响分析。本节研究绿色消费者规模的增减对再制造产品最优价格和市场需求、闭环供应链系统及零售商、制造商最优利润的影响，得出以下结论。

结论 6.1 当普通消费者对再制造产品接受度处于较高水平，即 $\frac{p_r-s-A}{p_n}<\beta<1$，绿色消费者规模越大，新产品与再制造产品销售价格与批发价格越大。

证明：

$$\frac{\partial p_n^{HC*}}{\partial\alpha}=\frac{\partial p_r^{HC*}}{\partial\alpha}=\frac{1}{2}\frac{\beta(1-\beta)}{(1-\alpha+\alpha\beta)^2}>0,\quad \frac{\partial p_n^{HD*}}{\partial\alpha}=\frac{\partial p_r^{HD*}}{\partial\alpha}=\frac{3}{4}\frac{\partial p_n^{HC*}}{\partial\alpha}>0$$

$$\frac{\partial w_n^{HD*}}{\partial\alpha}=\frac{\partial w_r^{HD*}}{\partial\alpha}=\frac{1}{2}\frac{\partial p_n^{HD*}}{\partial\alpha}>0$$

结论 6.1 得证。

结论 6.1 表明，绿色消费者的存在有利于企业推广再制造产品并从中获利。这是由于，当市场中普通消费者对再制造产品的接受度处于较高水平，此时，伴随着绿色消费者数量增多，市场上参加"以旧换再"的消费者数量也增加，企业可以通过适当提高定价来增加利润。

结论 6.2 ①当普通消费者对再制造产品的接受度处于较低水平，即 $0<\beta<\frac{p_r-s-A}{p_n}$，此时普通消费者不参与"以旧换再"。普通消费者对新产品的需求随着绿色消费者增加而降低；②当普通消费者对再制造产品接受度处于较高水平，即 $\mathrm{Max}\{\frac{p_r-s-A}{p_n},1+c_r-c_n-s\}<\beta<1$ 时，绿色消费者规模扩大对普通消费者的两种产品需求造成不同变化，新产品需求上涨，再造品需求降低。此时，绿色消费者对再制造产品的需求随之增加，市场上，再制造产品的总需求上升。

证明：

$$① \frac{\partial q_n^{LC*}}{\partial\alpha}=-\frac{1-c_n}{2}<0,\quad \frac{\partial q_{1r}^{LC*}}{\partial\alpha}=\frac{1-c_r+s}{2}>0,\quad \frac{\partial q_n^{\mathrm{LD}*}}{\partial\alpha}=\frac{1}{2}\frac{\partial q_n^{LC*}}{\partial\alpha}<0,$$

$$\frac{\partial q_{1r}^{\mathrm{LD}*}}{\partial\alpha}=\frac{1}{2}\frac{\partial q_{1r}^{LC*}}{\partial\alpha}>0;$$

② $\frac{\partial q_n^{HC*}}{\partial \alpha}=\frac{\beta+s-1+c_n-c_r}{2(1-\beta)}>0$ $\frac{\partial q_{1r}^{HC*}}{\partial \alpha}=\frac{(2+s-c_r)(1-\alpha+\alpha\beta)^2-\beta}{(1-\alpha+\alpha\beta)^2}>0$,

$$\frac{\partial q_{2r}^{HC*}}{\partial \alpha}=\frac{c_r-s-\beta c_n}{2\beta(1-\beta)}-\frac{1-\alpha-\beta+\alpha\beta}{2(1-\alpha+\alpha\beta)^2}<0 \quad \frac{\partial (q_{1r}^{HC*}+q_{2r}^{HC*})}{\partial \alpha}=-\frac{(s-c_r)(1+\beta^2-\beta)-\beta(1-c_n-\beta)}{2\beta(1-\beta)}>0$$

$$\frac{\partial q_n^{HD*}}{\partial \alpha}=\frac{1}{2}\frac{\partial q_n^{HC*}}{\partial \alpha}>0 \quad \frac{\partial q_{1r}^{HD*}}{\partial \alpha}=\frac{(4+s-c_r)(1-\alpha+\alpha\beta)^2-3\beta}{4(1-\alpha+\alpha\beta)^2}>0$$

$$\frac{\partial q_{2r}^{HD*}}{\partial \alpha}=\frac{\left(3\beta^2-3\beta-s-\beta c_n+c_r\right)(1-\alpha+\alpha\beta)^2+3\beta^2(1-\beta)}{4\beta(1-\beta)(1-\alpha+\alpha\beta)^2}<0$$

$$\frac{\partial (q_{1r}^{HD*}+q_{2r}^{HD*})}{\partial \alpha}=-\frac{(s-c_r)(1+\beta^2-\beta)-\beta(1-c_n-\beta)}{2\beta(1-\beta)}>0$$

结论6.2得证。

结论6.2表明，适当提高普通消费者对再制造产品的接受度，可以促进普通消费者选择“以旧换再”。当普通消费者对再制造产品的接受度处于较高水平，即 $\text{Max}\left(\frac{p_r-s-A}{p_n},1+c_r-c_n-s\right)<\beta<1$ 时，绿色消费者规模扩大使得普通消费者对再制造产品的需求降低。这是因为，随着绿色消费者规模的增大，企业会提高产品价格来增加利润，当价格提高到一定程度，此时普通消费者对“以旧换再”行为将产生一定的抵触心理，转而选择购买新产品；但由于绿色消费者的存在，及相较普通消费者对再制造产品接受度较低时的再制造产品市场规模，此时市场上的再制造产品总需求仍呈增加趋势。这表明一味地通过提高价格来增加企业利润并不是长久之计，政府与企业应通力合作，通过加大宣传力度，定期开展环保主题讲座等方式提升普通消费者对再制造的认识与接受，最终完成向绿色消费者的转变。

结论6.3 当普通消费者对再制造产品的接受度处于较低水平，即 $0<\beta<\frac{p_r-s-A}{p_n}$ 时，闭环供应链整体及零售商、制造商的利润受绿色消费者规模影响均是正向的，即随着绿色消费者规模的增大，闭环供应链整体及零售商、制造商的利润也随之增加。

证明：

$$\frac{\partial \pi_{\mathrm{T}}^{\mathrm{LC}*}}{\partial \alpha}=\frac{\left(2+s-c_r-c_n\right)\left(s+c_n-c_r\right)}{4}>0,$$

$$\frac{\partial \pi_{\mathrm{R}}^{\mathrm{LD*}}}{\partial \alpha}=\frac{1}{4}\frac{\partial \pi_{\mathrm{T}}^{\mathrm{LC*}}}{\partial \alpha}>0,\ \frac{\partial \pi_{\mathrm{M}}^{\mathrm{LD*}}}{\partial \alpha}=\frac{1}{2}\frac{\partial \pi_{\mathrm{T}}^{\mathrm{LC*}}}{\partial \alpha}>0$$

结论 6.3 得证。

结论 6.3 与结论 6.1 均表明绿色消费者的存在有利于“以旧换再”闭环供应链。企业有理由接纳绿色消费者并积极促进绿色消费者规模增大。

（2）普通消费者对再制造产品接受度对“以旧换再”闭环供应链的影响分析。本节将比较分析普通消费者对再制造产品的接受度较低、较高时闭环供应链最优决策，可得出以下结论。

结论 6.4：由式（6－8）、式（6－19）、式（6－20）可知，当普通消费者对再制造产品的接受度较低，即 $0<\beta<\dfrac{p_r-s-A}{p_n}$ 时，此时的新产品最优批发价格和销售价格与其成本之间为正相关关系，再制造产品的最优定价与其产品单位成本和政府“以旧换再”补贴成正相关关系。此时，新产品与再制造产品的最优定价与消费者类型及对产品的接受度无关。这是因为，再制造产品推广初期，普通消费者对再制造产品的接受度处于较低水平，其支付意愿也较低，他们会优先选择购买新产品；而绿色消费者会选择购买再制造产品，且消费者对产品需求波动较小。因此，当普通消费者对再制造产品的接受度处于较低水平时，定价决策仅需考虑成本这一主要因素即可。

结论 6.5：普通消费者对再制造产品接受度高低对新产品定价有影响，但这个影响存在一个上限值，当 $\dfrac{p_r-s-A}{p_n}<\beta<\dfrac{1}{2}$ 且 $0<\alpha<\dfrac{1-2\beta}{(1-\beta)^2}$ 时，普通消费者对再制造产品接受度越高，新产品的最优售价和最优批发价越高；当 $\dfrac{1}{2}\leqslant\beta<1$ 时，其最优销售价格和最优批发价格随着普通消费者对再制造产品的接受度的增加而降低。

证明：

$$\frac{\partial p_n^{HC*}}{\partial \beta}=\frac{\alpha(1-\beta)(1-\alpha+\alpha\beta)-\alpha\beta}{2(1-\alpha+\alpha\beta)^2}$$，当 $\dfrac{p_r-s-A}{p_n}<\beta<\dfrac{1}{2}$ 且 $0<\alpha<\dfrac{1-2\beta}{(\beta-1)^2}$ 时，$\dfrac{\partial p_n^{HC*}}{\partial \beta}>0$；当 $\dfrac{1}{2}\leqslant\beta<1$ 时，$\dfrac{\partial p_n^{HC*}}{\partial \beta}<0$；$\dfrac{\partial p_n^{HD*}}{\partial \beta}=\dfrac{3}{4}\dfrac{\partial p_n^{HC*}}{\partial \beta}$，$\dfrac{\partial w_n^{HD*}}{\partial \beta}=\dfrac{\partial p_n^{HC*}}{\partial \beta}$

结论6.5得证。

结论6.5表明，在一定范围内（$\frac{p_r-s-A}{p_n}<\beta<\frac{1}{2}$），普通消费者对再制造产品的购买兴趣随着普通消费者对再制造产品接受度的提高而增大，其参与"以旧换再"的意愿也随之提高。此时，为了促进新产品的销售，企业将提高产品质量吸引顾客，提高质量就意味着将增加产品成本，为平衡收支，企业将选择提高价格；当普通消费者对再制造产品接受度水平提升到一定值（$\frac{1}{2}\leqslant\beta<1$），大部分消费者会选择"以旧换再"，此时新产品的好质量对消费者的吸引力降低，新产品的销售更加困难，企业会选择降低价格来促进销售。

结论6.6 当普通消费者对再制造产品的接受度处于较高水平，即$\frac{p_r-s-A}{p_n}<\beta<1$，再制造产品的最优销售价格和批发价格随着普通消费者对再制造产品接受度水平提升而增加。

证明：

$$\frac{\partial p_r^{HC*}}{\partial\beta}=\frac{1-\alpha}{2(1-\alpha+\alpha\beta)^2}>0,\ \frac{\partial p_r^{HD*}}{\partial\beta}=\frac{3}{2}\frac{\partial p_r^{HC*}}{\partial\beta}>0,\ \frac{\partial w_r^{HD*}}{\partial\beta}=\frac{\partial p_r^{HC*}}{\partial\beta}>0$$

结论6.6得证。

结论6.6表明，闭环供应链零售商、制造商应积极支持并参与再制造产品推广。随着再制造推广普及，普通消费者对再制造产品接受度提升，可以有效增加参与"以旧换再"消费者数量，此时如果企业适当提高再制造产品的销售价格并不会导致需求降低，在成本不变的情形下可以获得更高的收益。

结论6.7 当普通消费者对再制造产品接受度处于较高水平，即$\mathrm{Max}\left(\frac{p_r-s-A}{p_n},\frac{1}{2}\right)<\beta<1$时，普通消费者对两种产品的需求随着对再制造产品接受度水平的提升产生不同变化，对新产品需求降低，对再制造产品需求增加；同时，绿色消费者对再制造产品的需求随之降低。

证明：

$$\frac{\partial q_n^{HC*}}{\partial\beta}=-\frac{1}{2}\frac{(1-\alpha)(c_n-c_r+s)}{(1-\beta)^2}<0,\ \frac{\partial q_n^{HD*}}{\partial\beta}=\frac{1}{2}\frac{\partial q_n^{HC*}}{\partial\beta}<0\ \ \frac{\partial q_{1r}^{HC*}}{\partial\beta}=-\frac{\alpha(1-\alpha)}{2(1-\alpha+\alpha\beta)^2}<0,$$

$\frac{\partial q_{1r}^{HD*}}{\partial\beta}=\frac{3}{2}\frac{\partial q_{1r}^{HC*}}{\partial\beta}<0$ $\frac{\partial q_{2r}^{HC*}}{\partial\beta}=\frac{(1-\alpha)\left(\beta^2 c_n+(c_r-s)(1-2\beta)\right)}{2\beta^2(1-\beta)^2}+\frac{\alpha(1-\alpha)}{2(1-\alpha+\alpha\beta)^2}$，当 $\frac{1}{2}<\beta<1$ 时，$(c_r-s-A)(1-2\beta)>0$，即 $\frac{\partial q_{2r}^{HC*}}{\partial\beta}>0$ 恒成立

同理，$\frac{\partial q_{2r}^{HD*}}{\partial\beta}=\frac{(1-\alpha)\left(\beta^2 c_n+(c_r-s)(1-2\beta)\right)}{4\beta^2(1-\beta)^2}+\frac{3\alpha(1-\alpha)}{4(1-\alpha+\alpha\beta)^2}>0$

结论 6.7 得证。

结论 6.7 表明，绿色消费者对再制造产品的需求不是一成不变的，当普通消费者对再制造产品的接受度处于较高水平时，绿色消费对再制造产品的需求不再随着接受度的提升而增加，反而减少了。这是因为接受度较高时表明社会环保意识也较高，此时，已经有越来越多的消费者选择“以旧换再”，再制造产品购买人数增加，企业将选择更多样化的“环保绿色”产品与生产方式，绿色消费者不再局限于再制造产品。

3. 政府“以旧换再”补贴对闭环供应链的影响分析

结论 6.8 政府实施“以旧换再”补贴政策时，无论消费者对再制造产品的接受度如何，政府“以旧换再”补贴越高，再制造产品价格、市场需求、闭环供应链整体及其成员利润越高。

证明：

$$\frac{\partial p_r^{LC*}}{\partial s}=\frac{\partial p_r^{HC*}}{\partial s}=\frac{\partial w_r^{LD*}}{\partial s}=\frac{\partial w_r^{HD*}}{\partial s}=\frac{1}{2}>0,\ \frac{\partial p_r^{LD*}}{\partial s}=\frac{\partial p_r^{HD*}}{\partial s}=\frac{3}{4}>0$$

$$\frac{\partial q_{1r}^{LC*}}{\partial s}=\frac{\partial p_{1r}^{HC*}}{\partial s}=\frac{1}{2}\alpha>0,\ \frac{\partial q_{1r}^{LD*}}{\partial s}=\frac{\partial q_{1r}^{HD*}}{\partial s}=\frac{1}{4}\alpha>0$$

$$\frac{\partial q_{2r}^{HC*}}{\partial s}=\frac{1-\alpha}{2\beta(1-\beta)}>0,\ \frac{\partial q_{2r}^{HD*}}{\partial s}=\frac{1}{2}\frac{\partial q_{2r}^{HC*}}{\partial s}>0$$

$$\frac{\partial \pi_{\mathrm{T}}^{\mathrm{LC*}}}{\partial s}=\frac{1}{2}\alpha(1-c_r+s)>0,\ \frac{\partial \pi_{\mathrm{R}}^{\mathrm{LD*}}}{\partial s}=\frac{1}{4}\frac{\partial \pi_{\mathrm{T}}^{\mathrm{LC*}}}{\partial s}>0,\ \frac{\partial \pi_{\mathrm{M}}^{\mathrm{LD*}}}{\partial s}=\frac{1}{2}\frac{\partial \pi_{\mathrm{T}}^{\mathrm{LC*}}}{\partial s}>0$$

$$\frac{\partial \pi_{\mathrm{T}}^{\mathrm{HC*}}}{\partial s}=\frac{(s-c_r)\left(1+\alpha\beta-\alpha-\beta^2\right)}{2\beta(1-\beta)}+\frac{(1-\alpha)c_n}{2(1-\beta)}+\frac{\alpha}{2}>0$$

$$\frac{\partial \pi_{\mathrm{R}}^{\mathrm{HD*}}}{\partial s}=\frac{1}{4}\frac{\partial \pi_{\mathrm{T}}^{\mathrm{HC*}}}{\partial s}>0,\ \frac{\partial \pi_{\mathrm{M}}^{\mathrm{HD*}}}{\partial s}=\frac{1}{2}\frac{\partial \pi_{\mathrm{T}}^{\mathrm{HC*}}}{\partial s}>0$$

结论 6.8 表明，政府“以旧换再”补贴有利于促进再制造产品的推广

与销售。这是因为，政府“以旧换再”补贴能切实减少消费者支出，补贴越高，消费者选择“以旧换再”的意愿越高。即使产品售价增大，相较无补贴时，消费者的实际支出在政府补贴情形下仍在减少，因此仍然能够使再制造产品需求量增加；此外，政府“以旧换再”补贴也有利于供应链整体及成员利润的增加。这表明，政府直接给予“以旧换再”消费者单位再制造产品现金补贴的行为，除了消费者能直接受益于此之外，供应链系统整体及其成员均可以受益于该补贴。

综上可知，增大市场中绿色消费者规模，提升普通消费者对再制造产品接受度水平以及设置合理的政府“以旧换再”补贴等方式均能提高“以旧换再”闭环供应链整体及成员的利润。

### 6.1.3 “以旧换再”闭环供应链协调机制设计

通过对比政府补贴下集中式决策和分散式决策中存在绿色消费者的闭环供应链的最优销售价格、市场需求以及最优利润可知：

$$p_n^{LD*} > p_n^{LC*}, p_r^{LD*} > p_r^{LC*}$$

$$p_n^{HD*} > p_n^{HC*}, p_r^{HD*} > p_r^{HC*}$$

$$q_n^{LC*} > q_n^{LD*}, q_{1r}^{LC*} > q_{1r}^{LD*}, q_{2r}^{LC*} = q_{2r}^{LD*} = 0$$

$$q_n^{HC*} > q_n^{HD*}, q_{1r}^{HC*} > q_{1r}^{HD*}, q_{2r}^{HC*} > q_{2r}^{HD*}$$

$$q_{1r}^{HC*} + q_{2r}^{HC*} > q_{1r}^{HD*} + q_{2r}^{HD*}$$

$$\pi_R^{LD*} + \pi_M^{LD*} < \pi_T^{LC*}, \pi_R^{HD*} + \pi_M^{HD*} < \pi_T^{HC*}$$

易证得，

$$p_n^{LD*} - p_n^{LC*} = \frac{1}{4}(1 - c_n) > 0,$$

$$p_r^{LD*} - p_r^{LC*} = \frac{1}{4}(1 - c_r + s) > 0$$

$$p_n^{HD*} - p_n^{HC*} = \frac{(1 - c_n)(1 - \alpha + \alpha\beta) + \alpha\beta(1 - \beta)}{4(1 - \alpha + \alpha\beta)} > 0$$

$$p_r^{HD*} - p_r^{HC*} = \frac{(s - c_r)(1 - \alpha + \alpha\beta) + \beta}{4(1 - \alpha + \alpha\beta)} > 0$$

$$q_n^{LC*}-q_n^{LD*}=\frac{1}{4}(1-\alpha)(1-c_n)>0$$
$$q_{1r}^{LC*}-q_{1r}^{LD*}=\frac{1}{4}(1+s-c_r)>0$$
$$q_n^{HC*}-q_n^{HD*}=\frac{1}{4}\frac{(1+c_r-\beta-c_n-s)(1-\alpha)}{1-\beta}>0$$
$$q_{1r}^{HC*}-q_{1r}^{HD*}=\frac{\alpha(s-c_r)(1-\alpha+\alpha\beta)}{4(1-\alpha+\alpha\beta)}>0$$
$$q_{2r}^{HC*}-q_{2r}^{HD*}=\frac{(1-\alpha)(\beta c_n-c_r+s)}{4(1-\alpha+\alpha\beta)\beta(1-\beta)}+\frac{\alpha(1-\alpha)(1-\beta)}{4(1-\alpha+\alpha\beta)}>0$$
$$\pi_M^{LD*}+\pi_R^{LD*}=\frac{3}{4}\pi_T^{LC*}<\pi_T^{LC*},\pi_M^{HD*}+\pi_R^{HD*}=\frac{3}{4}\pi_T^{HC*}<\pi_T^{HC*}$$
，

从上述比较结果我们可以知道，无论消费者对再制造产品的接受度处于何种水平，在产品价格（包括新产品与再制造产品）方面均有分散式决策价格大于集中式决策价格，而市场需求是集中情形下需求高于分散，导致集中情形下闭环供应链整体利润高于分散情形。这表明，以整体利益最大化为目标的集中化决策对新产品及再制造产品的销售均有益。此外，在分散情形下，零售商和制造商各自以自身利润最大化为目标进行决策，此时，一方面闭环供应链新产品和再制造产品售价较高，高于集中情形售价；另一方面，产品需求量较低，低于集中情形，因此使得系统整体利润减少，即产生“双重边际效应”问题。因而，选择合适的供应链协调契约实现闭环供应链系统的优化变得至关重要。众多研究表明，收入共享契约应用范围广泛（Cachon，2005）。综合考虑，本文运用收益共享契约优化再制造“以旧换再”闭环供应链。则设制造商和零售商分别以比例 $\varphi$ 和 $1-\varphi$ 共享销售收益，记共享收益时的闭环供应链模型为 RS，表示为 $(w_n^{RS},w_r^{RS},\varphi)$。则收益共享契约条件下，制造商和零售商的利润函数分别为

（1）当普通消费者对再制造产品的接受度处于较低水平，即 $0<\beta<\frac{p_r-s-A}{p_n}$ 时，分别有

$$\pi_R^{LRS}(p_n,p_r)=(\varphi p_n-w_n)(1-\alpha)(1-p_n)+(\varphi p_r-w_r)\alpha(1-p_r+s+A) \tag{6-32}$$

$$\pi_M^{LRS}(w_n,w_r)=[(1-\varphi)p_n+w_n-c_n](1-\alpha)(1-p_n)+\alpha[(1-\varphi)p_r+w_r-c_r-A](1-p_r+s+A) \tag{6-33}$$

命题 6.1 在收益共享契约下，当批发价格与共享比例之间满足

$w_n^{LRS*}=\varphi c_n$，$w_r^{LRS*}=\varphi\left(A+c_r\right)$ 时，能够使得“以旧换再”闭环供应链系统决策优化。

证明：令 $\frac{\partial\pi_R^{LRS}}{\partial p_n}=0,\frac{\partial\pi_R^{LRS}}{\partial p_r}=0$，可求得收益共享契约下接受度水平较低时销售价格为

$$p_n^{LRS*}=\frac{w_n+\varphi}{2\varphi},\ p_r^{LRS*}=\frac{w_r+\varphi(1+s+A)}{2\varphi}$$

若想实现“以旧换再”闭环供应链整体最优，协调成功，需满足闭环供应链中零售商在分散决策与集中决策的最优定价相等，即 $p_n^{LRS*}=p_n^{LC*},p_r^{LRS*}=p_r^{LC*}$，将上式代入求解，有

$$w_n^{LRS*}=\varphi c_n\quad w_r^{LRS*}=\varphi\left(A+c_r\right)$$

证毕。

将 $w_n^{LRS*},w_r^{LRS*},p_n^{LRS*},p_r^{LRS*}$ 代入式（6－3）和式（6－3），即可得收益共享契约下，零售商和制造商的利润分别为

$$\pi_R^{LRS*}=\frac{\varphi[1+\alpha s(s+2)-\alpha c_r(2-c_r+2s)-c_n(1-\alpha)(2-c_n)]}{4}$$

$$\pi_M^{LRS*}=\frac{\alpha(1-\varphi)[s(1+\frac{1}{2}s)-c_r(1-\frac{1}{2}c_r)-c_r s]+c_n[(\varphi+\alpha+\varphi\alpha)(1-\frac{1}{2}c_n)-1]}{2}+\frac{1-\varphi}{4}$$

显然，有 $\pi_T^{LRS*}=\pi_R^{LRS*}+\pi_M^{LRS*}=\pi_T^{LC*}$，表明分散决策下“以旧换再”闭环供应链协调成功。

命题 6.2 当消费者对再制造产品接受度处于处于较低水平时，收益共享受契约中契约参数 $\varphi$ 需满足 $\frac{1}{4}\leqslant\varphi\leqslant\frac{1}{2}$。

证明：如果收益共享契约中没有成员愿意参与，则该契约是无效的，一个能帮助供应链整体优化的收益共享契约，必然也要保证成员的参与积极性，即使制造商与零售商在该契约下的收益大于分散决策，也就是不实施该契约的情形，有 $\pi_R^{LRS*}\geqslant\pi_R^{LD*}$ 及 $\pi_M^{LRS*}\geqslant\pi_M^{LD*}$，将 $\pi_R^{LRS*}$、$\pi_R^{LD*}$、$\pi_M^{LRS*}$、$\pi_M^{LD*}$ 表达式代入即可得。

证毕。

命题6.2表明当契约参数满足条件：$\frac{1}{4}\leqslant\varphi\leqslant\frac{1}{2}$，才能保证各成员接受该收益共享契约，而$\varphi$具体取何数值，需要制造商与零售商互相商讨。

（2）当普通消费者对再制造产品的接受度处于较高水平，即$\frac{p_r-s-A}{p_n}<\beta<1$时，分别有

$$\pi_R^{HRS}(p_n,p_r)=(\varphi p_n-w_n)(1-\alpha)\left(1-\frac{p_n-p_r+s+A}{1-\beta}\right)+(\varphi p_r-w_r)[\alpha(1-p_r+s+A)+\frac{(1-\alpha)(\beta p_n-p_r+s+A)}{\beta(1-\beta)}] \tag{6-34}$$

$$\pi_M^{HRS}(w_n,w_r)=[(1-\varphi)p_n+w_n-c_n](1-\alpha)\left(1-\frac{p_n-p_r+s+A}{1-\beta}\right)+[(1-\varphi)p_r+w_r-c_r][\alpha(1-p_r+s+A)+\frac{(1-\alpha)(\beta p_n-p_r+s+A)}{\beta(1-\beta)}] \tag{6-35}$$

命题6.3 在收益共享契约下，当批发价格与共享比例之间满足$w_n^{LRS*}=\varphi c_n$，$w_r^{LRS*}=\varphi(A+c_r)$时，能够使得“以旧换再”闭环供应链系统决策优化。

$$w_n^{HRS*}=\varphi c_n \quad w_r^{HRS*}=\varphi(A+c_r)$$

证明：证明过程同命题6.1，令$\frac{\partial\pi_R^{HRS}}{\partial p_n}=0,\frac{\partial\pi_R^{HRS}}{\partial p_r}=0$，有

$$p_n^{HRS*}=-\frac{\alpha\beta^2\varphi-\alpha\beta w_n-2\alpha\beta\varphi+\alpha w_n+\alpha\varphi-w_n-\varphi}{2\varphi(1+\alpha\beta-\alpha)}$$

$$p_r^{HRS*}=\frac{A\varphi\alpha\beta+\varphi\alpha\beta s+\alpha\beta w_r-A\varphi\alpha+\varphi\alpha-\varphi\alpha s-\alpha w_r+\beta\varphi+\varphi s+w_r}{2\varphi(1+\alpha\beta-\alpha)}$$

令$p_n^{HRS*}=p_n^{HC*},p_r^{HRS*}=p_r^{HC*}$，可得

$$w_n^{HRS*}=\varphi c_n,\ w_r^{HRS*}=\varphi(A+c_r)$$

证毕。

将$w_n^{HRS*}$、$w_r^{HRS*}$、$p_n^{HRS*}$、$p_r^{HRS*}$代入式（6-34）、式（6-35）中，即可得收益共享契约下，零售商和制造商的利润分别为

$$\pi_R^{HRS*}=4\varphi\pi_R^{HD*}=\varphi\pi_T^{HC*}$$

$$\pi_M^{HRS*}=2(1-\varphi)\pi_M^{HD*}=(1-\varphi)\pi_T^{HC*}$$

显然，有$\pi_T^{HRS*}=\pi_R^{HRS*}+\pi_M^{HRS*}=\pi_T^{HC*}$。

命题6.4 当消费者对再制造产品接受度处于较高水平时，收益共享受契约中契约参数$\varphi$只要满足$0<\varphi<1$关系时，分散决策下“以旧换再”闭

环供应链可得到协调。

证明过程同命题6.2，即需满足 $\pi_R^{HRS*} \geqslant \pi_R^{HD*}$ 及 $\pi_M^{HRS*} \geqslant \pi_M^{HD*}$，代入表达式 $\pi_R^{HRS*}$、$\pi_R^{HD*}$、$\pi_M^{HRS*}$、$\pi_M^{HD*}$ 即可得。

证毕。

综上所述，无论消费者对再制造产品的接受度如何，当收益共享契约中契约参数 $\varphi$ 满足，$\frac{1}{4} \leqslant \varphi \leqslant \frac{1}{2}$ 关系时，可协调分散式决策闭环供应链。且由命题6.3可知，制造商与零售商商讨 $\varphi$ 时应注意，随着 $\varphi$ 增加零售商的最优利润提高，而制造商的最优利润则随之降低。零售商与制造商同意收益共享契约的前提是 $\frac{1}{4} \leqslant \varphi \leqslant \frac{1}{2}$。且令制造商和零售商获得最优利润的 $\varphi$ 值不一，当 $\varphi = \frac{1}{4}$ 时，制造商利润最优零售商来说，当 $\varphi = \frac{1}{2}$ 时，零售商利润最优。因此，共享比例的具体数值需要供应链成员协商决定。

### 6.1.4 数值模拟

本部分将通过相关数值算例验证并补充上述模型相关命题与结论。我们令 $c_n = 0.3, c_r = 0.1, A = 0.1$（李新然，2015），并通过调节参数 $\alpha$、$\beta$、$s$ 的变化来验证和探讨上述模型各决策结果。

（1）当 $s = 0.05, \beta \in [0.5, 1), \alpha \in [0, 1]$ 时，集中化和分散化决策下再制造产品的最优售价、市场需求与最优利润变化显示如图6-2～图6-4所示。由图6-2～图6-4可知，当消费者对再制造产品的接受度处于较高水平时，即 $\mathrm{Max}\left(\frac{p_r - s - A}{p_n}, \frac{1}{2}\right) \leqslant \beta < 1$，无论是集中还是分散决策情形，再制造产品的最优售价、市场需求与最优利润均随着 $\alpha$ 和 $\beta$ 的提高而提升。这说明，增大绿色消费者规模和提高再制造产品的接受度能有效地促进再制造产品的销售，并且能够提高闭环供应链系统、零售商和制造商的利润。

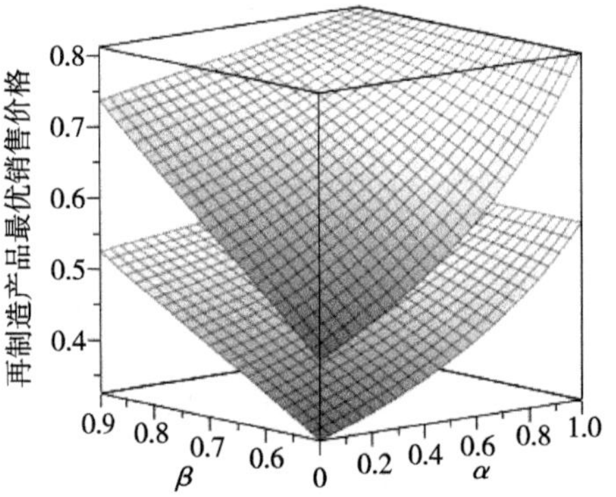


图 6-2　再制造产品最优销售价格变化趋势

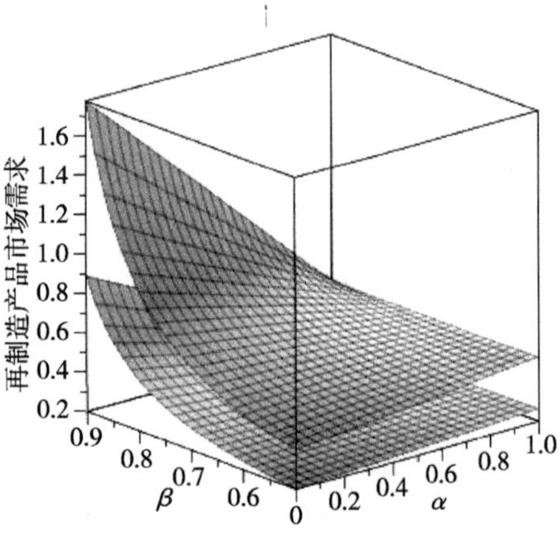


图 6-3　再制造产品市场需求变化趋势

（2）当 $\beta=0.6,\alpha\in[0,1],s\in[0,0.1]$ 时，集中化和分散化决策下再制造产品的最优销售价格和市场需求，以及闭环供应链系统、零售商和制造商的最优利润变化趋势如图 6-5～图 6-7 所示。由图 6-5～图 6-7 所示可知，集中化决策和分散化决策下再制造产品的最优销售价格和市场需求均随着 $s$和$\alpha$ 的增加而增大。由图 6-5～图 6-7 所示可知，集中化和分散化决策下闭环供应链系统、零售商及制造商的利润均随着 $s$和$\alpha$ 的增加而增大。这说明，更高的政府“以旧换再”补贴和绿色消费者规模能有效地促进再制造产品的销售，并且更能提高闭环供应链系统及成员的利润。且在现实

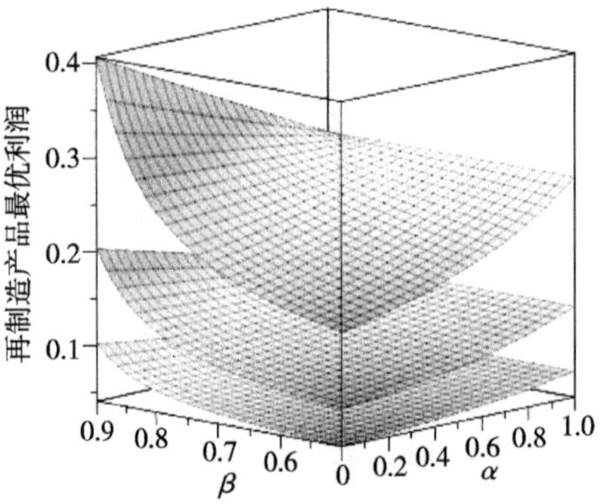


图 6-4　再制造产品最优利润变化趋势

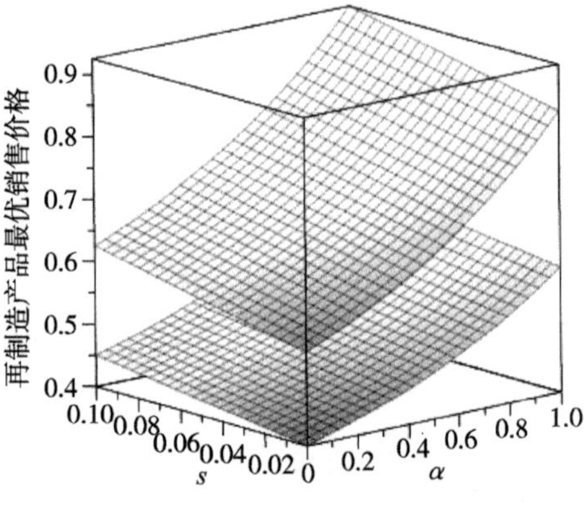


图 6-5　再制造产品最优销售价格变化趋势

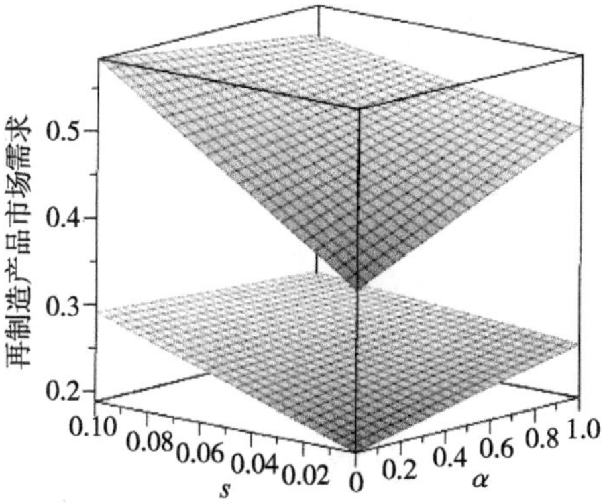


图6-6 再制造产品市场需求变化趋势

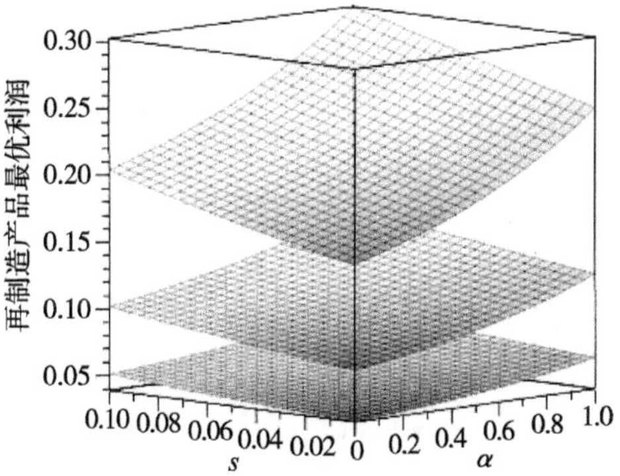


图6-7 再制造产品最优利润变化趋势

中，零售商往往与制造商合作开展"以旧换再"，零售商负责回收废旧品和销售再制造产品，制造商则进行再制造。此时，零售商获利于制造商给予的废旧品回收补贴。

（3）当 $s=0.05,\beta=0.6,\alpha=0.6,c_n=0.3,c_r=0.1,\varphi\in[0,1]$ 时，收益共享契约比例 $\varphi$ 变化对制造商和零售商的利润影响变化显示如图6-8所示。由图6-8我们可以知道，制造商与零售商的最优利润受 $\varphi$ 影响呈线性变化，制造商的最优利润随着收益共享比例 $\varphi$ 的增加而降低，而零售商的最优利润变化则相反。当 $\varphi=\frac{1}{4}$ 时，$\pi_R^{HRS*}=\pi_R^{HD*}=0.049\ 777\ 267\ 16$，说明此时的零售商利润与其在闭环供应链分散情形下的利润相等。表明了当 $\frac{1}{4}<\varphi\leqslant 1$ 时，零售商的利润高于分散决策情形，零售商有利可图，同意共享。而当 $\varphi=\frac{1}{2}$ 时，$\pi_M^{HRS*}=\pi_M^{HD*}=0.099\ 554\ 534\ 32$，即此时的制造商利润与其在闭环供应链分散情形下的利润相等。同理，当 $0\leqslant\varphi<\frac{1}{2}$ 时，制造商优化利润高于分散决策情形，制造商同意共享。综上，当收益共享比例为 $\frac{1}{4}\leqslant\varphi\leqslant\frac{1}{2}$ 时，实现了系统利益最大化的同时满足了制造商和零售商自身利益最大化，双方同意协调契约，反之，协调契约失效。

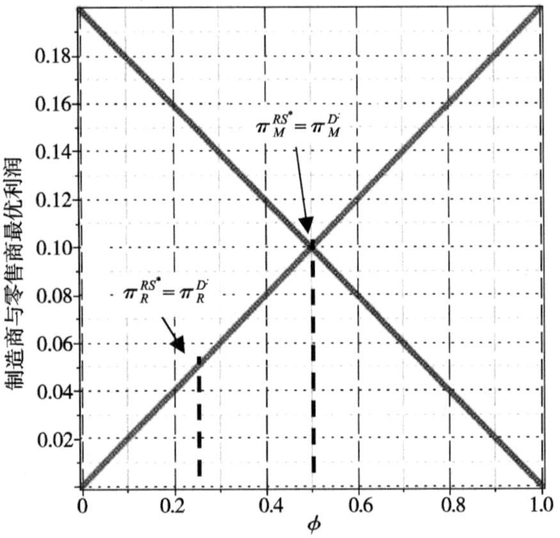


**图 6-8 收益共享契约协调参数 $\varphi$ 对制造商和零售商的最优利润的影响**

## 6.2 再制造商竞争下的“以旧换再”闭环供应链定价决策

本节从现实出发，主要研究在政府“以旧换再”补贴下单个制造商与单个再制造商之间相互竞争的闭环供应链产量决策。在政府补贴背景下，构建制造商与再制造商同时负责废旧品回收再制造的闭环供应链系统，分析了竞争环境下再制造闭环供应链的产量决策模型，最后通过数值仿真进一步比较分析制造商与再制造商之间产品竞争、政府补贴和消费者对再制造产品接受度对闭环供应链系统决策变量和利润的影响。

### 6.2.1 模型描述和基本假设

1. 问题描述

为方便研究，本节假设闭环供应链由两个相互竞争的制造商与再制造商组成。制造商和再制造商分别以不同的回收价格直接从消费者手中回收废旧品，经过回收处理再制造，最终以不同的零售价格再销售给消费者。其中，制造商同时生产新产品和再制造品，再制造商只生产再制造产品。

在该模型中，制造商为 Stackelberg 领导者，再制造商为追随者。政府为促进废旧品回收再利用，给予参与“以旧换再”行为的消费者一定的现金补贴，该闭环供应链模型如图 6－9 所示。

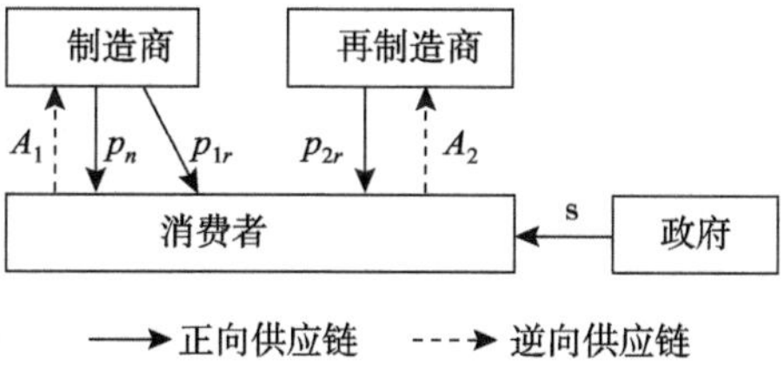


**图 6－9　竞争情形下闭环供应链模型**

2. 基本假设

假设 1：再制造产品具有生产节约的优点（聂佳佳，2018）。制造商利用原材料和废旧品生产新产品和再制造产品的成本分别为 $c_n$ / $c_{1r}$；再制造商生产每单位再制造的成本为 $c_{2r}$。且每单位再制造产品的生产成本低于新产品的生产成本，即 $0<c_{ir}<c_n<1$。此外，再制造商具有专业优势，其再制造产品生产成本低于制造商再制造产品生产成本，即 $0<c_{2r}<c_{1r}<1$。

假设 2：制造商和再制造商分别以价格 $A_1$、$A_2$ 从消费者处回收废旧品。制造商生产的新产品和再制造产品分别以价格 $p_n$、$p_{1r}$ 销售给消费者；再制造商生产的再制造产品以价格 $p_{2r}$ 销售给消费者。新产品的销售价格高于再制造产品，即 $p_{ir}<p_n$，$i=1,2$。

假设 3：再制造产品与新产品在使用上完全一致，即具有相同的功能、质量和效用等，但消费者对不同产品偏好不同（Wei 等，2015）。假设消费者对新产品的支付意愿为 $\theta$，且服从 $[0,1]$ 均匀分布。认为旧件回收再造品具有较低价值，对其支付意愿为 $\beta\theta$。$\beta$ $(0<\beta<1)$ 表示消费者对再制造产品的接受度。由于制造商在市场中更具品牌效应，消费者认为制造商再制造产品价值更高，因此对再制造商产品的支付意愿为 $\beta\delta\theta$，$\delta$（$0<\delta<1$）表示消费者对再制造商再制造产品的认可度（何晓梅和李梦，2017）。

假设 5：政府实施“以旧换再”补贴政策，即政府将给予参与“以旧换再”行为的消费者单位再制造产品现金补贴 $s$。

假设 6：市场上消费者规模为 1，每个消费者在单周期内只能选择单一产品，即要么购买制造商新产品，要么参与“以旧换再”。

假设7：参与“以旧换再”的消费者在购买再制造产品前拥有废旧品，废旧品的唯一用途是回收处理；且制造商回收的废旧产品全部用于再制造。其中，再制造产品的生产数量即为消费者对再制造产品的需求（李新然和吴义彪，2015）。

则在上述假设下，面对市场上的三种产品，消费者有4种选择，不同决策方式效用函数分别为：①消费者购买制造商新产品$U_1=\theta-p_n$；②换购制造商再制造产品：$U_2=\beta\theta-p_{1r}+s$；③换购再制造商再制造产品：$U_3=\beta\delta\theta-p_{2r}+s$；④不购买任何产品。依据效用最大化原理，可得逆需求函数形式如下所示：

$$p_n=1-q_n-\beta q_{1r}-\delta\beta q_{2r}$$
$$p_{1r}=\beta(1-q_n-q_{1r}-\delta q_{2r})+s$$
$$p_{2r}=\delta\beta(1-q_n-q_{1r}-q_{2r})+s$$

（3）符号说明

本节的主要参数和变量说明见表6－3。

**表6－3 制造商竞争状态下模型参数一览表**

| 变量 | 参数解释 |
| --- | --- |
| $c_n$ | 新产品生产成本 |
| $c_{ir}$ | 制造商/再制造商再制造产品生产成本，$i=1,2$ |
| $\theta$ | 消费者对新产品的支付意愿 |
| $\delta$ | 消费者对再制造商再制造产品的认可度 |
| $\beta$ | 消费者对再制造产品的接受度 |
| $s$ | 政府给予“以旧换再”消费者单位再制造产品现金补贴 |
| $A_i$ | 制造商与再制造商制造商从消费者手中回收废旧品的单位回收价格，$i=1,2$ |
| $p_n$ | 制造商新产品价格 |
| $p_{ir}$ | 制造商/再制造商再制造产品价格，$i=1,2$ |
| $q_{1r}$ | 制造商再制造产品产量 |
| $q_{2r}$ | 再制造商再制造产品产量 |
| $q_n$ | 制造商新产品产量 |
| $\pi_j$ | 供应链系统、制造商的利润，$j=T$、$M$、$RM$ |

## 6.2.2 模型构建与求解

基于上述模型假设和参数设定，根据 Stackelberg 博弈，可构建制造商、再制造商的利润函数：

$$\pi_M = (p_n - c_n)q_n + (p_{1r} - c_{1r} - A_1 + s)q_{1r} \tag{6-36}$$

$$\pi_{RM} = (p_{2r} - c_{2r} - A_2 + s)q_{2r} \tag{6-37}$$

将逆需求函数代入其中，

$$\begin{aligned} p_n &= 1 - q_n - \beta q_{1r} - \delta\beta q_{2r} \\ p_{1r} &= \beta(1 - q_n - q_{1r} - \delta q_{2r}) + s \\ p_{2r} &= \delta\beta(1 - q_n - q_{1r} - q_{2r}) + s \end{aligned} \tag{6-38}$$

此时：

$$\pi_M = (1 - q_n - \beta q_{1r} - \delta\beta q_{2r} - c_n)q_n + [\beta(1 - q_n - q_{1r} - \delta q_{2r}) + s - c_{1r} - A_1]q_{1r} \tag{6-39}$$

$$\pi_{RM} = [\delta\beta(1 - q_n - q_{1r} - q_{2r}) + s - c_{2r} - A_2]q_{2r} \tag{6-40}$$

利用逆向归纳原则，先对再制造商进行决策，令 $\frac{\partial \pi_{RM}}{\partial q_{2r}} = 0$ 代入求解，可得

$$q_{2r} = \frac{\delta\beta(1 - q_{1r} - q_n) + (s - A_2 - c_{2r})}{2 - \delta\beta} \tag{6-41}$$

将其代入制造商 1 的利润函数，令 $\frac{\partial \pi_M}{\partial q_n} = 0$，$\frac{\partial \pi_M}{\partial q_{1r}} = 0$，可联立方程如下：

$$\begin{aligned} &\frac{2 + 2\beta\delta q_{1r} + A_2 + c_{2r} - \delta\beta - 4\beta q_{1r} - 2c_n - s}{2(2 - \delta\beta)} = 0 \\ &-\frac{\delta\beta + 4\beta q_n + 2A_1 + 2c_{1r} - A_2 - 2\delta\beta q_n - 2\beta_2 - c_{2r} - s}{2\beta(2 - \delta)} = 0 \end{aligned} \tag{6-42}$$

用 Maple 求解得到的最优定量为

$$q_n^* = \frac{1 + A_1 + c_{1r} - s - c_n - \beta}{2(1 - \beta)} \tag{6-43}$$

$$q_{1r}^* = -\frac{\beta[(A_1 + c_{1r} - c_n - s)\delta + s + 2c_n - A_2 - c_{2r}] + s + c_{2r} + A_2 - 2A_1 - 2c_{1r}}{2\beta(2 - \beta)(1 - \delta)} \tag{6-44}$$

$$q_{2r}^* = \frac{(4 - \delta)(s - A_2 - c_{2r}) - \beta\delta^2 + 2\delta(A_1 + \beta + c_{1r} - s)}{4\beta\delta(2 - \delta)} \tag{6-45}$$

由最优定量推出最优定价为

$$p_n^* = \frac{1}{4}(A_2 + c_{2r} - s - \beta\delta) + \frac{1}{2}(c_n + 1) \tag{6-46}$$

$$p_{1r}^* = \frac{1}{4}(A_2 + c_{2r} + s - \beta\delta) + \frac{1}{2}(A_1 + \beta + c_{1r}) \tag{6-47}$$

$$p_{2r}^* = \frac{(4-3\delta)(s + A_2 + c_{2r}) - \beta\delta^2 + 2\delta(A_1 + c_{1r} + \beta)}{4(2-\delta)} \tag{6-48}$$

此时，制造商、再制造商的利润分别为

$$\begin{aligned}\pi_M^* =& \frac{(2-\delta)(1-\beta)(2-\beta\delta)}{8(2-\beta)(1-\delta)} + \frac{4A_1(A_1 - c_{1r} + A_2\beta)}{8(2-\beta)(1-\delta)} - \\ & \frac{2(A_1 + c_{1r})[\beta\delta(c_{1r} - 2s - 2c_n) + 2\beta(s + 2c_n - 2c_{2r}) + 2(s - c_{1r} + c_{2r}) + A_1\beta\delta]}{8\beta(2-\beta)(1-\delta)} + \\ & \frac{A_2(1-\beta)[2\beta(2-\delta) + 2s + A_2 - 4c_{1r} + 2c_{2r}]}{8(2-\beta)(1-\delta)} - \\ & \frac{c_{2r}[2\beta^2(2+\delta) + \beta(c_{2r} + 2\delta + 2s - 4) - c_{2r} - 2s]}{8(2-\beta)(1-\delta)} - \\ & \frac{2(2-\delta)[s\beta(1-2c_n) + \beta c_n(2-c_n) - \beta^2(s+2c_n)] - s^2 - \beta s^3(3-2\delta)}{8(2-\beta)(1-\delta)}\end{aligned} \tag{6-49}$$

$$\pi_{RM}^* = \frac{[(\delta-4)(A_2 + c_{2r} - s) - \beta\delta^2 + 2\delta(A_1 + \beta + c_{1r} - s)]^2}{16\beta\delta(2-\delta)^2} \tag{6-50}$$

通过求解，可得如下结论。

结论 6. 10 $\frac{\partial q_n^*}{\partial c_n} = -\frac{1}{2(1-\beta)} < 0$，表明制造商生产新产品的数量随着其新产品生产成本的提高而降低。这不难理解，在实际生活中当企业生产产品的成本增加时，为获取收益，企业往往会提高产品价格，对于关注短期利益的消费者而言，当价格超过他们的心理预期时，他们对新产品的需求就会减少，也就会使生产产量会减少。

结论 6. 11 $\frac{\partial q_n^*}{\partial s} = -\frac{1}{2(1-\beta)} < 0$，表明制造商生产新产品的产量随着政府“以旧换再”补贴的增加而减少。这是因为再制造产品会对新产品市场产生挤兑效应。新产品产量因政府补贴增加而下降的原因一部分是政府补贴使得制造商更倾向于从事再制造活动，制造商自愿减少让出更多的市场给本身的再制造产品；一部分则是受到再制造商和制造商生产的再制造产品

的挤压。

结论 6.12 $\frac{\partial q_n^*}{\partial \beta}=\frac{A_1+c_{1r}-c_n-s}{2(1-\beta)^2}<0$，表明制造商生产新产品的产量随着消费者对再制造产品接受度的提高而降低。随着消费者对再制造产品理解加深，消费者参与“以旧换再”的人数增多，市场上再制造产品份额扩大，提高了企业从事再制造的积极性。

结论 6.13 因为 $\delta,\beta\in(0,1)$，$2-\beta\delta>0$，则 $\frac{\partial q_{1r}^*}{\partial c_{1r}}=-\frac{2-\beta\delta}{2\beta(1-\beta)(2-\delta)}<0$，表明制造商生产的再制造产品产量随着其再制造成本增加而减少。同结论6.10，当产品价格提高时，由于市场上存在3种产品，消费者选择较多。此时，一部分原先购买制造商再制造产品的消费者会转而选择制造商生产的新产品或再制造商的再制造产品，最终使得制造商再制造产品产量减少。

结论 6.14 $\frac{\partial q_{1r}^*}{\partial s}=\frac{1+\beta-\beta\delta}{2\beta(1-\beta)(2-\delta)}>0$，表明制造商再制造产品产量随着政府“以旧换再”补贴的提高而增加。随着政府和企业对再制造的大力支持，消费者对再制造产品接受度提高，参与“以旧换再”的消费者数量增加，这时政府补贴越高越能使制造商从再制造活动中获得更高的利润。且由于再制造商进入市场，制造商为获取市场份额，提升利润，最终导致制造商的再制造产品产量增加。

结论 6.15 $\frac{\partial q_{2r}^*}{\partial c_{2r}}=-\frac{4-\delta}{4\beta\delta(2-\delta)}<0$，表明再制造商再制造产品产量随着其再制造成本的增加而减少。同结论6.10、6.12，当产品价格提高时，由于市场上存在3种产品，消费者选择较多。此时，一部分原先购买再制造商再制造产品的消费者会转而选择制造商生产的新产品或再制造产品，最终使得再制造商产量减少。

结论 6.16 $\frac{\partial q_{2r}^*}{\partial s}=\frac{4-3\delta}{4\beta\delta(2-\delta)}>0$，表明再制造商再制造产品产量随着政府“以旧换再”补贴的提高而增加。这是因为再制造商只生产再制造产品，政府补贴越高，参与“以旧换再”的消费者数量越多，再制造产品市场份额随之扩大，使得再制造商选择增加产品产量以获得更高利润。

### 6.2.3 算例分析

以上结论是产品成本与政府补贴对模型中各产品产量较为直观的影响，接下来为进一步分析政府补贴、消费者对再制造产品的接受度及对再制造商的认可度对产品产量、定价及利润的影响，将根据文献（聂佳佳和钟玲，2018；曾蔚等，2018；伍颖和熊中楷，2014；贡文伟等，2014）设定参数为：$c_n = 0.8, c_{1r} = 0.5, c_{2r} = 0.4, A_1 = 0.1, A_2 = 0.2$。并通过调节参数 $s$、$\beta$、$\delta$ 的变化来验证和探讨上述模型各决策结果。

1\. 消费者对再制造产品接受度 $\beta$ 的影响

（1）为了使得各模型中各产品最优产量为正，可由此计算最优值，因此得到 $s > 0.3, \delta \geqslant 0.6$ 此时，参数设定 $c_n = 0.8, c_{1r} = 0.5, c_{2r} = 0.4, A_1 = 0.1, A_2 = 0.2, s = 0.3, \delta = 0.6$。当 $\beta \in \left(\frac{1}{2}, 1\right)$ 时，图 6－10 所示为消费者接受度对再制造产品产量的影响。

图 6－10 表明只有在消费者对再制造产品接受度处于较高水平（$\beta > 0.5$）时，制造商与再制造商才有利可图，选择生产再制造产品，并随着消费者接受度的提高增加产量。制造商再制造产品产量上升幅度由缓到急，产量增加数量远大于再制造商再制造产品产量。这是因为相较于再制造商的再制造产品，消费者对制造商具有较高的偏好。这表明只要某一制造商或再制造商的再制造产品能在消费者心中树立良好的形象，建立良好的口碑，获得的接受程度远远高于其他再制造产品时，该再制造产品将能够主导市场。此外，由于再制造产品的生产成本相比于新产品而言更低，当消费者对再制造产品的接受程度处于较高水平，再制造成本又处于较低水平时，$\beta$ 的提高将导致新产品被挤占，市场将被再制造产品垄断。

（2）当 $c_n = 0.8, c_{1r} = 0.5, c_{2r} = 0.4, A_1 = 0.1, A_2 = 0.2, s = 0.3, \delta = 0.6$ 时，制造商新/再制造产品及再制造商再制造产品价格变化趋势如图 6－11 所示。

从图 6－11 我们可以看到，随着消费者对再制造产品接受度的提高，制造商的新产品和再制造产品价格变化相反，新产品价格降低，再制造产品价格增加；再制造商再制造产品价格增加。这是因为在再制造商进入市场的竞争情形下，制造商的新产品市场受到再制造商再制造产品的挤压，

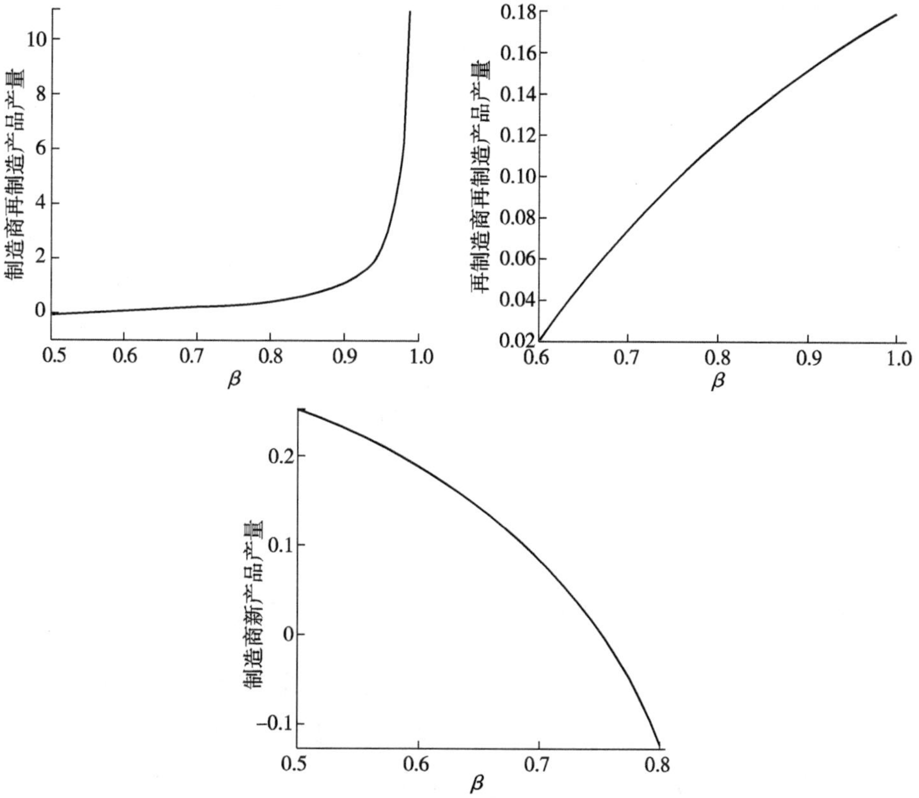


**图 6－10　$\beta$ 变化对制造商再制造产品及新产品，再制造商再制造产品最优产量的影响**

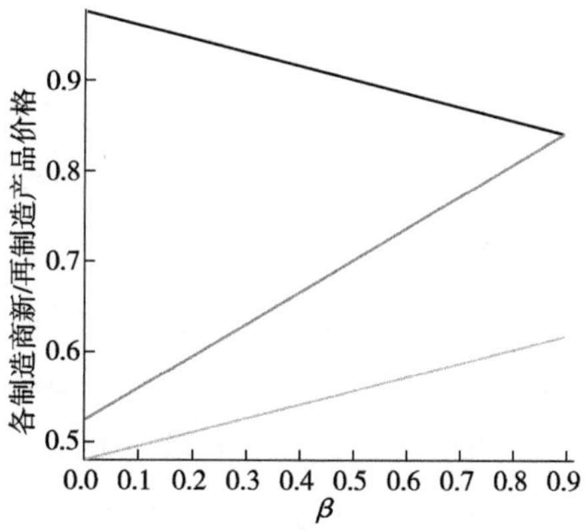


**图 6－11　$\beta$ 变化对各制造商新/再产品价格的影响**

为促进销售，选择降低产品价格；再制造商由于只生产再制造产品，为增加利润，其定价将会随着消费者对再制造产品接受的提高而增加。

（3）当 $c_n=0.8,c_{1r}=0.5,c_{2r}=0.4,A_1=0.1,A_2=0.2,s=0.3,\delta=0.6$ 时，闭环供应链系统、制造商和再制造商的最优利润变化趋势如图 6.12 所示。

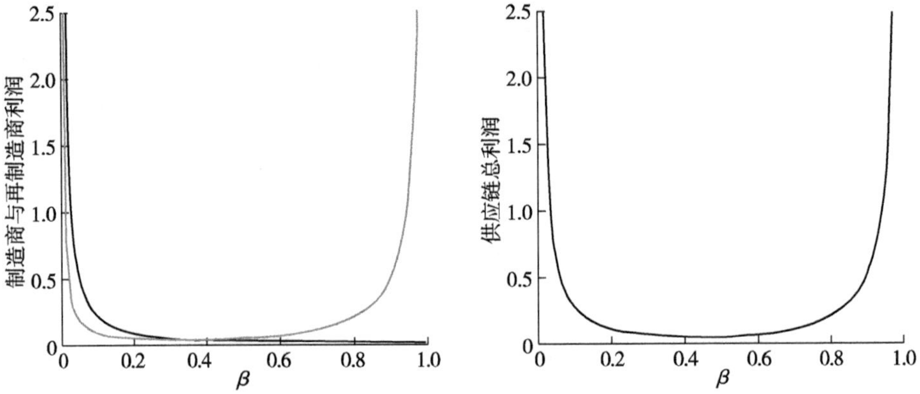


**图 6－12　$\beta$ 变化对制造商、再制造商及供应链总利润的影响**

从图 6－12 我们看到。随着消费者对再制造产品接受度的提高，制造商利润与供应链系统总利润先减少后增加，再制造商利润减少。这是由于在竞争情形下，制造商的新产品市场受到两种再制造产品市场的挤压，新产品销量大幅下降，而市场对再制造产品的支付意愿又处于较低水平，此时制造商从事的再制造也无法弥补此部分损失，自身利润受损。由于消费者对制造商再制造产品的偏好即对再制造产品的支付意愿处于较高水平时，制造商从事的再制造就能获得较大的销量从而使得自身新产品市场损失的份额能够通过再制造补贴、再制造成本优势以及再制造销量来弥补，此时，制造商总利润增加。而再制造商由于只生产再制造产品，且随着消费者对再制造产品接受的提高而提高价格，使得消费者对其产品产生一定抵触心理，最终导致其利润受损。图 6－12 表明，当消费者对再制造产品的接受度处于一个非常高的水平时，且消费者对某一制造商的再制造产品有更高的偏好，该制造商从事再制造是有利可图的，而且如果该制造商有办法能够垄断市场阻止其他制造商进入的话则能够获得更好的利润，此时，市场竞争是没有必要的。图 6－12 表明了，一方面，企业应放远目光，树立良好的品牌形象，提升口碑，从而实现利润增加；另一方面，政府应与企业通力合作，加大对再制造产品的宣传力度，提升消费者对再制造产品的接受度，最终实现效益增长与资源节约。

2. 消费者对再制造商偏好 $\delta$ 的影响

（1）当 $c_n=0.8,c_{1r}=0.5,c_{2r}=0.4,A_1=0.1,A_2=0.2,s=0.3,\beta=0.7$。消费者对再制造商再制造产品偏好对产量的影响如图 6－13 所示。

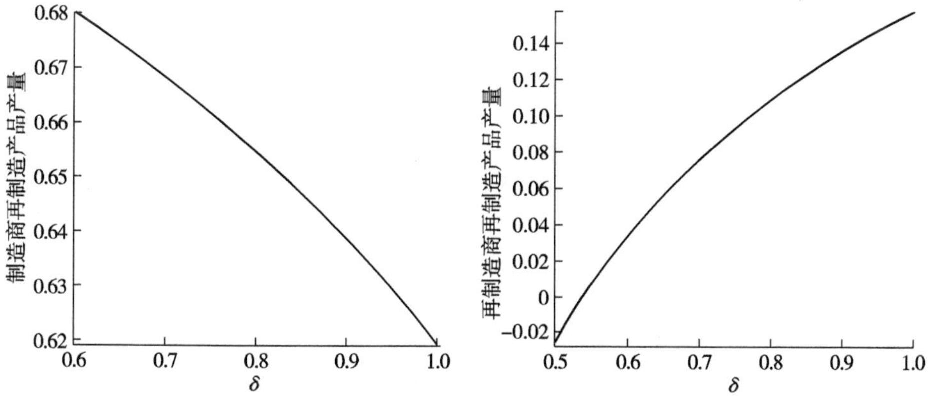


**图 6－13　$\delta$ 变化对制造商与再制造商再制造产品产量的影响**

从图 6－13 可以看到，当消费者对再制造产品的接受度处于较高水平（$\beta>0.5$）时，随着消费者对再制造商产品认可度提高，制造商再制造产品产量降低，再制造商再制造产品产量提高。图 6－13 表明，消费者对某一制造商的再制造产品认可度越高，越能帮助该制造商扩大其产品市场，体现了口碑及品牌的重要性。

（2）当 $c_n=0.8,c_{1r}=0.5,c_{2r}=0.4,A_1=0.1,A_2=0.2,s=0.3,\beta=0.7$ 时，新/再制造产品的最优定价变化趋势如图 6－14 所示。

从图 6－14 我们可以看到，随着消费者对再制造商偏好提高，制造商的新/再制造产品产品价格降低，再制造商再制造产品价格提高。这不难理解，由图 6－14 我们知道，当消费者对某一制造商的再制造产品偏好度越高，就越能促进该制造商生产再制造产品。随着购买再制造商再制造产品的消费者增多，此时，再制造商可以选择适提高价格以增加其利润。而在竞争情形下，制造商为了更好地抢占市场，促进销售，选择降低产品价格。

（3）当 $c_n=0.8,c_{1r}=0.5,c_{2r}=0.4,A_1=0.1,A_2=0.2,s=0.33,\beta=0.7$ 时，闭环供应链系统、制造商和再制造商的最优利润变化趋势如图 6.15 所示。

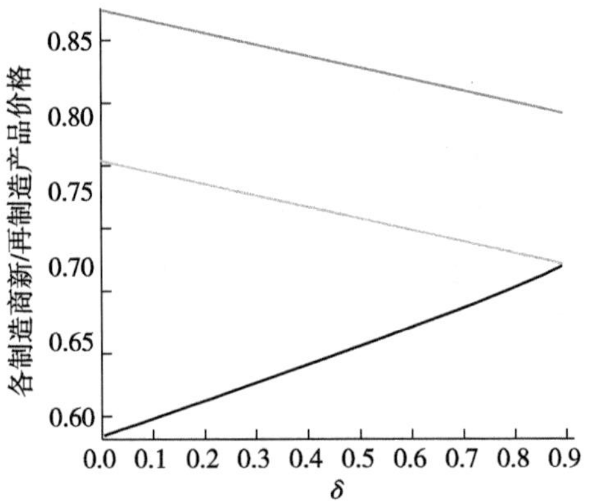


**图 6－14　$\delta$ 变化对各制造商新/再制造产品价格的影响**

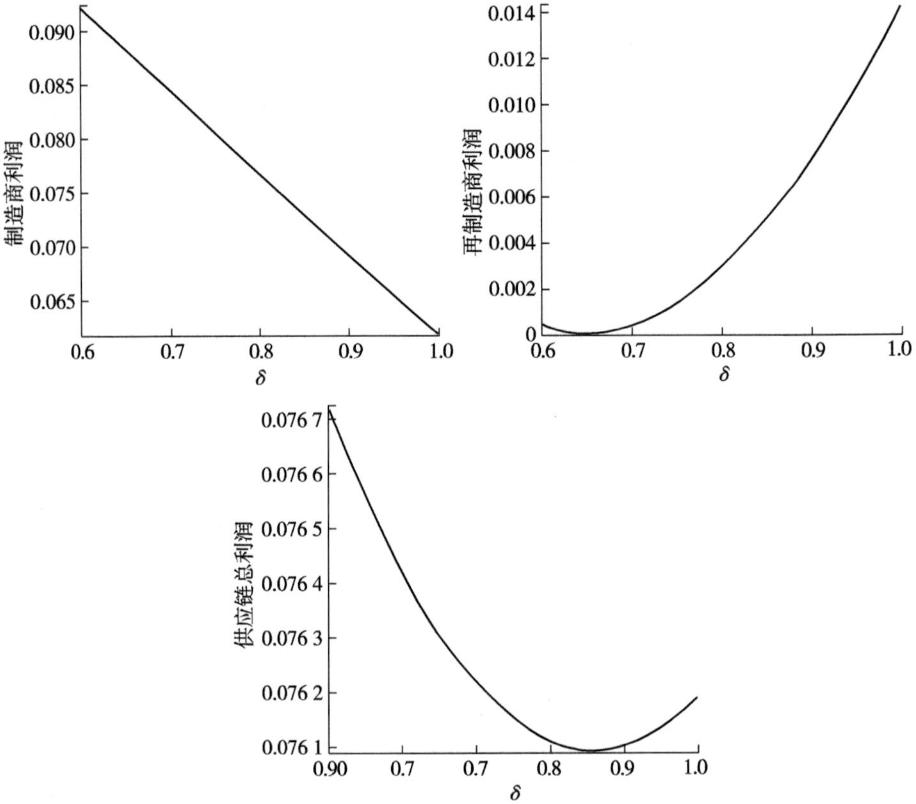


**图 6－15　$\delta$ 变化对各制造商及系统利润的影响**

从图 6－15 我们可以看到，当消费者对再制造商再制造产品认可度较高（$\delta>0.6$）时，随着认可度的提高，制造商利润降低，再制造商及供应链系统总利润先减少后增加。从图 6－13～图 6－15 综合来看，消费者对某一制造商的再制造产品越喜爱，就越能促进该制造商生产再制造产品并提高该制造商的利润，并能进一步帮助其侵占竞争情形下的再制造产品市场。而再制造商利润减少阶段是处于与制造商抢占市场的竞争初期。此外，我们可以看到供应链总利润降低，这表明制造商产品利润下降的幅度是远大于再制造商再制造的利润上升幅度的。这是因为当消费者对再制造商的认可与制造商相差较大时，且消费者对再制造产品的接受度又较高时，再制造产品虽然蚕食了新产品的市场，但由于新产品的利润较高，此时虽有制造商参与再制造产品的竞争，却又无法获得像新产品那样的高利润，导致供应链整体利润降幅增快。当消费者对再制造商的认知与制造商相差无几时，再制造商总体利润增加，市场竞争放缓，最终使得供应链利润增加。

3. 政府“以旧换再”补贴 $s$ 的影响

（1）当 $c_n=0.8, c_{1r}=0.5, c_{2r}=0.4, A_1=0.1, A_2=0.2, s=0.3, \delta=0.6, \beta=0.7$ 时，政府再制造补贴对再制造产品产量的影响如图 6－16 所示。从图 6－16 我们可以看到，随着政府补贴的增加，再制造产品产量增加。

（2）当 $c_n=0.8, c_{1r}=0.5, c_{2r}=0.4, A_1=0.1, A_2=0.2, s=0.33, \delta=0.6, \beta=0.7$ 时，政府再制造补贴对新/再制造产品价格的影响如图 6－17 所示。随着政府补贴增加，新产品与再制造产品的价格降低。

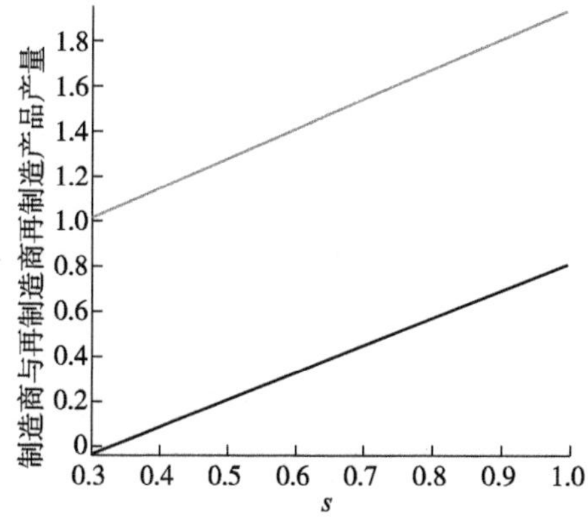


**图 6－16　$s$ 变化对再制造产品产量的影响**

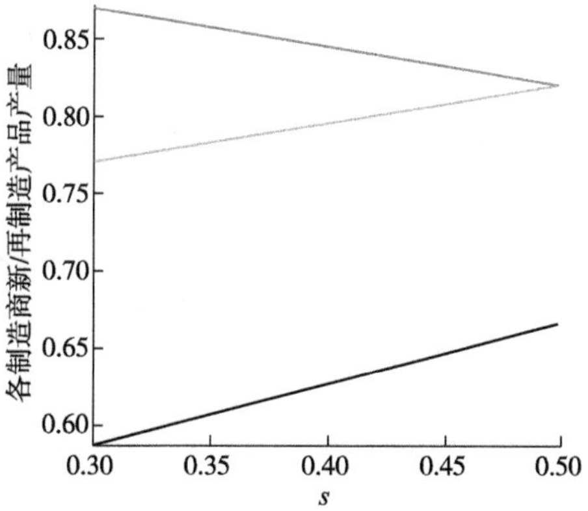


**图 6－17　$s$ 变化对新/再制造产品价格的影响**

（3）当 $c_n = 0.8, c_{1r} = 0.5, c_{2r} = 0.4, A_1 = 0.1, A_2 = 0.2, s = 0.33, \delta = 0.6, \beta = 0.7$ 时，政府再制造补贴对各制造商及供应链系统利润影响如图 6－18 所示。随着政府补贴的增加，制造商、再制造商及供应链整体利润增加。

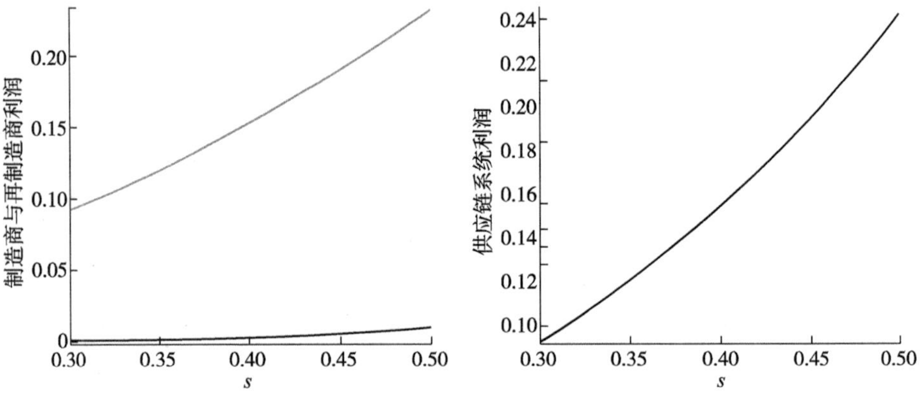


**图 6－18　$s$ 变化对各制造商及供应链系统利润的影响**

图 6－17、图 6－18 表明政府补贴能够有效促进再制造活动，提高再制造利润以及供应链总利润。在竞争情形下，政府应设置合理的补贴（$s \geqslant 0.3$），在相同的补贴情形下，在消费者心目中更具口碑（即偏好程度更高）的再制造产品的企业能够获得更高的利润。

## 6.3 WEEE 回收竞争下的“以旧换再”闭环供应链定价决策

本节在政府“以旧换再”补贴背景下，基于消费者对回收渠道的偏好度不同，从效用角度，将回收处理过程对环境的影响纳入考量，构建了合格与不合格回收商竞争的电子电器闭环供应链，分析回收商竞争环境下 EPR 策略对闭环供应链、制造商、合格回收商和不合格回收商的最优定价、回收量及利润的影响，并进一步分析消费者渠道偏好、合格回收商拆解处理 WEEE 的环境属性值以及政府补贴对闭环供应链、制造商及各回收商的影响。

## 6.3.1 问题描述和假设提出

1. 问题描述

该闭环供应链由一个制造商与相互竞争的两个回收商组成。制造商 M 同时生产新产品（耐用品）与再制造产品。两个回收商分别：具有政府支持的正规回收商 Q 与不正规回收商 U。这是因为，经过回收商 Q 处理过的废旧品对环境的污染较低，是政府认可的具有拆解资质的合格回收商；而回收商 U，由于其设施设备及技术水平等问题，经过该种企业处理过的产品对环境污染较大，因而不具备拆解资质，在现实生活中我们称其为“黑商贩”（以下简称不合格回收商 U）。ERP 下由制造商主导、合格/不合格回收商相互竞争的闭环供应链模型如图 6 - 19 所示：

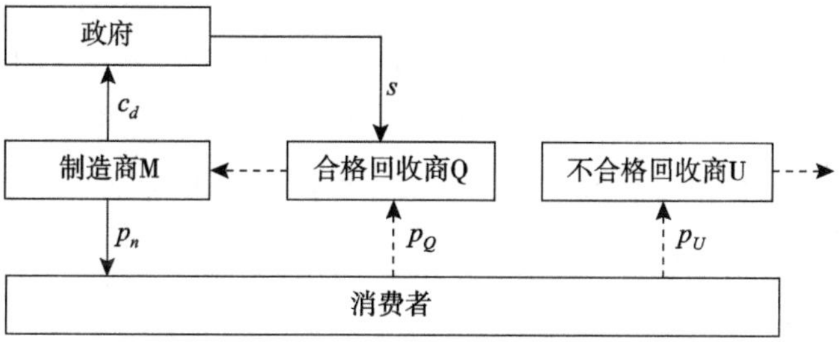


**图 6 - 19　制造商主导 - 回收渠道竞争闭环供应链模型**

2. 基本假设

本章假设如下。

假设 1：合格回收商 Q 与不合格回收商 U 处理产品的成本分别为 $c_Q / c_U$，且由于合格回收商对废旧品拆解处理污染较小，技术水平与投入成本较高，因此 $c_Q > c_U$。

假设 2：$p_Q$ 和 $p_U$ 分别表示回收商 Q 和回收商 U 支付给消费者的单位回收价格，由于不合格回收商成本较低，为了抢占市场增加利润，其回收价格大于合格回收商价格，即 $p_U > p_Q$。

假设 3：政府为了扶持具有拆解资质的正规企业，打击“黑商贩”，保护环境，对合格回收商实施补贴政策。设每单位处理补贴为 $s$，该补贴源于废旧电器处理基金。

假设4：假设制造商生产新产品的单位成本为 $c_t=c+c_d$，其中 $c$ 为产品生产成本，$c_d$ 为政府向制造商收取的单位处置费用。

假设5：$r$ 为回收商拆解处理废旧品所获得的有效原材料，即回收商处理每单位 WEEE 的收益。为保证回收商有利可图，有 $c_U<r<c\leqslant c_t<1$（Zhou 等，2017）。

Conrad（2005）的研究表明，产品不同，生产及使用方式也不同，因此造成的环境影响不一；Bansal 等（2003）假设产品对环境的初始影响值为 $D$，经过一定的技术处理后优化了对环境的影响，对环境产生了大小为 $e$ 的友好度，也就是说产品经过正确处理后对环境的影响变为 $D-e$，参考文献（陈晓红等，2016）得到假设6。

假设6：环境质量属性是指产品在生产过程采取了环保措施所减少的污染程度，即对环境的友好度，由于合格回收商与不合格回收商拆解处理废旧品的科技、手段不同，在此过程中对环境产生的影响也不同。假定 $e_Q$和$e_U$ 分别指两个回收商拆解处理废旧品的环境属性值，即处理 WEEE 过程中表现出对环境的友好度，并且满足 $e_Q>e_U$；消费者对产品单位环境质量的支付意愿为 $\theta$，$\theta\in[0,\lambda]$，$\lambda<1$，$\lambda$ 为消费者为单位产品环境质量愿意支付的最大值。

假设7：消费者只通过市场上 Q 和 U 两家回收商处理 WEEE，消费者需求即为回收商的回收量，且回收的废旧产品全部用于再制造，即再造率为 1。

假设不同的消费者对于废旧电子电器产品估值存在差异，只有当回收商给出的回收价格大于消费者对废旧产品的估值时，消费者才愿意参与回收。为了方便计算，假设市场上潜在回收量标准化为 1（郑艳芳等，2017）。由此可得消费者将废旧电子电器产品售给回收商 Q 或 U 的效用函数分别为$U_Q=\alpha v+\theta e_Q-p_n+p_Q$；$U_U=(1-\alpha)v+\theta e_U-p_n+p_U$。其中，$v$ 为产品质量，满足均匀分布 $v\in[0,1]$（李新然和李长浩，2019）；$\alpha$ 为消费者对正规回收渠道的偏好度，$0<\alpha<1$（郑艳芳等，2017）。

当 $U_Q>U_U$且$U_Q\geqslant 0$时，消费者选择将 WEEE 售给合格回收商；当 $U_Q<U_U$且$U_U\geqslant 0$时，消费者选择将 WEEE 售给不合格回收商。其中，$p_n<v, p_U<\alpha v$，这表明新产品和废旧品的功能质量要高于消费者的支付价

格与回收价格。参考文献（陈晓红等，2016；李新然和李长浩，2019）根据效用最大化原理，可得需求函数：

$$q_U=\frac{e_Q p_U-\alpha e_Q v-\alpha e_U v-e_Q p_n+e_Q v+e_U p_n-e_U p_Q}{\lambda e_U(e_Q-e_U)} \tag{6-51}$$

$$q_Q=1+\frac{2\alpha v++p_Q-p_U-v}{\lambda(e_Q-e_U)} \tag{6-52}$$

## 6.3.2 模型计算

依据逆向归纳法。首先分析回收商的决策，记 $\pi_Q$和$\pi_U$ 分别为回收商 $Q$ 和 $U$ 的利润，有

$$\pi_Q=\left(r+s-c_Q-p_Q\right)q_Q\,,\ \pi_U=\left(r-c_U-p_U\right)q_U \tag{6-53}$$

引理6.1 两个回收商的最优价格分别为

$$p_Q^*=\frac{v(\alpha e_U-3\alpha e_Q+e_Q)+e_Q(6r+5s-5c_Q)+(r+s+c_t-c_Q-2\lambda e_Q)(e_Q-e_U)}{2\left(4e_Q-e_U\right)} \tag{6-54}$$

$$p_U^*=\frac{v[e_Q\left(5\alpha-1\right)+\left(1-\alpha\right)e_U]+[\lambda(2e_Q-e_U)+c_t]\left(e_Q-e_U\right)+\left(2s+3r-2c_Q-c_U\right)e_Q}{4e_Q-e_U} \tag{6-55}$$

当 $0<s<s_2$，两个回收商的最优回收量分别为

$$q_Q^*=\frac{v(3\alpha e_Q-e_Q-\alpha e_U)+(2\lambda e_Q+c_t+r+s-c_Q)(e_Q-e_U)+(s+c_U-c_Q)e_Q}{2\lambda(4e_Q-e_U)(e_Q-e_U)} \tag{6-56}$$

$$q_U^*=\frac{e_Q[e_Q v(3-5\alpha)+e_U v(1-\alpha)+(\lambda e_U-2\lambda e_Q-c_t-c_U+r)(e_Q-e_U)+2e_Q(c_Q-c_U-s)]}{\lambda(4e_Q-e_U)(e_Q-e_U)} \tag{6-57}$$

此时，回收商 $Q$ 和 $U$ 的最优利润为

$$\pi_Q^*=\frac{1}{4\lambda(4e_Q-e_U)^2(e_Q-e_U)}(3\alpha e_Q v-\alpha e_U v+2\lambda e_Q^2-2\lambda e_Q e_U-2c_Q e_Q+c_Q e_U-c_t e_Q+ c_t e_U+c_U e_Q+e_Q r+2e_Q s-e_Q v-e_U r-e_U s)^2 \tag{6-58}$$

$$\pi_U^*=\frac{e_Q}{\lambda e_U(4e_Q-e_U)^2(e_Q-e_U)}(5\alpha e_Q v-\alpha e_U v+2\lambda e_Q^2-3\lambda e_Q e_U+\lambda e_U^2-2c_Q e_Q+c_t e_Q- c_t e_U+3c_U e_Q-c_U e_U-e_Q r+2e_Q s-3e_Q v+e_U r-e_U v)^2 \tag{6-59}$$

其中，

$$s_2=\frac{(\lambda e_U+r-2\lambda e_Q-c_t-c_U)(e_Q-e_U)+(2c_Q+2c_U+3v-5\alpha v)e_Q+(\alpha-1)e_Uv}{2e_Q}>0 \quad (6-60)$$

引理6.1表明，没有回收处理补贴时，由于现实生活中消费者的短视性，在与不合格回收商的竞争中，回收商 $Q$ 无法提供令消费者满意的回收价格，此时可能出现 $q_Q^*=0$，即回收市场被回收商 $U$ 独占。但随着处理补贴的增加（$0<s<s_2$）回收商 $Q$ 的竞争力逐渐增强，此时回收商 $Q$ 的回收量随着补贴增加而增加。当补贴增大到一定值时（$s\geqslant s_2$），在政府补贴下回收商 $Q$ 可以提供令消费者满意的价格吸引到市场上的全部顾客，此时，$q_U^*=0$。

接下来，分析制造商的决策，记 $\pi_M$ 为 ERP $(c_t,s)$ 下制造商的利润，则制造商的决策模型可表示为

$$\underset{p_n\geqslant 0}{\mathrm{Max}}\,\pi_M=(p_n-c_t)q_Q \quad (6-61)$$

将式（6-54，6-55）代入上式，易得制造商的最优价格与利润为

$$p_n^*=\frac{v(3\alpha e_Q-e_Q-\alpha e_U)+(r+s+c_t+2\lambda e_Q-c_Q)(e_Q-e_U)+(c_U-c_Q+s)e_Q}{2(e_Q-e_U)} \quad (6-62)$$

$$\pi_M^*=\frac{(3\alpha e_Qv-\alpha e_Uv+2\lambda e_Q^2-2\lambda e_Qe_U-2c_Qe_Q-c_te_Q+c_te_U+c_Ue_Q+e_Qr+2e_Qs-e_Qv-e_Ur-e_Us)^2}{4\lambda(4e_Q-e_U)(e_Q-e_U)^2} \quad (6-63)$$

闭环供应链系统的最优利润为

$$\pi^*=\pi_Q^*+\pi_U^*+\pi_M^*=\frac{v(3\alpha e_Q-e_Q-\alpha e_U)+(r+s+2\lambda e_Q-c_t-c_Q)+(s+c_U-c_Q)e_Q}{4\lambda(4e_Q-e_U)^2(e_Q-e_U)^2}+$$
$$\frac{e_Q}{\lambda e_U(4e_Q-e_U)^2(e_Q-e_U)}(5\alpha e_Qv-\alpha e_Uv+2\lambda e_Q^2-3\lambda e_Qe_U+\lambda e_U^2-2c_Qe_Q+c_te_Q-$$
$$c_te_U+3c_Ue_Q-c_Ue_U-e_Qr+2e_Qs-3e_Qv+e_Ur-e_Uv)^2 \quad (6-64)$$

### 6.3.3 模型分析

命题6.5 消费者对正规回收渠道的偏好度越高，合格回收商的回收量

越高，回收价格越低；不合格回收商的回收量越低，回收价格越高。同时，新产品的价格越高。

证明：

$$\frac{\partial p_Q^*}{\partial \alpha}=-\frac{2e_Q v-e_U v}{2(4e_Q-e_U)}<0,\ \frac{\partial p_U^*}{\partial \alpha}=\frac{5e_Q v-e_U v}{4e_Q-e_U}>0,\ \frac{\partial p_n^*}{\partial \alpha}=\frac{3e_Q v-e_U v}{e_Q-e_U}>0$$

$$\frac{\partial q_Q^*}{\partial \alpha}=\frac{3e_Q v-e_U v}{2\lambda(4e_Q-e_U)(e_Q-e_U)}>0,\ \frac{\partial q_U^*}{\partial \alpha}=\frac{e_Q v(e_U-5e_Q)}{\lambda e_U(4e_Q-e_U)(e_Q-e_U)}<0$$

命题 6.5 得证。

命题 6.5 表明消费者对渠道的偏好度对合格回收企业及制造商均产生正面影响，引导消费者将 WEEE 出售给合格回收商有助于推进符合政府规制的电子电器闭环供应链的形成。随着消费者对正规回收渠道的偏好度提高，合格回收企业的回收价格降低，回收量增大，合格回收商的竞争力提高；此时，制造商可以通过适当提高定价来增加利润，提高了制造商产生参与 WEEE 闭环供应链的动力。

命题 6.6 政府给予合格回收商的 WEEE 处理补贴越高，合格回收商的回收价格和回收量越高；不合格回收商的回收量降低，回收价格提高。同时，新产品的价格提高。

证明：

$$\frac{\partial p_Q^*}{\partial s}=-\frac{e_U-6e_Q}{2(4e_Q-e_U)}>0,\ \frac{\partial p_U^*}{\partial s}=\frac{2e_Q}{4e_Q-e_U}>0,\ \frac{\partial p_n^*}{\partial s}=\frac{2e_Q-e_U}{e_Q-e_U}>0$$

$$\frac{\partial q_Q^*}{\partial s}=\frac{2e_Q-e_U}{2\lambda(4e_Q-e_U)(e_Q-e_U)}>0,\ \frac{\partial q_U^*}{\partial \alpha}=-\frac{2e_Q^2}{\lambda e_U(4e_Q-e_U)(e_Q-e_U)}<0$$

命题 6.6 得证。

命题 6.6 表明闭环供应链上各成员的决策会受到政府 WEEE 处理补贴的影响。政府补贴的提高，可以提高合格回收商的回收量，降低不合格回收商的回收量，从而有效提高合格回收商的竞争力，实现环境保护和资源节约。

命题 6.7 当消费者对正规回收渠道的偏好较大，即 $\frac{1}{2}\leqslant\alpha<1$ 时，消费者对正规渠道偏好的增大及政府补贴的提高均有助于闭环供应链系统总利润增加。

证明：

$$\frac{\partial \pi^*}{\partial \alpha}=\frac{v}{2(4e_Q-e_U)^2\lambda e_U(e_Q-e_U)^2}[e_Q^4(100\alpha v-78\lambda e_U+40\lambda e_Q$$
$$-40c_Q+20c_t+60c_U-20r+40s-60v)+e_Q^3e_U(-95\alpha v+48\lambda e_U$$
$$+18c_Q-59c_t-77c_U+59r-18s+77v)+e_Q^2e_U^2(-4\alpha v+29c_Q$$
$$+54c_t+25c_U-54r-29s-25v)+e_U^4(-2\alpha v+2c_Q+2c_t-2r-2s)$$
$$\geqslant e_U^4(100\alpha v-78\lambda e_U+40\lambda e_Q-40c_Q+20c_t+60c_U-20r+40s$$
$$-60v-95\alpha v+48\lambda e_U+18c_Q-59c_t-77c_U+59r-18s+77v$$
$$-4\alpha v+29c_Q+54c_t+25c_U-54r-29s-25v-2\alpha v+2c_Q+2c_t$$
$$-2r-2s+13\alpha v-10\lambda e_Q-15c_Q-17c_t-2c_U+17r+15s+2v)]$$
$$=6e_U^4(2\alpha v-v+5\lambda e_Q-5\lambda e_U+c_U+s-c_Q+5r)$$

又 $\lambda e_Q>\lambda e_U, c_U+s>c_Q$，故当 $2\alpha v-v=v(2\alpha-1)\geqslant 0$，$\frac{\partial \pi^*}{\partial \alpha}>0$ 恒成立

故当 $\alpha\geqslant\frac{1}{2}$ 时，$\frac{\partial \pi^*}{\partial \alpha}>0$ 恒成立。

命题6.7 表明政府 EPR 政策的实施，能有效提高 WEEE 闭环供应链系统利润。政府有理由促进消费者对正规回收渠道的认识与接受，以实现保护环境、节约资源目的的同时避免与闭环供应链系统及成员利润相冲突。

命题6.8 当消费者对正规回收渠道的偏好较大，即 $\frac{1}{2}\leqslant\alpha<1$ 时，各回收商与制造商的利润受益于消费者对正规渠道偏好的增大以及政府补贴的增加。

证明：

$$\frac{\partial \pi_Q^*}{\partial \alpha}=\frac{(3ve_Q-ve_U)}{2\lambda(4e_Q-e_U)^2(e_Q-e_U)}(3\alpha ve_Q-\alpha ve_U+2\lambda e_Q^2-2\lambda e_Qe_U-$$
$$2c_Qe_Q+c_Qe_U-c_te_Q+c_te_U+c_Ue_Q+e_Qr+2e_Qs-ve_Q-e_Ur-e_Us)$$

由 $e_Q>e_U$，有 $\frac{(3e_Qv-e_Uv)}{2\lambda(4e_Q-e_U)^2(e_Q-e_U)}>0, 2\lambda e_Q^2-2\lambda e_Qe_U>0$

又 $3\alpha ve_Q-\alpha ve_U+2\lambda e_Q^2-2\lambda e_Qe_U-2c_Qe_Q+c_Qe_U-c_te_Q+c_te_U+c_Ue_Q+e_Qr+2e_Qs-ve_Q-e_Ur-e_Us\geqslant 2\alpha ve_Q-ve_Q+e_Q(c_U-2c_Q-c_t+r+2s)+e_U(c_Q+c_t-r-s)\geqslant ve_Q(2\alpha-1)+e_U(c_U-2c_Q-c_t+r+2s+c_Q+c_t-r-s)=ve_Q(2\alpha-1)+e_U(c_U+s-c_Q)$

当 $2\alpha-1\geqslant 0$ 时,上式大于 0,此时 $\frac{\partial \pi_Q^*}{\partial \alpha}>0$ 恒成立。

$\frac{\partial \pi_M^*}{\partial \alpha}$、$\frac{\partial \pi_U^*}{\partial \alpha}$、$\frac{\partial \pi_Q^*}{\partial s}$、$\frac{\partial \pi_M^*}{\partial s}$、$\frac{\partial \pi_U^*}{\partial s}$ 化简算法一致,可得当 $\alpha\geqslant\frac{1}{2}$ 时,大于 0 均成立。

命题 6.7 和命题 6.8 表明消费者环保意识的增强，即消费者对正规回收渠道的偏好提高时，有助于政府推行 EPR 政策。政府应设置合理的补贴金额（$0<s<s_2$），只有当政府设置的补贴基于一定值时，回收商及制造商才有动力通力合作，形成完整的电子电器闭环供应链。这说明，提高消费者对正规回收渠道的偏好度势在必行，当市场中消费者不再仅基于自身利益选择 WEEE 回收渠道时，政府补贴不仅有利于增强合格回收商的竞争力，还有利于企业提高废旧产品回收率及再利用价值。

命题 6.9 政府实施 EPR 政策，即 $0<s<s_2$ 时，合格回收商拆解处理废旧品的环境属性值越大，合格回收商的回收价格越低，不合格回收商的回收价格越高。同时，新产品价格降低。

证明：

$$\frac{\partial p_Q^*}{\partial e_Q}=-\frac{\alpha v e_U+8\lambda e_Q^2-4\lambda e_Q e_U+2\lambda e_U^2-2c_Q e_U-3c_t e_U-c_U e_U+3e_U r+2se_U+e_U v}{2(4e_Q-e_U)^2}$$

当 $0<s<s_2$ 时，$\frac{\partial p_Q^*}{\partial e_Q}<0$ 恒成立。

同理，

$$\frac{\partial p_U^*}{\partial e_Q}=-\frac{\alpha v e_U-8\lambda e_Q^2+4\lambda e_Q e_U+2\lambda e_U^2-2c_Q e_U-3c_t e_U-c_U e_U+3e_U r+2se_U+e_U v}{(4e_Q-e_U)^2}>0$$

$$\frac{\partial p_n^*}{\partial e_Q}=-\frac{2\alpha v e_U-2\lambda e_Q^2+4\lambda e_Q e_U-2\lambda e_U^2-c_Q e_U+c_U e_U+se_U-e_U v}{2(e_Q-e_U)^2}<0$$

命题 6.9 得证。

命题 6.9 表明合格回收商的回收价格随着合格回收商拆解处理废旧品环境属性值的增大而降低，不合格回收商的回收价格随之提高。这是因为，政府实施 EPR 政策，使消费者认识到环境保护的重要性，越来越多的消费者愿意将 WEEE 出售给合格回收商，使得合格回收商可以降低回收价格增加利润，并进一步提高回收处理过程对环境的友好度；更多的消费者选择正规回收渠道，不合格回收商不得不提高回收价格提高其市场竞争力。此时，新产品价格降低，消费者最终受益于 WEEE 环境质量的提升。

命题 6.9 随着合格回收商拆解处理废旧品的环境属性值增大，合格回收商的回收量减少，不合格回收商的回收量增加。

证明：

$$\frac{\partial q_Q^*}{\partial e_Q}=\frac{1}{2\lambda\,(4e_Q-e_U)^2\,(e_Q-e_U)^2}(8\alpha ve_Qe_U-12\alpha ve_Q^2-2\alpha ve_U^2-2\lambda e_Q^2e_U+4\lambda e_Qe_U^2-2\lambda e_U^3+8c_Qe_Q^2-8c_Qe_Qe_U+3c_Qe_U^2+4c_te_Q^2-8c_te_Qe_U+4c_te_U^2-4c_Ue_Q^2+c_Ue_U^2-4e_Q^2r-8e_Q^2s+4e_Q^2v+8re_Qe_U+8se_Qe_U-4re_U^2-3e_U^2s-e_U^2v)$$

由 $e_Q>e_U$，有

$$(8\alpha ve_Qe_U-12\alpha ve_Q^2-2\alpha ve_U^2-2\lambda e_Q^2e_U+4\lambda e_Qe_U^2-2\lambda e_U^3+8c_Qe_Q^2-8c_Qe_Qe_U+3c_Qe_U^2+4c_te_Q^2-8c_te_Qe_U+4c_te_U^2-4c_Ue_Q^2+c_Ue_U^2-4e_Q^2r-8e_Q^2s+4e_Q^2v+8re_Qe_U+8se_Qe_U-4re_U^2-3e_U^2s-e_U^2v)=e_Qe_U(8\alpha v-8c_Q-8c_t+8r+8s)+e_Q^2(8c_Q-12\alpha v+4c_t-4c_U-4r-8s+4v)+e_U^2(3c_Q-2\alpha v+4c_t+c_U-4r-3s-v)-2\lambda e_Q^2e_U+4\lambda e_Qe_U^2-2\lambda e_U^3\leqslant e_Q^2(8\alpha v-8c_Q-8c_t+8r+8s+8c_Q-12\alpha v+4c_t-4c_U-4r-8s+4v+3c_Q-2\alpha v+4c_t+c_U-4r-3s-v)+2\lambda e_Qe_U^2-2\lambda e_Q^2e_U=e_U^2(3v-6\alpha v+3c_Q-3c_U-3s)+2\lambda e_Qe_U^2-2\lambda e_Q^2e_U=3e_Q^2(v-2\alpha v+c_Q-c_U-s)+2\lambda e_Qe_U(e_U-e_Q)\leqslant 0$$

故 $\frac{\partial q_Q^*}{\partial e_Q}<0$ 恒成立

$$\frac{\partial q_U^*}{\partial e_Q}=\frac{1}{\lambda e_U\,(4e_Q-e_U)^2\,(e_Q-e_U)^2}(21\alpha ve_Q^2e_U-10\alpha ve_Qe_U^2+\alpha ve_U^3-8\lambda e_Q^4+20\lambda e_Ue_Q^3-17\lambda e_U^2e_Q^2+6\lambda e_Qe_U^3-\lambda e_U^4-10c_Qe_Q^2e_U+4c_Qe_Qe_U^2+c_te_Q^2e_U-2c_te_Qe_U^2+c_te_U^3+11c_Ue_Q^2e_U-6c_Ue_Qe_U^2+c_Ue_U^3-e_Ue_Q^2r+10e_Q^2se_U-15e_Q^2e_Uv+2re_Qe_U^2-4se_Qe_U^2+6e_Qe_U^2v-e_U^3r-e_U^3+4e_Q^2e_U)$$

由 $e_Q>e_U$，有

$$21\alpha ve_Q^2e_U-10\alpha ve_Qe_U^2+\alpha ve_U^3-8\lambda e_Q^4+20\lambda e_Ue_Q^3-17\lambda e_U^2e_Q^2+6\lambda e_Qe_U^3-\lambda e_U^4-10c_Qe_Q^2e_U+4c_Qe_Qe_U^2+c_te_Q^2e_U-2c_te_Qe_U^2+c_te_U^3+11c_Ue_Q^2e_U-6c_Ue_Qe_U^2+c_Ue_U^3-e_Ue_Q^2r+10se_Q^2e_U-15e_Q^2e_Uv+2re_Qe_U^2-4se_Qe_U^2+6e_Qe_U^2v-e_U^3r-e_U^3+4e_Q^2e_U=e_Q^2e_U(21\alpha v-10c_Q+c_t+11c_U-r-15v+10s+4)+e_Qe_U^2(4c_Q-10\alpha v-2c_t-6c_U-4s$$

$$+2r+6v)+e_U^3(\alpha v+c_t+c_U-r-1)+20\lambda e_Q^3 e_U-17\lambda e_Q^2 e_U^2+6\lambda e_U^3 e_Q-\lambda e_U^4$$
$$-8\lambda e_Q^4 \geqslant e_U^3(21\alpha v-10c_Q+c_t+11c_U-r-15v+10s+4+4c_Q-10\alpha v-2c_t-6c_U$$
$$-4s+2r+6v+\alpha v+c_t+c_U-r-1)+20\lambda e_U^4-17\lambda e_U^4+6\lambda e_U^4-\lambda e_U^4-8\lambda e_U^4$$
$$=3e_U^3(4\alpha v-3v+1+2s-2c_Q+2c_U)>0$$

故$\frac{\partial q_U^*}{\partial e_Q}>0$成立。

命题6.9表明仅提高合格回收商拆解处理废旧品环境属性值会降低合格回收商WEEE回收量。这是因为，随着合格回收商拆解处理废旧品环境属性值的提高，合格回收商的回收价格降低，不合格回收商的回收价格提高，消费者为了个人利益，会选择将WEEE出售给回收价格更高的不合格回收商。这表明，选择单方面提高消费者对渠道的偏好度或仅改善合格回收商对废旧品拆解处理的环境属性值都不利于企业长远发展，企业应与政府通力合作，提高消费者对正规回收渠道的偏好度，同时适度提高合格回收商对废旧品拆解处理的环境属性值，实现双赢。

命题6.10 当$\alpha \geqslant \frac{1}{2}$，且$c_U<c_Q<c_U+s$时，合格回收商与制造商的利润均受损于合格回收商对废旧品拆解处理的环境属性值$e_Q$。

证明：

$$\frac{\partial \pi_Q^*}{\partial e_Q}=-\frac{1}{4\lambda(4e_Q-e_U)^3(e_Q-e_U)^2}[(3\alpha v e_Q-\alpha v e_U+2\lambda e_Q^2-2\lambda e_Q e_U$$
$$-2c_Q e_Q+c_Q e_U-c_t e_Q+c_t e_U+c_U e_Q+e_Q r+2e_Q s-e_Q v-e_U r$$
$$-e_U s)(12\alpha v e_Q^2-9\alpha v e_Q e_U+3\alpha v e_U^2-8\lambda e_Q^3+14\lambda e_Q^2 e_U-10\lambda e_Q e_U^2$$
$$+4\lambda e_U^3-8c_Q e_Q^2+10c_Q e_Q e_U-5c_Q e_U^2-4c_t e_Q^2+11c_t e_Q e_U-7c_t e_U^2$$
$$+4c_U e_Q^2+c_U e_Q e_U-2c_U e_U^2+4re_Q^2+8e_Q^2 s-4e_Q^2 v-11re_Q e_U-10e_Q e_U s$$
$$-e_Q e_U v+7re_U^2+5e_U^2 s+2e_U^2 v)]$$

由$e_Q>e_U$，有

$$①3\alpha v e_Q-\alpha v e_U+2\lambda e_Q^2-2\lambda e_Q e_U-2c_Q e_Q+c_Q e_U-c_t e_Q+c_t e_U+c_U e_Q+e_Q r$$
$$+2e_Q s-e_Q v-e_U r-e_U s \geqslant 2\alpha v e_Q-2c_Q e_Q+c_Q e_U-c_t e_Q+c_t e_U+c_U e_Q+e_Q r$$
$$+2e_Q s-e_Q v-e_U r-e_U s=2\alpha v e_Q-e_Q v+e_Q(c_U-2c_Q-c_t+r+2s)+e_U(c_Q$$
$$+c_t-r-s)=ve_Q(2\alpha-1)+e_U(c_U-2c_Q-c_t+r+2s+c_Q+c_t-r-s)$$

$= ve_Q(2\alpha - 1) + e_U(c_U + s - c_Q)$

当 $\alpha \geqslant \frac{1}{2}$ 时，$ve_Q(2\alpha - 1) + e_U(c_U + s - c_Q) > 0$，即 $3\alpha ve_Q - \alpha ve_U + 2\lambda e_Q^2 - 2\lambda e_Q e_U - 2c_Q e_Q + c_Q e_U - c_t e_Q + c_t e_U + c_U e_Q + e_Q r + 2e_Q s - e_Q v - e_U r - e_U s > 0$

②$12\alpha ve_Q^2 - 9\alpha ve_Q e_U + 3\alpha ve_U^2 - 8\lambda e_Q^3 + 14\lambda e_Q^2 e_U - 10\lambda e_Q e_U^2 + 4\lambda e_U^3 - 8c_Q e_Q^2 + 10c_Q e_Q e_U - 5c_Q e_U^2 - 4c_t e_Q^2 + 11c_t e_Q e_U - 7c_t e_U^2 + 4c_U e_Q^2 + c_U e_Q e_U - 2c_U e_U^2 + 4re_Q^2 + 8e_Q^2 s - 4e_Q^2 v - 11re_Q e_U - 10e_Q e_U s - e_Q e_U v + 7re_U^2 + 5e_U^2 s + 2e_U^2 v = 12\alpha ve_Q^2 - 9\alpha ve_Q e_U + 3\alpha ve_U^2 - 8\lambda e_Q^3 + 14\lambda e_Q^2 e_U - 10\lambda e_Q e_U^2 + 4\lambda e_U^3 + e_Q^2(4c_U - 8c_Q - 4c_t + 4r + 8s - 4v) + e_U^2(7r + 5s + 2v - 7c_t - 2c_U - 5c_Q) + e_Q e_U(10c_Q + 11c_t + c_U - 11r - 10s - v) \geqslant 3\alpha ve_Q^2 + 3\alpha ve_U^2 - 8de_Q^3 + 8de_U^3 + e_U^2(4c_U - 8c_Q - 4c_t + 4r + 8s - 4v + 7r + 5s + 2v - 7c_t - 2c_U - 5c_Q + 10c_Q + 11c_t + c_U - 11r - 10s - v) = 6\alpha ve_U^2 + e_U^2(3c_U - 2c_Q + 2s - 3v) = 6\alpha ve_U^2 - 3e_U^2 v + e_U^2(3c_U - 2c_Q + 2s) = 3e_U^2 v(2\alpha - 1) + e_U^2(3c_U - 2c_Q + 2s)$

当 $\alpha \geqslant \frac{1}{2}$ 时，$3e_U^2 v(2\alpha - 1) + e_U^2(3c_U - 2c_Q + 2s) > 0$

故当 $\alpha \geqslant \frac{1}{2}$ 时，$\frac{\partial \pi_Q^*}{\partial e_Q} < 0$ 恒成立。

$$\frac{\partial \pi_M^*}{\partial e_Q} = -\frac{1}{2\lambda\,(4e_Q - e_U)^3\,(e_Q - e_U)^2}[(3\alpha ve_Q - \alpha ve_U + 2\lambda e_Q^2 - 2\lambda e_Q e_U - 2c_Q e_Q + c_Q e_U - c_t e_Q + c_t e_U + c_U e_Q + e_Q r + 2e_Q s - e_Q v - e_U r - e_U s)(6\alpha ve_Q^2 - 4\lambda e_Q^3 + 10\lambda e_Q^2 e_U - 8\lambda e_U^2 e_Q + 2\lambda e_U^3 - 4c_Q e_Q^2 + 2c_Q e_Q e_U - c_Q e_U^2 - 2c_t e_Q^2 + 4c_t e_Q e_U - 2c_t e_U^2 + 2c_U e_Q^2 + 2c_U e_Q e_U - c_U e_U^2 + 2re_Q^2 + 4e_Q^2 s - 2e_Q^2 v - 4re_Q e_U - 2e_Q e_U s - 2e_Q e_U v + 2re_U^2 + e_U^2 v + e_U^2 s)]$$

由 $e_Q > e_U$，有

①$3\alpha ve_Q - \alpha ve_U + 2\lambda e_Q^2 - 2\lambda e_Q e_U - 2c_Q e_Q + c_Q e_U - c_t e_Q + c_t e_U + c_U e_Q + e_Q r + 2e_Q s - e_Q v - e_U r - e_U s$

化简方式同 $\frac{\partial \pi_Q^*}{\partial e_Q}$ 的 ① 部分，得当 $\alpha \geqslant \frac{1}{2}$ 时，

$3\alpha ve_Q - \alpha ve_U + 2\lambda e_Q^2 - 2\lambda e_Q e_U - 2c_Q e_Q + c_Q e_U - c_t e_Q + c_t e_U + c_U e_Q + e_Q r$

$$+ 2e_Q s - e_Q v - e_U r - e_U s > 0$$

②$6\alpha v e_Q^2 - 4\lambda e_Q^3 + 10\lambda e_Q^2 e_U - 8\lambda e_U^2 e_Q + 2\lambda e_U^3 - 4c_Q e_Q^2 + 2c_Q e_Q e_U - c_Q e_U^2 - 2c_t e_Q^2 + 4c_t e_Q e_U - 2c_t e_U^2 + 2c_U e_Q^2 + 2c_U e_Q e_U - c_U e_U^2 + 2re_Q^2 + 4e_Q^2 s - 2e_Q^2 v - 4re_Q e_U - 2e_Q e_U s - 2e_Q e_U v + 2re_U^2 + e_U^2 v + e_U^2 s = e_Q^2(6\alpha v - 4c_Q - 2c_t + 2c_U + 2r - 2v + 4s) + e_U^2(-c_Q - 2c_t - c_U + 2r + v + s) + e_Q e_U(2c_Q + 4c_t + 2c_U - 4r - 2s - 2v) + 10\lambda e_Q^2 e_U - 8\lambda e_U^2 e_Q + 2\lambda e_U^3 - 4\lambda e_Q^3 \geqslant e_U^2(6\alpha v - 4c_Q - 2c_t + 2c_U + 2r - 2v + 4s - c_Q - 2c_t - c_U + 2r + v + s + 2c_Q + 4c_t + 2c_U - 4r - 2s - 2v) + 10\lambda e_U^3 - 8\lambda e_U^3 + 2\lambda e_U^3 - 4\lambda e_U^3 = 3e_U^2(2\alpha v - v + c_U + s - c_Q)$

当 $\alpha \geqslant \frac{1}{2}$ 时，$3e_U^2(2\alpha v - v + c_U + s - c_Q) > 0$

故当 $\alpha \geqslant \frac{1}{2}$ 时，$\frac{\partial \pi_M^*}{\partial e_Q} < 0$ 恒成立。

命题 6.10 表明当消费者对正规回收渠道的偏好较高，合格回收商的单位处理成本与不合格回收商的单位处理成本之间满足关系式 $c_U < c_Q < c_U + s$ 时，随着合格回收商对废旧品拆解处理环境属性值的增大，合格回收企业与制造商的利润均降低。这是因为，合格回收商拆解处理废旧品环境属性值的增大，使得合格回收商与制造商的回收量降低，最终导致利润减少。

### 6.3.4 数值模拟

本部分将通过相关数值算例验证并补充上述模型所得结论。我们令 $c = 0.789\,7$，$c_t = 0.798\,5$，$e_U = 0.1$，$c_Q = 0.023\,5$，$c_U = 0$，$r = c = 0.789\,7$，$\lambda = 0.5, v = 0.9$（Zhou 等，2017），并通过调节参数 $\alpha$、$s$、$e_Q$ 的变化来验证和探讨上述决策结果。

（1）当 $e_Q = 0.99, \alpha \in (0,1), s \in (0,1)$ 时，新产品价格及各回收商的回收价格与回收量的变化趋势如图 6－20 所示，由图 6－20 可知，新产品的价格随着 $\alpha$ 和 $s$ 的增大而增加；合格回收商的回收价格随着 $\alpha$ 的增大而减小，随着 $s$ 的增大而增加，其回收量随着随着 $\alpha$ 和 $s$ 的增大而增加；不合格回收商的回收价格随着 $\alpha$ 和 $s$ 的增大而增加，回收量随着 $\alpha$ 和 $s$ 的增大而减少。这说明，提高消费者对正规回收渠道的偏好及政府给予的处理补贴能有效地提高合格回收商的市场竞争力。

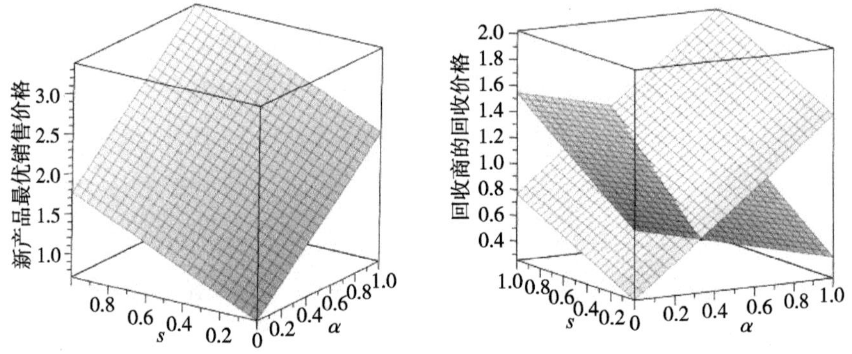


**图 6－20　新产品最优销售价格及各回收商回最优回收价格变化趋势**

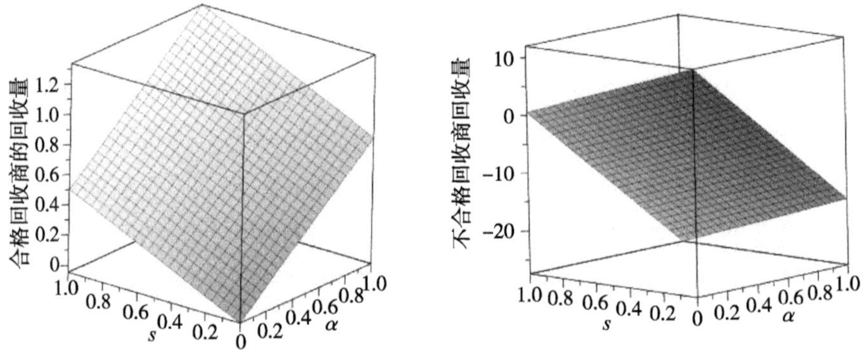


**图 6－21　各回收商回收量变化趋势**

图 6－20、图 6. 21 所示为新产品最优销售价格及各回收商最优回收价格与回收量随 $\alpha$ 和 $s$ 的变化趋势。

（2）当 $e_Q=0.99,\alpha\in\left(\frac{1}{2},1\right),s\in(0,1)$时，制造商、各回收商及系统利润的变化趋势如图 6－22～图 6－24 所示。由图 6－22～图 6－24 可知，制造商、各回收商及系统利润均随着 $\alpha$ 和 $s$ 的增大而增加。这说明，WEEE 闭环供应链上的各成员均受益于政府 EPR 政策的实施，EPR 有助于各企业增加利润。各企业应与政府通力合作推进 EPR 的实施，最终实现资源节约与环境保护。

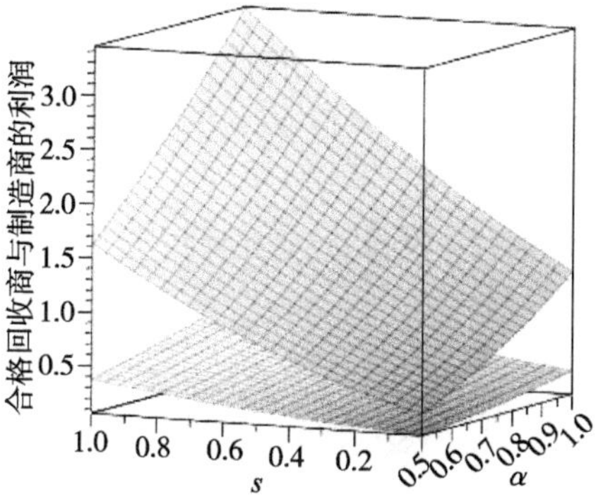


图 6 - 22　合格回收商及制造商利润变化趋势

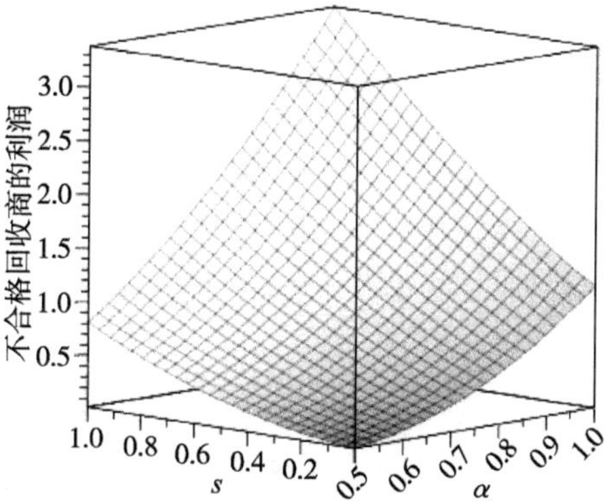


图 6 - 23　不合格回收商利润变化趋势

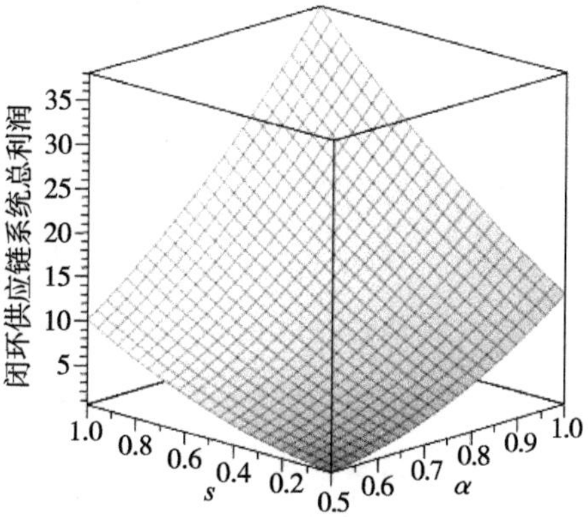


图 6 - 24　闭环供应链整体利润变化趋势

图 6 - 22 ~ 图 6. 24 所示为制造商、各回收商及系统利润随 $\alpha$ 和 $s$ 的变化趋势。

（3）当 $\alpha=0.6, s\in(0,1), e_Q\in(0.2,1)$ 时，制造商、各回收商及系统利润变化趋势如图 6 - 25 所示。由图 6 - 25 可知，制造商、各回收商的利润总体呈减小趋势；闭环供应链系统总利润随着 $e_Q$ 的增大先减少后增加。这说明通过提高合格回收商废旧品拆解处理的环境属性值来实现环境保护是一个长期过程。虽然短时间内，供应链成员利润降低，但从长远发展来看，有助于 EPR 实现环境保护、资源节约的同时提高闭环供应链系统总利润。这就需要政府设置合理的补贴，提高供应链成员参与积极性，同时注意提高消费者对正规回收渠道的偏好度，促进企业自发转型。

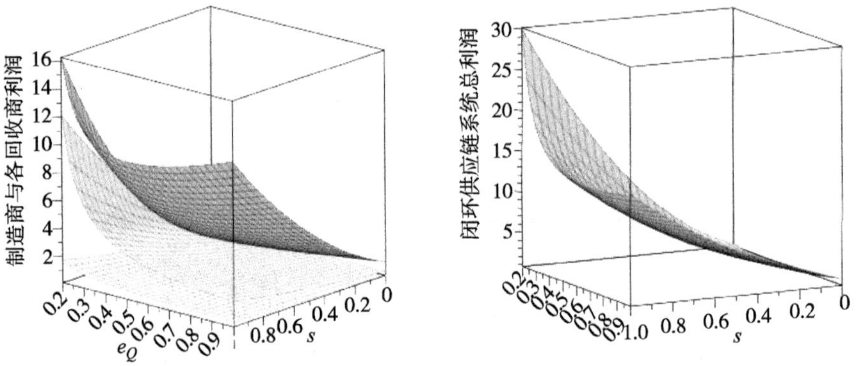


图 6-25　制造商、各回收商及系统利润随 $e_Q$ 的变化趋势

## 6.4　本章小结

本节在政府“以旧换再”补贴背景下，研究了消费者绿色偏好及市场竞争环境的闭环供应链问题。首先针对零售商与制造商双边垄断情形，分析市场中存在绿色消费者和普通消费者对再制造产品接受度高低及政府补贴对供应链及其成员的决策影响；其次针对制造商与再制造商相互竞争时，消费者对制造商的接受度及企业偏好对各制造商的决策影响；最后研究了市场回收渠道关于合格回收商与不合格商竞争的“以旧换再”闭环供应链的决策问题。研究发现如下所述。

（1）绿色消费者的存在有利于“以旧换再”闭环供应链，增大绿色消费者规模能有效促进再制造产品的销售，并在提高闭环供应链系统及其参与成员经济效益的同时促进社会环保意识的提高。

（2）在满足边界条件下，通过提高消费者对再制造产品的接受度，可以促进普通消费者选择“以旧换再”，促进再制造产品的销售。政府实施“以旧换再”补贴政策时，无论消费者对再制造产品的接受度如何，“以旧换再”补贴越高，“以旧换再”闭环供应链整体、零售商及制造商利润越高。此外，在竞争环境下，政府补贴不仅有助于各制造商及回收商从事再制造，并进一步提高再制造利润，而且有助于增强合格回收商的市场竞争力。当补贴增大到某一个阈值时，不合格回收商被挤出市场，合格回收商垄断市场。因此，一方面，政府应鼓励零售商与制造商合作进行再制造产品的回收和销售，并设置合理的“以旧换再”补贴，提高消费者“以旧换再”的参与意愿，提高社会环保意识；另一方面，在竞争环境下，政府应设置合理的补贴，与企业通力合作，促进消费者对再制造产品的认识并借此使企业更愿意进入再制造领域，实现资源节约。

（3）通过收益共享契约，存在绿色消费者的“以旧换再”闭环供应链能够得到协调，降低分散式决策下的“双重边际效应”。且企业收益共享参数范围得到确定，为供应链成员的实际决策提供参考。

（4）在制造商与再制造商相互竞争的闭环供应链中，各制造商的产品生产数量与其生产成本、政府补贴、消费者对再制造产品的偏好及对制造商与再制造商的偏好均有关。生产成本与产品产量成负相关关系；政府补贴、消费者对再制造产品的偏好及对再制造商的认可与产品产量成正相关关系。

（5）在制造商与再制造商相互竞争的闭环供应链中，再制造商再制造成本低于制造商再制造成本，再制造商随再制造产品的接受度及政府补贴等因素影响的数值变化区间小于制造商，利润增幅也小于制造商。这表明，通过在消费者心中树立良好的形象，建立良好的口碑，使其产品获得更高的接受度，从而实现企业利润提升的空间是巨大的。此外，再制造活动可以获得更多的利润并且制造商甚至愿意放弃部分新产品市场以从事再制造活动，但由于新产品的单位利润较高，消费者支付意愿高，在从事再制造活动时，企业应注意考虑消费者对再制造产品及企业的接受度，避免在较低的产品接受度时造成利润损失。

（6）当消费者对再制造产品的接受度较低或消费者对制造商和再制造商的再制造产品偏好相差较大时，再制造竞争会导致供应链总利润的下降。此时，具有更高消费者接受度的企业倾向于组织竞争者加入，垄断市场。

（7）在回收竞争情形下，制造商、各回收商及系统利润均随着消费者对正规回收渠道偏好度的提高而增加，政府有理由促进消费者对正规回收渠道的认识与接受，实现环境保护、资源节约的同时促进电器电子闭环供应链的形成。

CHAPTER
第7章

# 结论

再制造是资源短缺和环境污染加剧背景下产生的循环经济发展模式，是企业界和学术界所关注的热点问题。随着人们环保意识的增强，以及政府对环境法规的重视，废旧产品的回收再制造成为企业在市场中保持生命力的重要工具。通过废旧产品的回收再制造，制造商一方面能使其运营纳入环境法规的框架，另一方面还能通过再制造产品进行盈利或降低成本，越来越多的企业加入回收再制造的队伍。本书在需求不确定及 WTP 差异条件下，运用博弈论、优化理论、不确定性理论等方法，通过模型的构建、分析和比较，分析了制造商进入再制造的决策边界及动态演化规律，在此基础上研究了再制造的回收模式选择及定价决策，另外还考虑了"以旧换再"模式下再制造闭环供应链的决策。这些研究一方面发展和补充了再制造理论基础；另一方面为企业进入再制造决策及回收模式的选择与定价提供了理论依据和实践指导。

（1）WTP 差异下的再制造进入决策与演化博弈分析。在消费者对再制造产品的 WTP 存在差异的前提下，分别在有无竞争环境下建立了 OEM 的再制造决策模型，由此得到 OEM 进入再制造的边界条件。满足进入边界条件时，虽然再制造产品对新产品的蚕食效应确实存在，但其获利性弥补了新产品市被蚕食所带来的损失。进一步，运用演化博弈模型分析了双寡头再制造进入决策的动态演化过程，在不同条件下，系统演化至三种不同的均衡，即"不再制造、不再制造""不再制造、再制造""再制造、再制造"；通过政府补贴机制，能使系统演化至"再制造、再制造"的均衡。

（2）不确定需求和 WTP 差异下的再制造回收模式研究。分别对制造商回收、零售商回收及第三方回收三种不同回收模式下的再制造闭环供应链模型，通过数值仿真及比较分析发现，不确定需求环境下第三方回收模式给制造商带来的利润最高，因此理性的制造商将选择此回收模式。

（3）不确定需求和 WTP 差异下的再制造定价决策研究。运用替代性两产品报童模型，构建了基于利润最大化的两产品定价模型，研究发现随着消费者对再制造产品的支付意愿提高，再制造产品的获利性使得制造商能以较低的产量，较高的市场价格而获得更高的利润。进一步，通过收益共享契约，实现了再制造闭环供应链的协调。

（4）政府实施“以旧换再”补贴政策时，无论消费者对再制造产品的接受度如何，“以旧换再”补贴越高，“以旧换再”闭环供应链整体、零售商及制造商利润越高。此外，在竞争环境下，政府补贴不仅有助于各制造商及回收商从事再制造，并进一步提高再制造利润，而且有助于增强合格回收商的市场竞争力。当补贴增大到某一个阈值时，不合格回收商被挤出市场，合格回收商垄断市场。因此，一方面，政府应鼓励零售商与制造商合作进行再制造产品的回收和销售，并设置合理的“以旧换再”补贴，提高消费者“以旧换再”的参与意愿，提高社会环保意识；另一方面，在竞争环境下，政府应设置合理的补贴，与企业通力合作，促进消费者对再制造产品的认识并借此使企业更愿意进入再制造领域，实现资源节约。

（5）绿色消费者的存在有利于“以旧换再”闭环供应链，增大绿色消费者规模能有效促进再制造产品的销售，并在提高闭环供应链系统及其参与成员经济效益的同时促进社会环保意识的提高。在满足边界条件下，通过提高消费者对再制造产品的接受度，可以促进普通消费者选择“以旧换再”，促进再制造产品的销售。

## References
## 参考文献


[1] 徐滨士. 再制造与循环经济 [M]. 北京：科学出版社，2007.

[2] 徐滨士，刘世参，史佩京. 推进再制造工程管理，促进循环经济发展 [J]. 管理学报，2004，1 (1)：28-31.

[3] 孟赤兵. 绿色制造与再制造 [J]. 再生资源与循环经济，2008，1 (6)：42-44.

[4] 徐滨士，刘世参，王海斗. 大力发展再制造产业 [J]. 求是，2005 (12)：46-47.

[5] 徐滨士，梁秀兵，史佩京，等. 我国再制造工程及其产业发展 [J]. 表面工程与再制造，2015，15 (02)：6-10.

[6] 徐滨士，李恩重，郑汉东，等. 我国再制造产业及其发展战略 [J]. 中国工程科学，2017，19 (03)：61-65.

[7] 中华人民共和国国家发展改革委员会，财政部，工业和信息化部，等. 国家发改委等五部委开展再制造产品“以旧换再”试点工作 [J]. 中国表面工程，2013，26 (05)：89.

[8] 徐滨士，马世宁，刘世参，等. 21 世纪的再制造工程 [J]. 中国机械工程，2000，11 (1)：36-39.

[9] 陈翔宇，梁工谦. 再制造业及其生产模式研究综述——美国的经验与中国的方向 [J]. 中国软科学，2006 (05)：80-88.

[10] 朱绍华，刘世参，朱胜. 谈绿色再制造工程的内涵和学科构架 [J]. 中国表面工程，2001 (02)：5-7+11-12.

[11] 朱胜，姚巨坤. 再制造设计理论及应用 [M]. 北京：机械工业出版社，2009.

[12] 马士华，林勇. 供应链管理 [M]. 2 版. 北京：机械工业出版社，2006.

［13］范文姬．不确定环境下的再制造物流系统库存控制与协调研究［D］．北京：北京交通大学，2010.

［14］高山晟．经济学中的分析方法［M］．刘振亚，译．北京：中国人民大学出版社，2000.

［15］杜娟．闭环供应链运作模式分析［J］．上海管理科学，2006（03）：54－56.

［16］许志端，郭艺勋．延伸厂商责任的回收模式研究［J］．经济管理，2005（10）：67－72.

［17］徐峰，盛昭瀚，陈国华．基于异质性消费群体的再制造产品的定价策略研究［J］．中国管理科学，2008，16（06）：130－136.

［18］汪彤彤．消费者行为分析［M］．上海：复旦大学出版社，2008.

［19］杨德礼，郭琼，何勇，等．供应链契约研究进展［J］．管理学报，2006，3（1）：117－125.

［20］刘浪．价格随机条件下的应急供应链协调机制研究［M］．北京：经济科学出版社，2016.

［21］王岳峰，刘伟．考虑权重的 shapley 值法虚拟企业伙伴利益分配策略的改进［J］．上海海事大学学报，2005（04）：48－51.

［22］谢识予．经济博弈论［M］．上海：复旦大学出版社，2002.

［23］陈秋双，刘东红．再制造系统的库存控制研究［J］．南开大学学报（自然科学版），2003（03）：67－72.

［24］赵宜，蒲云，尹传忠．回收物流库存控制研究［J］．中国管理科学，2005（05）：49－53.

［25］周莉，许淑君，Disney S M. 制造与再制造混合系统中库存与牛鞭效应的分析与优化［J］．上海交通大学学报，2005（10）：1587－1591.

［26］顾巧论，季建华．基于市场的再制造/制造系统集成库存随机最优控制研究［J］．系统工程理论与实践，2006，26（01）：53－59.

［27］刘东波，陈玉娟，黄道，等．随机灰色提前期条件下制造/再制造混合系统库存优化［J］．华东理工大学学报（自然科学版），2007（04）：529－535.

［28］肖迪，黄培清．基于产品时间价值的闭环供应链库存策略研究

[J]. 管理工程学报, 2008, 22 (04): 146-148.

[29] 谢家平, 黄嫦, 孔令丞. 逆向物流系统的库存控制模型研究 [J]. 管理评论, 2009 (03): 116-123.

[30] 袁开福, 高阳. 考虑处置和服务水平影响的混合系统库存决策 [J]. 计算机集成制造系统, 2010 (03): 573-579.

[31] 陶文源, 寇纪淞, 李敏强. 信息共享对供应链的影响 [J]. 系统工程学报, 2002, 17 (06): 486-490+561.

[32] 梁静, 蔡淑琴, 汤云飞, 等. 供应链中的信息共享及其共享模式 [J]. 工业工程与管理, 2004 (04): 83-87+92.

[33] 申悦, 于瑞峰, 吴甦, 等. 零售商 Bertrand 竞争下的供应链成本信息共享价值 [J]. 清华大学学报 (自然科学版), 2005 (11): 1581-1584.

[34] 蔡淑琴, 梁静. 供应链协同与信息共享的关联研究 [J]. 管理学报, 2007, 4 (2): 157-162+179.

[35] 聂佳佳, 熊中楷. 信息分享模式对第三方负责回收闭环供应链的影响 [J]. 管理工程学报, 2011 (02): 74-81.

[36] 胡海菊, 李勇建. 考虑再制造和产品需求可替代的短生命周期产品动态批量生产计划问题 [J]. 系统工程理论与实践, 2007 (12): 76-84.

[37] 王能民, 张秋爽. 库存能力有限的再制造批量决策 [J]. 运筹与管理, 2008, 17 (003): 7-15.

[38] 黄书慧, 黄玲, 钟金宏, 等. 考虑再制造的多级受限批量问题 [J]. 合肥工业大学学报 (自然科学版), 2009, 32 (05): 706-710.

[39] 陈伟达, 高楠. 再制造系统能力约束下拆卸批量计划优化方法 [J]. 东南大学学报 (自然科学版), 2009, 39 (05): 1081-1086.

[40] 马艳, 钟金宏, 黄继红, 等. 允许延期交货的制造/再制造受限批量模型研究 [J]. 合肥工业大学学报 (自然科学版), 2010 (04): 524-528.

[41] 张红宇, 高阳, 马华. 基于可变长工序编码的再制造生产调度优化方法 [J]. 计算机应用研究, 2010 (03): 871-873+882.

[42] 张红宇, 高阳. 再制造生产计划与调度的研究进展 [J]. 科研管理, 2011 (05): 120-128.

[43] 达庆利, 黄祖庆, 张钦. 逆向物流系统结构研究的现状及展望

[J]．中国管理科学，2004，12（1）：131－138.

［44］顾巧论，陈秋双．再制造/制造系统集成物流网络及信息网络研究［J］．计算机集成制造系统，2004，10（07）：721－726＋731.

［45］顾巧论，陈秋双．再制造/制造系统集成物流网络扩展模型研究［J］．信息与控制，2004，33（5）：618－622.

［46］顾巧论，季建华．再制造/制造系统集成物流网络模糊机会约束规划模型［J］．控制理论与应用，2005，22（06）：889－894.

［47］马祖军，代颖，刘飞．制造/再制造混合系统中集成物流网络优化设计模型研究［J］．计算机集成制造系统，2005（11）：1551－1557.

［48］代颖，马祖军．基于二阶段随机规划的制造/再制造集成物流网络优化设计［J］．系统工程，2006，24（3）：8－14.

［49］代颖，马祖军，刘飞．再制造闭环物流网络优化设计模型［J］．中国机械工程，2006（08）：809－814.

［50］刘琼，叶晶晶，邵新宇．不确定信息条件下制造/再制造物流网络优化设计［J］．华中科技大学学报（自然科学版），2007（10）：80－83.

［51］狄卫民，马祖军，代颖．制造/再制造集成物流网络模糊优化设计方法［J］．计算机集成制造系统，2008（08）：1472－1480.

［52］狄卫民，胡培．制造/再制造物流网络优化设计的多周期静态选址模型［J］．中国机械工程，2008（16）：1950－1954.

［53］孙浩．制造/再制造集成物流网络设施选址模型及算法［J］．工业工程与管理，2009（03）：70－77.

［54］孙浩．基于遗传算法的再制造逆向物流网络随机选址模型［J］．信息与控制，2009，038（02）：223－228＋233.

［55］狄卫民，胡培．设施能力可扩展的制造/再制造物流网络多周期优化设计［J］．计算机集成制造系统，2009，015（07）：1354－1363.

［56］房巧红，陈功玉．再制造逆向物流网络的机会约束目标规划模型［J］．工业工程与管理，2010，15（01）：74－81.

［57］毛海军，芮维娜，李旭宏．基于不确定条件的再制造物流网络优化设计［J］．东南大学学报（自然科学版），2010（02）：425－430.

［58］姚卫新．再制造条件下逆向物流回收模式的研究［J］．管理科

学，2004（01）：76－80.

［59］魏洁，李军. EPR下的逆向物流回收模式选择研究［J］. 中国管理科学，2005（06）：18－22.

［60］姚卫新，陈梅梅. 闭环供应链渠道模式的比较研究［J］. 商业研究，2007（01）：51－54.

［61］樊松，张敏洪. 闭环供应链中回收价格变化的回收渠道选择问题［J］. 中国科学院研究生院学报，2008（02）：151－160.

［62］计国君. 不确定需求下有价差时再造回收模式研究［J］. 中国流通经济，2009，23（05）：41－45.

［63］邢光军，林欣怡，达庆利. 零售价格竞争的生产商逆向物流系统决策研究［J］. 系统工程学报，2009，24（03）：307－314.

［64］周永圣，汪寿阳. 政府监控下的退役产品回收模式［J］. 系统工程理论与实践，2010，30（04）：615－621.

［65］韩小花. 基于制造商竞争的闭环供应链回收渠道的决策分析［J］. 系统工程，2010，28（05）：36－41.

［66］周杰，陶晓芳. 生产者责任延伸制下销售－回收型闭环供应链收益共享契约研究［J］. 科学决策，2016（02）：39－57.

［67］刘克宁，宋华明. EPR制度下废弃电子产品回收的低碳研发激励机制研究［J］. 控制与决策，2017，32（04）：656－664.

［68］郑艳芳，周文慧，刘春会. 回收渠道竞争下的中国EPR制度设计研究［J］. 管理科学学报，2017，20（10）：103－115.

［69］刘慧慧，黄涛，雷明. 废旧电器电子产品双渠道回收模型及政府补贴作用研究［J］. 中国管理科学，2013，21（02）：123－131.

［70］公彦德，达庆利，占济舟. 基于处理基金和拆解补贴的电器电子产品CLSC研究［J］. 中国管理科学，2016，24（06）：97－105.

［71］李春发，朱浪梅. EPR制度下的家电以旧换新回收策略优化模型［J］. 运筹与管理，2017，26（08）：67－75.

［72］马祖军，胡书，代颖. 政府规制下混合渠道销售/回收的电器电子产品闭环供应链决策［J］. 中国管理科学，2016，24（01）：82－90.

［73］王玉燕，申亮. 回收处理基金下闭环供应链的多元化主导模式

[J]．系统工程理论与实践，2018，38（10）：2526－2541.

[74] 顾巧论，高铁杠，石连栓．基于博弈论的逆向供应链定价策略分析[J]．系统工程理论与实践，2005（03）：20－25.

[75] 王玉燕，李帮义，申亮．供应链、逆向供应链系统的定价策略模型[J]．中国管理科学，2006（04）：40－45.

[76] 邱若臻，黄小原．具有产品回收的闭环供应链协调模型[J]．东北大学学报（自然科学版），2007（06）：883－886.

[77] 葛静燕，黄培清．基于博弈论的闭环供应链定价策略分析[J]．系统工程学报，2008（01）：111－115.

[78] 公彦德，李帮义，刘涛．物流外包和废品回收双重作用下的TOL－CLSC定价和协调策略[J]．中国管理科学，2008，16（06）：46－53.

[79] 孙浩，达庆利．随机回收和有限能力下逆向供应链定价及协调[J]．系统工程学报，2008，23（06）：720－726.

[80] 张克勇，周国华．零售商竞争环境下闭环供应链定价策略分析[J]．运筹与管理，2008，17（06）：44－49.

[81] 包晓英，阳成虎，蒲云．再制造产品最优定价策略研究[J]．计算机集成制造系统，2008，14（12）：2436－2440＋2475.

[82] 张克勇，周国华．不确定需求下闭环供应链定价模型研究[J]．管理学报，2009，6（01）：45－50.

[83] 李枫，孙浩，达庆利．不完全信息下再制造逆向供应链的定价与协调研究[J]．中国管理科学，2009，17（03）：72－80.

[84] 易余胤．基于再制造的闭环供应链协调定价研究[J]．商业经济与管理，2009（09）：17－22.

[85] 王文宾，达庆利．考虑市场细分的闭环供应链生产与定价策略[J]．控制与决策，2009，24（05）：675－679＋686.

[86] 孙浩，达庆利．基于产品差异的再制造闭环供应链定价与协调研究[J]．管理学报，2010，7（05）：733－738.

[87] 张建军，霍佳震，张艳霞．基于价格博弈的闭环供应链协调策略设计[J]．管理工程学报，2009，23（02）：119－124＋110.

[88] 邱海永，周晶．不对称信息下逆向供应链定价分析与对策[J]．

运筹与管理，2009，18（06）：14－18.

［89］包晓英，唐志英，唐小我．基于回收再制造的闭环供应链差异定价策略及协调［J］．系统管理学报，2010，19（05）：546－552.

［90］王文宾，达庆利．零售商与第三方回收下闭环供应链回收与定价研究［J］．管理工程学报，2010，24（02）：130－134.

［91］公彦德，李帮义．三级 CLSC 物流外包与废品回收的临界条件整合研究［J］．管理工程学报，2010，24（02）：124－129.

［92］刘东霞，谭德庆．基于消费者效用模型的耐用品垄断商回购与再制造决策研究［J］．中国管理科学，2014，22（04）：134－141.

［93］张曙红，初叶萍．考虑政府约束的再制造闭环供应链差别定价博弈模型［J］．运筹与管理，2014，23（03）：119－126.

［94］李帮义，李宁，孙春艳．再制造系统消费者类型分布对定价策略与战略决策的影响机制分析［J］．控制与决策，2016，31（11）：2025－2029.

［95］高洁，洪宪培．专利产品再制造下的闭环供应链定价决策与协调机制［J］．中国流通经济，2016，30（10）：48－55.

［96］申成霖，张新鑫．考虑消费者策略行为的再制造模式及动态定价决策［J］．系统工程，2016，34（06）：38－42.

［97］邢光军，罗坤晔．考虑产品具替代性的再制造定价与生产决策［J］．统计与决策，2017（13）：180－184.

［98］刘光富，刘文侠．双渠道再制造闭环供应链差异定价策略［J］．管理学报，2017，14（04）：625－632.

［99］马方星，程发新，邵汉青．不同补贴方式下考虑回收质量不确定的闭环供应链差别定价模型［J］．统计与决策，2018，34（19）：58－61.

［100］王建华，彭慧，王洪．利他行为对制造商回收模式下的闭环供应链影响分析［J］．工业技术经济，2018，37（10）：85－93.

［101］李芳，马鑫，洪佳等．政府规制下非对称信息对闭环供应链差别定价的影响研究［J］．中国管理科学，2019，27（07）：116－126.

［102］王道平，李小燕，张博卿．考虑政府碳排放奖惩的差别定价闭环供应链协调策略研究［J］．管理工程学报，2019，33（01）：189－196.

［103］张志宇，陈业华，刘一健等．基于差别定价的政府补贴下再制造闭环供应链协调机制研究［J］．数学的实践与认识，2019，49（21）：52－63.

［104］曹晓刚，黄美，闻卉．考虑公平关切的闭环供应链差别定价决策及协调策略［J］．系统工程理论与实践，2019，39（09）：2300－2314.

［105］曹晓刚，闻卉．随机需求下考虑零售商竞争的闭环供应链定价与协调［J］．运筹与管理，2015，24（01）：34－39.

［106］卢荣花，李南．零售商竞争环境下两周期闭环供应链回收渠道选择研究［J］．系统管理学报，2017，26（06）：1143－1150.

［107］姚锋敏，滕春贤．公平关切下的两零售商竞争闭环供应链决策模型［J］．计算机集成制造系统，2017，23（08）：1731－1738.

［108］高举红，滕金辉，侯丽婷等．需求不确定下考虑竞争的闭环供应链定价研究［J］．系统工程学报，2017，32（01）：78－88.

［109］郑本荣，杨超，杨珺．回收渠道竞争下制造商的战略联盟策略选择［J］．系统工程理论与实践，2018，38（06）：1479－1491.

［110］徐朗，汪传旭，程茜等．考虑回收渠道竞争下闭环供应链的决策与协调［J］．工业工程与管理，2018，23（06）：26－32＋42.

［111］姚锋敏，滕春贤．零售商主导第三方回收竞争闭环供应链的决策及协调［J］．系统工程学报，2019，34（01）：91－101.

［112］李晓静，艾兴政，唐小我．竞争性供应链下再制造产品的回收渠道研究［J］．管理工程学报，2016，30（03）：90－98.

［113］黄祖庆，蒋连杰，孟丽君．供应链竞争下考虑消费者偏好的最优决策机制研究［J］．工业工程与管理，2020，25（06）：71－79.

［114］黄凌，达庆利．准时制下再制造逆向供应链成本契约激励分析［J］．山东大学学报（工学版），2008，38（06）：105－111.

［115］王文宾，达庆利．奖惩机制下电子类产品制造商回收再制造决策模型［J］．中国管理科学，2008（05）：57－63.

［116］王文宾，达庆利，孙浩．再制造逆向供应链协调的奖励与奖惩机制设计［J］．中国管理科学，2009，17（05）：46－52.

［117］王文宾，达庆利．再制造逆向供应链协调的奖励、惩罚及奖惩

机制比较［J］. 管理工程学报，2010，24（04）：48－52＋77.

［118］王文宾，达庆利，胡天兵等. 基于惩罚与补贴的再制造闭环供应链网络均衡模型［J］. 运筹与管理，2010，19（01）：65－72.

［119］王文宾，达庆利. 奖惩机制下闭环供应链的决策与协调［J］. 中国管理科学，2011，19（01）：36－41.

［120］包晓英，蒲云. 不对称信息下逆向供应链激励合同研究［J］. 计算机集成制造系统，2008（09）：1717－1720＋1732.

［121］黄颖颖，周根贵，曹柬. 电子产品三级逆向供应链定价与激励机制研究［J］. 工业工程与管理，2009，14（03）：28－32＋44.

［122］计国君，黄位旺. 回收条例约束下的再制造供应链决策［J］. 系统工程理论与实践，2010，30（08）：1355－1362.

［123］聂佳佳，王文宾，吴庆. 奖惩机制对零售商负责回收闭环供应链的影响［J］. 工业工程与管理，2011，16（02）：52－59.

［124］姚玉南，钟骏杰. 绿色再制造的理论框架与发展战略研究［J］. 武汉理工大学学报（信息与管理工程版），2006（12）：85－88.

［125］李帮义. 作为阻止战略的再制造决策研究［J］. 控制与决策，2010，25（11）：1675－1678＋1683.

［126］李帮义，周媛媛. 基于客户感知质量差异的再制造优化决策［J］. 南京航空航天大学学报，2010，42（06）：806－810.

［127］郭军华. WTP 差异化条件下再制造闭环供应链的协调定价策略［J］. 华东交通大学学报，2012，29（01）：121－126.

［128］郭军华，李帮义，倪明. WTP 差异下再制造闭环供应链的回收模式选择［J］. 管理学报，2015，12（01）：142－147.

［129］王干. 论我国生产者责任延伸制度的完善［J］. 现代法学，2006（04）：167－173.

［130］吴怡，诸大建. 生产者责任延伸制的 SOP 模型及激励机制研究［J］. 中国工业经济，2008（03）：32－39.

［131］李军，魏洁. 基于 EPR 制度的逆向物流研究与应用综述［J］. 软科学，2010，24（04）：43－47.

［132］王兆华. 电子废弃物管理中的延伸生产者责任制度应用研究

[J]．工业技术经济，2006，25（004）：57－59.

[133] 鲍健强，翟帆，陈亚青．生产者延伸责任制度研究［J］．中国工业经济，2007（08）：98－105.

[134] 计国君，黄位旺．WEEE 回收条例有效实施问题研究［J］．管理科学学报，2012，15（05）：1－9＋96.

[135] 李新然，陈蓉．基于政府基金政策的再制造闭环供应链最优决策研究［J］．管理评论，2015，27（10）：183－194.

[136] 聂佳佳，钟玲．存在绿色消费者的再制造模式选择策略［J］．工业工程，2018，21（02）：9－18.

[137] 李新然，吴义彪．政府“以旧换再”补贴下的差别定价闭环供应链［J］．系统工程理论与实践，2015，35（08）：1983－1995.

[138] 孙春燕．基于 WTP 和消费者异质性的再制造闭环供应链的定价定量决策研究［D］．南京：南京航空航天大学，2015.

[139] 何晓梅，李梦．考虑制造商竞争的闭环供应链回收模式的决策研究［J］．南京工业大学学报（社会科学版），2017，16（03）：121－127.

[140] 曾蔚，马北玲，汪继，等．考虑消费者绿色偏好的闭环供应链决策研究［J］．软科学，2018，32（09）：108－113＋118.

[141] 伍颖，熊中楷．竞争条件下制造商和再制造商的生产决策［J］．系统工程理论与实践，2014，34（02）：291－303.

[142] 贡文伟，李虎，张蓉．政府补贴下竞争闭环供应链回收再制造决策模型分析［J］．华东经济管理，2014，28（03）：120－125.

[143] 陈晓红，汪继，王傅强．消费者偏好和政府补贴下双渠道闭环供应链决策研究［J］．系统工程理论与实践，2016，36（12）：3111－3122.

[144] 李新然，李长浩．消费者双重偏好下闭环供应链渠道差异研究［J］．系统工程理论与实践，2019，39（03）：695－704.

[145] Abdulrahman M D，Gunasekaran A，Subramanian N. Critical Barriers in Implementing Reverse Logistics in the Chinese Manufacturing Sectors［J］. International Journal of Production Economics，2014（147）：460－471.

[146] Chitra K. In Search of The Green Consumers：A Perceptual Study［J］. Journal of Services Research，2007，7（1）：173－191.

［147］ Zhao R，Zhong S. Carbon Labelling Influences on Consumers' Behaviour：A System Dynamics Approach ［J］. Ecological Indicators，2015，51 (SI)：98 - 106.

［148］ Ellerman A D，Buchner B K. The European Union Emissions Trading Scheme：Origins，Allocation，and Early Results ［J］. Review of Environmental Economics & Policy，2007，1 (1)：66 - 87.

［149］ Zhao R，Zhou X，Han J，et al. For the Sustainable Performance of the Carbon Reduction Labeling Policies Under an Evolutionary Game Simula - Tion ［J］. Technological Forecasting and Social Change，2016，112 (11)：262 - 274.

［150］ Liu Z L，Anderson T D，Cruz J M. Consumer Environmental Awareness and Competition in Two - Stage Supply Chains ［J］. European Journal of Operational Research，2012，218 (3)：602 - 613.

［151］ Steinhilper R. Remanufacturing - The Ultimate Form of Recycling ［J］. Journal of Industrial Ecology，1998，3 (2)：189 - 192.

［152］ Wei S，Cheng D，Sundin E，et al. Motives and Barriers of the Remanufacturing Industry in China ［J］. Journal of Cleaner Production，2015 (94)：340 - 351.

［153］ Berko - Boateng V，Azar J，De Jong E，et al. Asset Recycle Management - A Total Approach to Product Design for the Environment ［R］. International Symposium on Electronics and the Environment，Arlington，VA，IEEE，1993，19 - 31.

［154］ Toktay L B，Wein L M，Zenios S A. Inventory Management of Remanufacturable Products ［J］. Management Science，2000，46 (11)：1412 - 1426.

［155］ Guide V，Srivastastava R. An Evaluation of Order Release Strategies in a Remanufacturing Environment ［J］. Computers & Operations Research，1997，24 (1)：37 - 47.

［156］ Kerr W，Ryan C. Eco - Efficiency Gains from Remanufacturing：A Case Study of Photocopier Remanufacturing at Fuji Xerox Australia ［J］. Journal of Cleaner Production，2001，9 (1)：75 - 81.

[157] Lund RT. Remanufacturing: the experience of the United States and Implications for Developing Countries [R]. World Band, Washington, DC, 1984.

[158] Guide Jr VDR. Production Planning and Control for Remanufacturing: Industry Practice and Research Needs [J]. Journal of Operations Management, 2000, 18 (4): 467 - 483

[159] Atasu A, Sarvary M, Wassenhove LNV. Remanufacturing as a marketing strategy [J]. Management Science, 2008, 54 (10): 1731 - 1746.

[160] Hauser W, Lund RT. Remanufacturing: Operating Practices and Strategies [R]. Boston: Boston University, 2008.

[161] Hauser W, Lund RT. Remanufacturing: Operating Practices and Strategies [R]. Boston: Boston University, 2008.

[162] Blackburn J D, Wassenhove L, Souza G C, et al. Time Value of Commercial Product Returns [J]. Management Science, 2006, 52 (8): 1200 - 1214.

[163] Ferguson M, Fleischmann M, Souza G. A Capacity - Based Revenue Management Approach to Disposition Decisions in Reverse Supply Chains [R]. Working Paper, College of Business, Georgia Institute of Technology, 2008.

[164] Guide, VDR, Li J Y. The Potential For Cannibalization of New Products Sales By Remanufactured Products [J]. Decision Sciences, 2010, 41 (3): 547 - 572.

[165] Guide V, Harrison T P, Wassenhove L. The Challenge of Closed - Loop Supply Chains [J]. Interfaces, 2003, 33 (6): 3 - 6.

[166] Nunen JV, Euidwijk RA. E - Enabled Closed - Loop Supply Chains [J]. California Management Review, 2004, 46 (2): 40 - 54.

[167] Savaskan R C, Bhattacharya S, Wassenhove L. Closed - Loop Supply Chain Models with Product Remanufacturing [J]. Management Science, 2004, 50 (2): 239 - 252.

[168] Jung K S, H Wang H. Competition and Cooperation in a Remanufacturing System with Take - Back Requirement [J]. Journal of Intelligent Manufacturing, 2011, 22 (3): 427 - 433.

[169] Sahin F, Powellrobinson E. Flow Coordination and Information Sharing in Supply Chains: Review, Implications, and Directions for Future Research [J]. Decision Sciences, 2010, 33 (4): 505 –536.

[170] Cachon G P. Supply Chain Coordination with Contracts [J]. Handbooks in Operations Research and Management Science, 2003 (11): 227 –339.

[171] S M K. Managing Channel Profits [J]. Marketing Science, 1987, 6 (4): 375 –379.

[172] Corbett C J, Decroix G A. Shared – Savings Contracts for Indirect Materials in Supply Chains [J]. Managenent Science, 2001, 47 (7): 881 –893.

[173] Thierry M, Salomon M, Wassenhove N. Strategic Issues in Product Recovery Management [J]. California Management Review, 1995, 37 (2): 114 –135.

[174] Guide Jr VDR, Wassenhove LNV. Managing Product Returns for Remanufacturing [J]. Production and Operations Management, 2001, 10 (2): 142 –155.

[175] Lund RT. The Remanufacturing Industry: Hidden Giant [R]. Boston University, Boston, 1996.

[176] Guide Jr V D R. Scheduling Using Drum – Buffer – Rope in a Remanu Facturing Environment [J]. International Journal of Production Research, 1996, 34 (4): 1081 –1091.

[177] Guide Jr V D R, Srivastava R. Inventory Buffers in Recoverable Manufacturing [J]. Journal of Operations Management, 1998, 16 (5): 551 –568.

[178] De Ron A D, Penev K. Disassembly and Recycling of Electronic Consumer Products: An Overview [J]. Technovation, 1995, 15 (6): 363 –374.

[179] Bloemhof – Ruwaard J M, Wassenhove L, Gabel H L, etal. An Environmental Life Cycle Optimization Model for The European Pulp and Paper Industry [J]. Omega, 1996, 24 (6): 615 –629.

[180] Fleischmann M, Beullens P, Ruwaard J M B, etal. The Impact of Product Recovery on Logistics Network Design [J]. Production and Operations Management, 2001, 10 (2): 156 –173.

[181] Inderfurth K. Simple Optimal Replenishment and Disposal Poli - 252 Cies for A Product Recovery System with Leadtimes [J]. Operations - Research - Spektrum, 1997, 19 (2): 111 - 122.

[182] Fleischmann M, Bloemh of Ruwaard J M, DekkerR, et al. Quantitative Models for Reverse Logistics: A Review [J]. European Journal of Operational Research, 1997, 103 (1): 1 - 17.

[183] Van Der Laan E, Salomon M, Dekker R, etal. Inventory Control in Hybrid Systems with Remanufacturing [J]. Mnangement Science, 1999, 45 (5): 733 - 747.

[184] Decroix G A, Zipkin P H. Inventory Management for an Assembly System with Product or Component Returns [J]. Management Science, 2005, 51 (8): 1250 - 1265.

[185] Decroix G A. Optimal Policy for A Multiechelon Inventory System with Remanufacturing [J]. Operations Research, 2006, 54 (3): 523 - 543.

[186] Takahashi K, Morikawa K, Myreshka, etal. Inventory Control for A MARKOVIAN Remanufacturing System with Stochastic Decomposition Process [J]. International Journal of Production Economics, 2007, 108 (1): 416 - 425.

[187] Chung S L, Wee H M, Yang P C. Optimal Policy for A Closed - Loop Supply Chain Inventory System with Remanufacturing [J]. Mathematical and Computer Modelling, 2008, 48 (5): 867 - 881.

[188] Roy A, Maity K, Kar S, etal. A Production - Inventory Model with Remanufacturing for Defective and Usable Items in Fuzzy - Environment [J]. Computers & Industrial Engineering, 2009, 56 (1): 87 - 96.

[189] Saadany A, Jaber M Y. A Production/Remanufacturing Inventory Model with Price and Quality Dependent Return Rate [J]. Computers & Industrial Engineering, 2010, 58 (3): 352 - 362.

[190] Ahiska S S, King R E. Inventory Optimization in A One Product Recoverable Manufacturing System [J]. International Journal of Production Economics, 2010, 124 (1): 11 - 19.

[191] Nenes G, Panagiotidou S, Dekker R. Inventory Control Policies for

Inspection and Remanufacturing of Returns: A Case Study [J]. International Journal of Production Economics, 2010, 125 (2): 300-312.

[192] Zhou S X, Yu Y. Optimal Product Acquisition, Pricing, And Inventory Management for Systems with Remanufacturing [J]. Operations Research, 2011, 59 (2): 514-521.

[193] Hsueh C F. An Inventory Control Model with Consideration of Remanufacturing And Product Life Cycle [J]. International Journal of Production Economics, 2011, 133 (2): 645-652.

[194] Ferrer G. Yield Information and Supplier Responsiveness in Remanufacturing Operations [J]. European Journal of Operational Research, 2003, 149 (3): 540-556.

[195] Ferrer G, Ketzenberg M E. Value of Information in Remanufacturing Complex Products [J]. IIE Transactions, 2004, 36 (3): 265-277.

[196] Ketzenberg M E, Van Der Laan E, Teunter R H. Value of Information in Closed Loop Supply Chains [J]. Production and Operations Management, 2006, 15 (3): 393-406.

[197] Ketzenber M. The Value of Information in A Capacitated Closed Loop Supply Chain [J]. European Journal of Operational Reserch, 2009, 198 (2): 491-503.

[198] Li L. Information Sharing in A Supply Chain with Horizontal Competition [J]. Management Science, 2002, 48 (9): 1196-1212.

[199] Yao D Q, Yue X H, Wang X Y, et al. The Impact of Information Sharing on A Returns Policy with The Addition of a Direct Channel [J]. International Journal of Production Economics, 2005, 97 (2): 196-209.

[200] Yue X, Liu J. Demand Forecast Sharing in A Dual - Channel Supply Chain [J]. European Journal of Operational Research, 2006, 174 (1): 646-667.

[201] Yao D Q, Yue X, Liu J. Vertical Cost Information Sharing in A 254 Supply Chain with Value - Adding Retailers [J]. Omega, 2008, 36 (5): 838-851.

［202］ Richter K， Sombrutzki M. Remanufacturing Planning for The Reverse Wagner/Whitin Models ［J］ . European Journal of Operational Research, 2000， 121 （2）： 304 –315.

［203］ Richter K， Weber J. The Reverse Wagner/Whitin Model with Variable Manufacturing and Remanufacturing Cost ［J］ . International Journal of Production Economics, 2001， 71 （1/3）： 447 –456.

［204］ Golany B， Yang J， Yu G. Economic Lot – Sizing with Remanufacturing Options ［J］ . IIE Transactions, 2001， 33 （11）： 995 –1004.

［205］ Beltran J L， Krass D. Dynamic Lot Sizing with Returning Items and Disposals ［J］ . IIE Transactions, 2002， 34 （5）： 437 –448.

［206］ Teunter R. Lot – Sizing for Inventory Systems with Product Recovery ［J］ . Computers & Industrial Engineering, 2004， 46 （3）： 431 –441.

［207］ Kaempf M， Koechel P. Simulation – Based Sequencing and Lot Size Optimization for A Production – And – Inventory System with Multiple Items ［J］ . International Journal of Production Economics, 2006， 104 （1）： 191 –200.

［208］ Teunter R H， Bayindir Z P， Van Den Heuvel W D. Dynamic Lot Sizing with Product Returns and Remanufacturing ［J］ . International Journal of Production Research, 2006， 44 （20）： 4377 –4400.

［209］ Atasu A， Çetinkaya S. Lot Sizing for Optimal Collection and Use of Re – Manufacturable Returns Over a Finite Life – Cycle ［J］ . Production and Operations Management, 2006， 15 （4）： 473 –487.

［210］ Tang O， Teunter R H. Economic Lot Scheduling Problem with Returns ［J］ . Production and Operations Management, 2006， 15 （4）： 488 –497.

［211］ Teunter R， Kaparis K， Tang O. Multi – Product Economic Lot Scheduling Problem with Separate Production Lines for Manufacturing and Remanufacturing ［J］ . European Journal of Operational Research, 2008， 191 （3）： 1241 –1253.

［212］ Dan Z D， Tang J F， Liu O. Capacitated Dynamic Lot Sizing Problems In Closed – Loop Supply Chain – Sciencedirect ［J］ . European Journal of Operational Research, 2009， 198 （3）： 810 –821.

[213] Pineyro P, Viera O. Inventory Policies for the Economic Lot – Sizing Problem with Remanufacturing and Final Disposal Options [J]. Journal of Industrial & Management Optimization, 2009, 5 (2): 217 –238.

[214] Konstantaras I, Skouri K. Lot Sizing for a Single Product Recovery System with Variable Setup Numbers [J]. European Journal of Operational Research, 2010, 203 (2): 326 –335.

[215] Pineyro P, Viera O. The Economic Lot – Sizing Problem with Remanufacturing and One – Way Substitution [J]. International Journal of Production Economics, 2010, 124 (2): 482 –488.

[216] Schulz T. A New Silver – Meal Based Heuristic for The Single – Item Dynamic Lot Sizing Problem with Returns and Remanufacturing [J]. International Journal of Production Economics, 2011, 49 (9): 2519 –2533.

[217] Guide Jr VDR, Jayaraman V, Srivastava R. Production Planning and Control for Remanufacturing: A State – of – the – Art Survey [J]. Robotics and Computer – Integrated Manufacturing, 1999, 15 (3): 221 –230.

[218] Guide Jr VDR, Kraus M E, Srivastava R. Scheduling Policies for Remanufacturing [J]. International Journal of Production Economics, 1997, 48 (2): 187 –204.

[219] Souza G C, Ketzenberg M E, Guide Jr VDR. Capacitated Remanufacturing with Service Level Constraints [J]. Production and Operations Management, 2002, 11 (2): 231 –248.

[220] Kekre S, Rao U S, Swaminathan J M, et al. Reconfiguring a Remanufacturing Line at Visteon, Mexico [J]. Interfaces, 2003, 33 (6): 30 –43.

[221] Ketzenberg M E, Souza G C, Guide Jr VDR. Mixed Assembly and Dissassembly Operations for Remanufacturing [J]. Production and Operations Management, 2003, 12 (3): 320 –335.

[222] Guide Jr VDR, Souza GC, Van Der Laan E. Performance of Static Priority Rules for Shared Facilities in a Remanufacturing Shop with Disassembly And Reassembly [J]. European Journal of Operational Research, 2005, 164 (2): 341 –353.

[223] Steele D C, Philipoom P R, Malhotra M K, etal. Comparisons Between Drum – Buffer – Rope and Material Requirements Planning: A Case Study [J]. International Journal of Production Research, 2005, 43 (15): 3181 –3208.

[224] Stanfield P M, King R E, Hodgson T J. Determining Sequence and Ready Times in a Remanufacturing System [J]. IIE Transactions, 2006, 38 (7): 597 –607.

[225] Li YJ, Chen J, Cai XQ. Heuristic Genetic Algorithm for Capacitated Production Planning Problems with Batch Processing and Remanufacturing [J]. International Journal of Production Economics, 2007, 105 (2): 301 –317.

[226] Bara – Gutierrez Y, Adenso – Diaz B, Gupta S M. Lot Sizing in Reverse MRP for Scheduling Disassembly [J]. International Journal of Production Economics, 2008, 111 (2): 741 –751.

[227] Li JX, Gonzalez M, Zhu Y. A Hybrid Simulation Optimization Method for Production Planning of Dedicated Remanufacturing [J]. International Journal of Production Economics, 2009, 117 (2): 286 –301.

[228] Feng Y, Viswanathan S. A New Lot – Sizing Heuristic for Manufacturing Systems with Product Recovery [J]. International Journal of Production Economics, 2011, 133 (1): 432 –438.

[229] Ferrer G, Heath S K, Dew N. An RFID Application in Large Job Shop Remanufacturing Operations [J]. International Journal of Production Economics, 2011, 133 (2): 612 –621.

[230] Kroonl L, Vrijens G. Returnable Containers: An Example of Reverse Logistics [J]. International Journal of Physical Distribution & Logistics Management, 1995, 25 (2): 56 –68.

[231] Del Castillo E, Cochran JK. Optimal Short Horizon Distribution Operations in Reusable Container Systems [J]. Journal of the Operational Research Society, 1996, 47 (1): 48 –60.

[232] Berger T, Debaillie B. Location of disassembly centers for reuse to extend an existing distribution network [D]. Unpublished Masters thesis, University of Leuven, Belgium (in Dutch), 1997.

[233] Spengler Th, Püchert T, Penkuhn T, et al. Environmental Integrated Production and Recycling Management [J] . European Journal of Operational Research, 1997, 97 (2): 308 –326.

[234] Barros AI, Dekker R Scholten V. Two – Level Network For Recycling Sand: A Case Study [J] . European Journal of Operational Research, 1998, 110 (2): 199 –214.

[235] Krikke H R, Van Harten A, Schuur PC. Business Case OcÉ: Reverse Logistic Network re – design for Copiers [J] . OR – Spektrum, 1999, 21 (3): 381 –409.

[236] Fleischmann M, Krikke H R, Dekker R. A Characterisation of Logistics Networks for Product Recovery [J] . Omega, 2000, 28 (6): 653 –666.

[237] Listes O, Dekker R. A stochastic approach to a case study for product recovery network design [J] . 2005, 160 (1): 268 –287.

[238] Keikke H R, Bloemhof – Ruwaard J, Wassenhove L N V. Concurrent Product and Closed – Loop Supply Chain Design with an Application to Refrigerators [J] . International Journal of Production Research, 2003, 41 (16): 3689 –3719.

[239] Santoso T, Ahmed S, Goeschalckx M. A Stochastic Programming Approach for Supply Chain Network Design under Uncertainty [J] . European Journal of Operational Research, 2005, 167 (1): 96 –115.

[240] Listes O. A Generic Stochastic Model for Supply – and – Return Network Design [J] . Computers & Operations Research, 2007, 34 (2): 417 –442.

[241] Salema M TG, Barbosa – Povoa A P, Novais A Q. An Optimization Model for the Design of A Capacitated Multi – Product Reverse Logistics Network with Uncertainty [J] . European Journal of Operational Research, 2007, 179 (3): 1063 –1077.

[242] KO HJ, Evans GW. Genetic Algorithm – Based Heuristic for The Dynamic Integrated Forward/Reverse Logistics Network For 3pls [J] . Computers & Operations Research, 2007, 34 (2): 346 –366.

[243] Min H, Ko H J. The Dynamic Design of A Reverse Logistics Net-

work from the Perspective of Third – Party Logistics Service Providers [J] . International Journal of Production Economics, 2008, 113 (1): 176 – 192.

[244] Srivastava S K. Network Design for Reverse Logistics [J] . Omega, 2008, 36 (4): 535 – 548.

[245] Lee D H, Meng D. A Heuristic Approach to Logistics Network Design for end – of – Lease Computer Products Recovery [J] . Transportation Research Part E: Logistics & Transportation Review, 2008, 44 (3): 455 – 474.

[246] Mutha A, Pokhare S. Strategic Network Design for Reverse Logistics and Remanufacturing Using New and Old Product Modules [J] . Computers & Industrial Engineering, 2009, 56 (1): 334 – 346.

[247] Lee J E, Gen M S, Rhee K G. Network Model and Optimization of Reverse Logistics by Hybrid Genetic Algorithm [J] . Computers & Industrial Engineering, 2009, 56 (3): 951 – 964.

[248] Minner S. Francas D, Manufacturing Network Configuration in Supply Chains with Product Recovery [J] . Omega. 2009, 37 (4): 757 – 769.

[249] Sasikumar P, Kannan G, Noorul H. A Multi – Echelon Reverse Logistics Network Design for Product Recovery—A Case of Truck Tire Remanufacturing [J] . International Journal of Advanced Manufacturing Technology, 2010, 49 (9 – 12): 1223 – 1234.

[250] Lee D H, Dong M, Bian W. The Design of Sustainable Logistics Network Under Uncertainty [J] . International Journal of Production Economics, 2010, 128 (1): 159 – 166.

[251] Pishvaee M S, Rabbani M, Torabi S A. A Robust Optimization Approach to Closed – Loop Supply Chain Network Design Under Uncertainty [J] . Applied Mathematical Modelling, 2011, 35 (2): 637 – 649.

[252] Savaskan RC, Wassenhove L N V. Reverse Channel Design: The Case of Competing Retailers [J] . Management Science, 2006, 52 (1): 1 – 14.

[253] Shulman J D, Coughlan A T, Savaskan R C. Optimal Reverse Channel Structure for Consumer Product Returns [J] . Marketing Science, 2010, 29 (6): 1071 – 1085.

[254] Guide Jr V D R, Teunter R H, Van Wassenhove L N. Matching Demand and Supply to Maximize Profits from Remanufacturing [J]. Manufacturing & Service Operations Management, 2003, 5 (4): 303 – 316.

[255] Nakashima K, Arimitsu H, Nose T, etal. Optimal Control of A Remanufacturing System [J]. International Journal of Production Research, 2004, 42 (17): 3619 – 3625.

[256] Bakal I S, Akcali E. Effects of Random Yield in Remanufacturing with Price – Sensitive Supply and Demand [J]. Production and Operations Management, 2006, 15 (3): 407 – 420.

[257] Vorasayan J, Ryan S M. Optimal Price and Quantity of Refurbished Products [J]. Production and Operations Management, 2006, 15 (3): 369 – 383.

[258] Yao Z, Leung S, Lai K K. Analysis of the Impact of Price – Sensitivity Factors on the Returns Policy in Coordinating Supply Chain [J]. European Journal of Operational Research, 2008, 187 (1): 275 – 282.

[259] Yao Z, Leung S CH, Lai KK. Manufacturer's Revenue – Sharing Contract and Retail Competition [J]. European Journal of Operational Research, 2008, 186 (2): 637 – 651.

[260] Liang Y J, Pokharel S, Lim G H. Pricing Used Products for Remanufacturing [J]. European Journal of Operational Research, 2009, 193 (2): 390 – 395.

[261] Gaur J, Amini M, Rao A K. Closed – Loop Supply Chain Configuration for New and Reconditioned Products: An Integrated Optimization Model [J]. Omega, 2017, 66: 212 – 223.

[262] Jena S K, Sarmah S P. Price Competition and Co – Operation in A Duopoly Closed – Loop Supply Chain [J]. International Journal of Production Economics, 2014, 156: 346 – 360.

[263] Wei J, Zhao J. Pricing and Remanufacturing Decisions in Two Competing Supply Chains [J]. International Journal of Production Research, 2015, 53 (1): 258 – 278.

[264] Agrawal V V, Atasu A, Van Ittersum K V. Remanufacturing, Third –

Party Competition, and Consumers Perceived Value of New Products [J]. Management Science, 2015, 61 (1): 60-72.

[265] Mitra S. Models to Explore Remanufacturing as A Competitive Strategy under Duopoly [J]. Omega, 2016, 59: 215-227.

[266] Debo L G, Toktay L B, Wassenhove L V. Market Segmentation and Product Technology Selection for Remanufacturable Products [J]. Management Science, 2005, 51 (8): 1193-1205.

[267] Ferguson M, Toktay L B, Toktay B. The Effect of Competition on Recovery Strategies [J]. Production and Operations Management, 2006, 15 (3): 351-368.

[268] Mitra S, Webster S. Competition in Remanufacturing and the Effects of Government Subsidies [J]. International Journal of Production Economics, 2008, 111 (2): 287-298.

[269] Majumder P, Groenevlt H. Competition in Remanufacturing [J]. Production and Operations Management, 2001, 10 (2): 125-141.

[270] Heese H S, Cattani K, Ferrer G, et al. Competitive Advantage Through Take-Back of Used Products [J]. European Journal of Operational Research, 2003, 164 (1): 143-157.

[271] Ferguson M E, Toktay L B. The Effect of Competition on Recovery Strategies [J]. Production and Operations Management, 2006, 15 (3): 351-368.

[272] Ferrer G, Swaminathan J M. Managing New and Remanufactured Products [J]. Management Science, 2006, 52 (1): 15-26.

[273] Ferrer G, Swaminathan J M. Managing New and Differentiated Remanufactured Products [J]. European Journal of Operational Research, 2010, 203 (2): 370-379.

[274] Young H P. The Evolution of Conventions [J]. Econometrica, 1993, 61 (1): 57-84.

[275] Friedman D. Evolutionary Game in Economics [J]. Econometrica, 1991, 59 (3): 637-666.

［276］ Zhao Z. Raising Awareness and Signaling Quality to Uninformed Consumers：A Price－Advertising Model［J］. Marketing Science，2000，19（4）：390－396.

［277］ Khouja M. The Single－Period（News Vendor）Problem：Literature Review and Suggestions for Future Research［J］. Omega，1999，27（5）：537－553.

［278］ Petruzzi Nc，Dada M. Pricing and the News Vendor Problem：A Review with Extensions［J］. Operations Research，1999，47（2）：183－194.

［279］ Das B，Maiti M. An Application of Bi－Level Newsboy Problem in Two Substitutable Items under Capital Cost［J］. Applied Mathematics & Computation，2007，190（1）：410－422.

［280］ Debing N，Kevin W L，Xiao T. Social Responsibility Allocation in Two－Echelon Supply Chains：Insights from Wholesale Price Contracts［J］. European Journal of Operational Research，2010，207（3）：1269－1279.

［281］ Zhou W，Zheng Y，Huang W. Competitive Advantage of Qualified WEEE Recyclers through EPR Legislation［J］. European Journal of Operational Research，2017，257（2）：641－655.

［282］ Conrad K. Price Competition and Product Differentiation when Consumers Care for the Environment［J］. Enviromental & Resource Economics，2005，31（1）：1－19.

［283］ Bansal S，Gangopadhyay S. Tax/Subsidy Policies in the Presence of Environmentally Aware Consumers［J］. Journal of Environmental Economics and Management，2003，45（2）：333－355.